GLAC edições

TUDO INCOMPLETO
Fred Moten & Stefano Harney

prefácio
Denise Ferreira da Silva

prefácio à edição e tradução
Victor Galdino & viníciux da silva

posfácio e intervenção fotográfica
Zun Lee

intervenção artística
Silvio de Camillis Borges

PREFÁCIO À EDIÇÃO
Improviso sem fim: uma variação brasileira
— Victor Galdino & viníciux da silva   **8**

PREFÁCIO
— Denise Ferreira da Silva   **23**

POSFÁCIO
Lar é onde se dá o deslocamento de si
— Zun Lee   **259**

agradecimentos   **265**
glossário   **266**
sobre todos os autores, artistas e tradutores   **268**

O ROUBO DA ASSEMBLEIA	**32**
QUEREMOS UM PRECEDENTE	**45**
USO E USUFRUTO	**49**
DEIXA OS GAROTO BRINCÁ	**63**
INVIGIÁVEL, INVIGIÁVEL	**83**
AL-KHWARIDDIM o *savoir-faire* está em toda parte	**87**
UMA EDUCAÇÃO PARCIAL	**96**
RECESSO (servir à dívida)	**124**
CONTRA A GESTÃO masculinidade preguiçosa	**140**
A FÉ DA BASE	**179**
PLANTOCRACIA E COMUNISMO	**187**
QUEM DETERMINA SE ALGO É HABITÁVEL?	**204**
(ANTE)HEROÍSMO NEGRO	**213**
SUICIDAR-SE COMO CLASSE	**225**
A DÁDIVA DA CORRUPÇÃO	**239**

para Manolo Callahan

(para renovar nossos hábitos assembleísticos)

PREFÁCIO À EDIÇÃO

Improviso sem fim: uma variação brasileira

Victor Galdino & viniciux da silva

É preciso dizer, logo de início, com toda ênfase possível, *este é um livro impossível de traduzir.* E foi traduzido. Não se pode deixar de lamentar uma série de perdas: estranhos jogos de palavras, sons, ritmos, montagens, brincadeiras gráficas e tudo aquilo que foi possível, no original, por meio de uma experimentação contínua com essa língua que não é a nossa. Língua que, em variados sentidos, também não é o inglês que normalmente encontramos nos livros de filosofia, pois mistura formas e mais formas do inglês — do vocabulário filosófico-acadêmico consolidado nas instituições ao patoá dos muitos caribes, dos termos técnicos de variadas ciências à poética surrealista, passando por todo tipo de informalidade, gírias e palavrões, distorções deliberadas da língua dita "normal", está tudo ali junto e misturado — até o ponto de aparição de um idioma de ninguém.

Como um solo improvisado que, talvez, só possa mesmo ser executado uma única vez. E que não é solo algum porque são sempre duas pessoas. Seria inútil tentar a reprodução desse não-solo por meio de uma captura qualquer. Seria ridículo. Nada a fazer a não ser a entrega a um experimento paralelo, chamado-e-resposta; improvisamos a partir do que nos foi oferecido. Traduzir é sempre um ato polêmico, e nós encaramos essa tarefa em sua incompletude e tomamos nossas decisões na esperança de convocar uma nova resposta, uma série não-linear de conversas que, na melhor das hipóteses, será o enriquecimento da própria riqueza que o livro entrega; conceitual, espiritual, simbólica, estilística, o que for.

E é um livro difícil. Não foi feito para interagir com qualquer senso de urgência possível. Um emaranhado, amontoado de *nós*, a imposição deliberada de obstáculos dos mais diversos como exercício do direito à opacidade que Édouard Glissant anunciou tempos atrás. A logística sobre a qual os autores meditam é a prática infernal que se move a partir do desejo de acesso total, abate dos cachos, do endireitamento — para usar termos dos autores. Enfim, um esforço incansável de desfazer toda obstrução. Não por acaso, contra esse imperativo, o texto nos força a interromper nossos modos de fazer da leitura um processo eficiente, uma variação do aprimoramento de si que se satisfaz no aperfeiçoamento sem fim de tudo aquilo que pode ser manuseado, incluindo a escrita e a leitura e a interpretação. Não há linha reta entre dois pontos. Não há como navegar esse emaranhado com o espírito de um caixeiro-viajante atormentado pela necessidade de otimizar itinerários e cronogramas. E não há problema algum nisso; assim é a vida que sempre excede a captura logística. Por isso mesmo, tentamos não oferecer um excesso de notas explicativas, nem mesmo sobre aquilo que tivemos de pesquisar ou perguntar aos autores — com uma ou outra exceção, gostaríamos de oferecer, a quem lê, a experiência de não ter ideia do que está acontecendo, de ter de ir atrás e se perder em referências das mais estranhas, retornando à leitura apenas depois de muito ter acontecido no caminho. E, talvez, até mesmo a experiência de se manter na desorientação.

O livro é como uma conversa entre Fred e Stefano, uma troca musical que só faz sentido — e sua forma de fazer sentido é a proliferação de sentidos que podem mesmo soar como *nonsense* ou contrassenso ou ruído ou gritaria ou zona ou batucada ou problema ou *ser-negro*, se não abrirmos nossa escuta a uma frequência historicamente negligenciada — se dermos ouvidos a todas essas vozes ali presentes, como rastros vivos de conversas anteriores, desse trabalho incansável de pensar-com, de esquecer o *eu* fronteirizado e delirantemente firme no impossível controle de si e na ainda mais impossível posse de si, de se entregar às possibilidades do encontro. E, assim, e por isso mesmo, um tanto de gente é mencionada sem referências, como se os autores, em uma mesa qualquer de bar, estivessem lembrando do que ouviram na semana passada. Como se, no improviso, estivessem recuperando e expandindo os sons e as sonoridades que os marcaram. O tipo de coisa que você ainda escuta quando se deita para dormir e não consegue esquecer, mesmo na impossibilidade de repetir com exatidão, aquilo que deixou uma marca. E nós deixamos essas vozes lá, no texto, em sua aparição informal, sem tomar essa informalidade como falta a ser corrigida pela tradução. Quando referências são de fato oferecidas, trata-se de uma recomendação de leitura, ou da localização de uma citação analisada, ou de um *link* interessante para ver e ouvir mais sobre alguma coisa; e por aí vai.

Todas essas referências, até mesmo as nunca nomeadas, fazem parte de uma constelação que orienta Fred e Stefano em seu meditar ainda no porão do navio [como traduzimos *in the hold*] — no não-lugar em que se encontram todas essas pessoas que vivem o desabrigo [*homelessness*] e a experiência de "nunca estar no lado certo do Atlântico".[1] O que significa sentir-se em casa na diáspora? O que significa não poder reivindicar para si um lugar e um tempo e, por isso mesmo, não precisar de nada disso? O nomadismo errante do pensamento de Fred e Stefano opera nos encontros e desencontros com essas referências das mais variadas formas: poemas, tratados filosóficos, um desenho animado, a entrevista com um jogador de basquete, músicas, documentários, curtas, instalações artísticas, *A metamorfose*, a batida da terra, caricaturas, experimentos políticos, uma carta ou outra, alguma coisa ouvida na rua, peças teatrais; tudo junto e sempre incompleto. E há também a nunca negligenciada poética cotidiana, as paisagens sonoras nas quais os sentidos dos autores cresceram, algo que tentamos reimprovisar na tradução com o que nos é mais familiar, preservando as perversões da língua não como "erros", mas sim desvios e recusas e experimentos – um lembrete da vida lá fora (no fora que, desde sempre, está dentro, apesar de todas as fronteiras levantadas). Com isso, não pode mesmo ser um pensamento facilmente situável — é um pensamento de ninguéns [*no-bodies*] em *lugarnenhum*, a própria errância subcomum como faixa excessivamente remixada ao ponto de se tornar um emaranhado de vozes e sons dos mais improváveis, que é o improviso, esse "nada feito de alguma coisa

---

[1] Fred MOTEN; Stefano HARNEY, *The undercommons: fugitive planning & black study* (Nova Iorque, Minor Compositions, 2013), p. 97.

determinada",[2] como diz Fred, citado por Stefano. É difícil até mesmo saber o que é exatamente de Fred ou de Stefano, falando ou escrevendo no meio dessa zona dos infernos. Ao mesmo tempo, não há como dar uma olhada no livro sem pensar que se trata de algo feito em comunhão. Como eles reconhecem, é difícil não produzir um som que soe mesmo como alguma coisa identificável quando a música é esse interminável e incompletante *remix* típico dos dois. No fim, trata-se de "um livro peripatético de influências, circunstâncias e de um ser-na-partilha [*sharedness*]",[3] em que a autoria é reconhecida na sua dissolução contínua, no ser dito e atravessado por outras vozes que os autores corporificam [*embody*] no sacrifício da metafísica autoral que herdamos da filosofia proprietária.

E onde toda essa doideira nos leva? A uma espécie de retomada peculiar de temas caros aos dois: logo após o prefácio de Denise Ferreira da Silva, em *O roubo da assembleia*, em que a fórmula proudhoniana da propriedade-como-roubo é expandida e a produção do corpo é repensada como esforço de captura de uma carnalidade ingovernável, e isso a serviço de um *eu* fabricado como proprietário de seu corpo e, eventualmente, talvez inevitavelmente, de outros corpos, tudo isso pela fome insaciável de acúmulo que surge do próprio delírio da propriedade. A partir disso, temos uma série de elaborações e experimentos que nos levarão à emergência da logística como ciência do aprimoramento de uma linha de montagem, que se confunde com a própria vida, e das posses que o *eu* reivindica para aprimorar a si mesmo, e que nos levarão à crítica do pensamento logístico, do desejo logístico em suas mais diversas manifestações, do mercado da arte à universidade, da *plantation* ao governo de Singapura, do Gregor metamorfoseado de Kafka ao Kafka atormentado pelas obstruções que interditam a fluidez totalizante da

---

2 Fred MOTEN; Stefano HARNEY; Stevphen SHUKAITIS, "Refusing completion: a conversation", em *e-Flux Journal* n. 116, mar.2021, disponível em: https://www.e-flux.com/journal/116/379446/refusing-completion-a-conversation/.
3 MOTEN; Stefano HARNEY; Stevphen SHUKAITIS, "Refusing completion: a conversation", op. cit.

escrita. Ao mesmo tempo, e do outro lado da logística, Fred e Stefano passeiam por uma multidão de formas de recusar o acesso total que essa logística demanda, pensando as diferentes maneiras de abraçar a incompletude não mais como um problema, mas como algo que somos, que não deve ser corrigido por meio do aprimoramento — nosso problema é que não temos problema algum, eles não cansam de dizer, em todas essas estranhas e cheias de vida e divertidas voltas de sua troca musical. Mil formas de dizer o óbvio, não há nada a ser ensinado que geral já não saiba muito bem (só que agora as obviedades se tornam parte de uma longa e sinuosa experimentação que leva a própria língua inglesa aos lugares e não-lugares mais estranhos, uma submersão no que há de mais estranho no familiar).

É no esforço de nomear, ainda que de maneira imprópria e incompleta, os elementos da recusa que eles usam/retomam de textos anteriores o termo "logisticalidade" [*logisticality*]. Como diz Stefano: é aquilo que precede a logística e, ao mesmo tempo, oferece sua razão de ser. A logística é o trabalho de anular a logisticalidade, essa capacidade inalienável que carregamos — e da qual cuidamos de variadas formas desde o porão do navio jamais abandonado — de assumir a incompletude e, dessa maneira, assumir uma não-lugaridade, a recusa da alocação como forma de enclausuramento. E a logística é aquilo que vem para "impor uma posição, uma direção, um fluxo ao nosso movimento", e isso para pôr um fim a "nossa caminhada aleatória, nossa errância vagabunda" (como eles dizem em *Contra a gestão*). Optamos por traduzir o termo de maneira um tanto literal, como fizemos com muitos outros neologismos. Todos esses termos inventados, eles não dizem nada — e nada diz nada — no isolamento da palavra: são os vários fluxos e refluxos do texto que expandem sua carga semântica, cada momento um novo acréscimo, às vezes mesmo uma revisão. Por isso, e apesar desses breves comentários, o que importa, realmente, é acompanhar a batida do texto.

De todo modo, a logisticalidade acompanha a hapticalidade [*hapticality*]. Outra tradução literal, por assim dizer. Em *The undercommons*, livro que antecede a presente edição, Fred e Stefano oferecem esse termo a partir de uma música de Shadow, em que ele canta, nesse calipso caribenho nomeado *Feeling the feeling*, "Tá sentindo o sentimento?" E, dizem eles, a hapticalidade é essa "capacidade de sentir através de outras pessoas, de outras pessoas sentirem através de você, de você sentir o sentir delas"; e esse sentimento não pode ser regulado por vias estatais, religiosas, imperiais, territoriais — por nada.[4] É uma abertura radical, um habitar da porosidade que se diferencia da nossa experiência, dita comum, de sentir certa unicidade como forma de reunificação e recomposição. Hapticalidade é dispersão. Isso também é intolerável para a logística. Toda a política das formas apropriadas de toque e de relação, da reunião de seres imaginados como unidades apartadas e fronteirizadas a serem reguladas na produção de uma unidade maior, coleção de indivíduos que forma as monstruosidades nacionais e internacionais, esbarra no fato incontornável de que não é possível governar os modos como as pessoas se encontram, esbarram umas nas outras, entregam-se umas às outras, formam mais e mais emaranhados, nos quais se dissolvem umas nas outras. A separação por meio da individuação [*individuation*] é uma mentira contada mil vezes, ficção doentia que vivemos e, porque a vivemos, acabamos nos tornando alguma coisa avessa à nossa própria hapticalidade, ainda que ela continue lá, conosco, em nosso íntimo negligenciado, poder inesgotável do qual tentam sempre nos alienar na produção de sociedades feitas de indivíduos-em-relação.

E, no fim, tudo retorna ao termo que nomeia o exercício anterior dos autores: subcomuns [*undercommons*]. Decidimos por essa opção mais fácil, pode-se dizer, mais preguiçosa, pode-se dizer melhor, e o fizemos sabendo que, para

---

4   Fred MOTEN; Stefano HARNEY, *The undercommons*, op. cit., p. 98.

os autores, pouco importava como foi traduzido, desde que fosse. Além disso, o prefixo "sub-" remete a um estar-abaixo do campo visual, tudo isso que ocorre debaixo mesmo de nossos olhos e narizes — tudo que é subcomum está em toda parte, não há um lugar determinado e apropriado para encontrar esse tipo de coisa. E esse tipo são muitos tipos; adjetivo e substantivo, a palavra aponta para pessoas, comportamentos, práticas, capacidades, como o ser aristotélico que se diz de muitas maneiras. Importa mesmo é que a palavra nomeia, sem poder capturar, aquilo que excede a individuação. Em *Plantocracia e comunismo*, traduzido por Bru Pereira e revisado e adaptado por nós, "Ser/estar no subcomum é um viver incompleto a serviço de uma incompletude partilhada, que reconhece e insiste na condição inoperante do indivíduo e da nação, pois essas fantasias brutais e insustentáveis e todos os efeitos materiais que elas geram oscilam no intervalo cada vez menor entre liberalismo e fascismo". A opção contra o conceito de *comum* ou *comuns* [*commons*] se deve ao modo como os autores recebem criticamente certos discursos:

> Se subcomuns não são os comuns, se há algo inadequado acerca da antiga palavra que a nova implica, seria o seguinte: subcomuns não são uma coleção de indivíduos-em-relação, que é precisamente como os comuns têm sido teorizados na tradição. Estávamos tentando ver algo por baixo da individuação que os comuns carregam, escondem e tentam regular. Aquilo que se dá na impossibilidade do um *e* no esgotamento da própria ideia do um.

Em certo sentido, uma repetição diferencial do que já se encontrava no outro livro. É uma forma de dizer, mais uma vez, práticas de recusa e aquilombamento, expressões de fugitividade [*fugitivity*] que não se esgotam na individuação e na produção de indivíduos-em-relação, aderentes ao/por meio do contrato social, que, por sua vez, formam a sociedade em sua profunda antissocialidade. Subcomum é a vida como ser-na-partilha, em que o *eu* e o *um* importam apenas como aquilo que nos lembra de que há mais do que isso na vida. Não se trata, portanto, de pensar uma política da diferença cuja tarefa será, em primeiro lugar, reconhecer as variadas manifestações da individualidade e reunir identidades diversas. É uma questão de "falar sobre uma socialidade [*sociality*] que não é baseada no indivíduo", dizem eles no mesmo capítulo. E, por isso, a distinção feita muitas vezes pelos autores entre ser-negro e negridade [*blackness*] pode ser retomada como a crítica das formas de individuação que os processos de racialização trouxeram. A opção por "negridade" se deve à importância que o trabalho de Denise Ferreira da Silva tem para os autores; trata-se de reproduzir a escolha anterior que ela fez, mesmo que reconheçamos que "pretitude" combina melhor com "branquitude" [*whiteness*], decisão tomada a partir da familiaridade com esse termo por aqui e a partir do fato de que a conversa que Fred e Stefano nos trazem dialoga, em vários sentidos, com as críticas a isso que é chamado costumeiramente de "branquitude" por tantas pessoas no Brasil. Assim, "negridade" é mais uma dessas expressões da ingovernabilidade, daquilo que o colonialismo tentou destruir por meio da racialização; trata-se de algo que, assim como a logisticalidade, a hapticalidade e tudo que se pode nomear "subcomum", com sufixos similares, antecede a política de devoração da terra e da carne para cuspir de volta o mundo como o conhecemos, repetido infinitamente.

Pelo fato mesmo dessa antecedência, a negridade não diz respeito a uma essência qualquer das pessoas negras — afinal, elas se tornam negras por meio dessa manufatura da raça como clausura. Por isso, não é algo que pertence às pessoas racializadas dessa maneira; não pertence a ninguém, ainda mais porque são esses ninguéns que ocupam o porão do navio e que, historicamente, tomaram para si a tarefa de cuidar desse recurso vivo de possibilidades de vida. E é esse movimento logístico de proporções catastróficas

e escala planetária, que entrega ao mundo a raça e o ser-
-negro — e que faz o mundo por meio disso —, a via pri-
vilegiada de contenção e conteinerização da negridade, o
colonialismo como guerra contra a negridade, o desespero
diante disso que, na verdade, é a própria fugitividade da
fuga, o que escapa a qualquer captura e, portanto, a uma
definição. Não há nada nos textos de Fred e Stefano que
sirva a uma caracterização eficiente da negridade. É simples assim. Mas, arriscando um mínimo de orientação para
quem tem este livro agora em mãos, talvez cometendo um
crime: "Essa abertura, essa dissonância, essa informalidade residual, essa recusa da coalescência, essa resistência diferencial ao enclausuramento, [...] essa embarcação
despedaçante e essa carne despedaçada é a poesia, negridade sendo um de seus muitos nomes, ainda que não seja
apenas um nome dentre outros".[5]

A escolha pela citação tem precisamente a ver com o
tema do texto citado: a relação entre poesia e negridade. Fred e Stefano atribuem o início de sua colaboração,
já de anos, a um gosto partilhado por tradições poéticas
experimentais que ambos encontraram nos EUA, e pela
crítica poética feita por poetas como Amiri Baraka, Charles Olson, Nathaniel Mackey e tantas outras pessoas que
os ensinaram a pensar. Além disso, também se encon-
travam no gosto pela filosofia capaz de se entregar a uma
sensibilidade poética e fazer dela um meio de pensamento, como Jacques Derrida, Édouard Glissant, Hortense
Spillers e Sylvia Wynter.[6] E isso é digno de nota, porque o
livro diante de você é sobretudo um experimento poético:
a reunião de diferentes jogos de linguagem está sempre
submetida a uma necessidade de busca pela poética e pela
musicalidade da fala cotidiana, dos mais variados trabalhos filosóficos, de tudo aquilo que pode ser sentido e não

---

[5] Fred MOTEN, "Blackness and poetry", em *Evening will come: a monthly journal of poetics*, n. 55, jul. 2015, disponível em: https://www.thevolta.org/ewc55-fmoten-p1.html.
[6] Os nomes mencionados se encontram na entrevista *Refusing completion*, op. cit.

apenas entregue ao entendimento como unidade abstrata formatada e enquadrada e preparada para a captura. E esse sentir diz respeito a uma afirmação de Marx que os autores citam e mencionam algumas vezes ao longo das linhas: sobre como os sentidos se tornam "teoréticos" em sua "práxis". Tem a ver com o cultivo dos sentidos que é indissociável do que se passa na consciência, na imaginação e em todo o resto de nós. A consciência é sensível e a sensibilidade é consciente. Então, na poesia, Fred e Stefano encontram uma forma de levar isso adiante, oferecendo um livro que nos lembra, a todo momento, que a poesia é a corrupção da linguagem. Assim como "a socialidade é corrupção da comunidade, a carne corrupção do corpo, a terra corrupção do mundo? Se for assim, o sentido da vida é a sua pecaminosidade. A corrupção deles não é a nossa. A nossa não é a deles. Negridade é o sentido da vida" — dizem eles em *A dádiva da corrupção*.

Tudo incompleto é um livro que abraça essa dádiva, reconhecendo que a corrupção de que tanto se fala — que tanto se denuncia com o interesse de reformar/aprimorar as instituições, os processos, os corpos, os indivíduos — não tem nada a ver conosco, pois a *nossa* corrupção é aquela por meio da qual fazemos vida, é esse não querer se endireitar, não querer se aprimorar, não querer se completar e completar o que seja. Negridade é o sentido da vida porque a ela recorremos, sem poder dizer exatamente do que se trata, sem poder oferecer uma definição e um enquadramento, em nossa entrega à incompletude como forma disforme de não-ser, como dizia Frantz Fanon, merda nenhuma do que querem que a gente seja, porque não tem absolutamente nada de errado com ninguém. Nada a ser reformado. Nada a ser reparado. Nada a ser feito *um*, completo e total. E, abraçando essa dádiva, não pode oferecer nada, mas nada mesmo que atenda às expectativas normalizadas e institucionalizadas em torno do texto filosófico. Oferece corrupção atrás de corrupção, poesia, negridade.

Como no patoá, que corrompe a pureza imaginada da língua. Falando nisso, uma dificuldade do livro é precisamente o fato de que não há tradução para esse tipo de expressão; o melhor que pudemos fazer, em alguns casos, foi, a partir de uma conversa com os autores, entender o que os motivou a recorrer ao patoá. E essa motivação é mesmo o modo como, diante da violenta imposição colonial de uma língua estrangeira, o processo de tornar a língua do outro *sua* língua se deu por meio da corrupção sintática e gramatical na fala — como poesia. A conservação diferencial dessa outra língua, a preservação dessa corrupção resistiu a todas as formas de correção e aprimoramento que vinham até mesmo acompanhadas da promessa de um *ser-metropolitano* (na prática, impossível) por meio da ascensão social na colônia. E sua história não foi menos complicada no pós-colônia. Assim, buscamos, com o português, essas pequenas corrupções da língua que são preservadas mesmo com todas as formas de desqualificação e tentativas de correção, o que não funcionou tão bem assim. Para *"mi cyaan believe it"* [*I can't believe it* = Eu não acredito nisso], que é também o nome de um poema de Michael Smith, a melhor opção foi "num pódi crê, com o acento para recuperar a ênfase, em *"cyaan"*, dada na duplicação da letra "a". Mas, para *"watch meh"*, que, em Trinidad e Tobago, serve para pedir que outras pessoas prestem atenção a algo que você faz ou diz, uma dança ou uma ideia, encaixou melhor a gíria "pega a visão", pois os autores não só usam a expressão — em *O roubo da assembleia* — para dizer "venha dar uma olhada comigo por uma horinha enquanto nos reunimos mais uma vez", um chamado mais carinhoso, como usam, também, para se contrapor ao imperativo do capitalismo de vigilância: "Me vigiar? Nada disso, pega a visão, filho da puta!". Por fim, *"riddim"* [*rhythm* = ritmo] foi deixada no original — em especial por ser mais do que ritmo na música jamaicana, como no *reggae* e no *dancehall*, pois é a parte instrumental repetida e reutilizada em uma diversidade enorme de músicas, variando os vocais —, inclusive como título de *Al-Khwariddim*, um jogo com Al-Khwarizmi, nome do matemático persa que, latinizado, foi usado para formar as palavras "algarismo" e "algoritmo".

Outra dificuldade, dessa vez por conta de uma expressão que vem de uma dupla corrupção e intervenção poética, foi traduzir *"dis place/meant"*, que aparece em *Plantocracia e comunismo*, no qual é apresentada, e em *A dádiva da corrupção*. Fred e Stefano reúnem *"dis place"*, de M. NourbeSe Philip, e *"place/meant"*, de Amiri Baraka, de uma maneira que complica tudo, pois foi preciso traduzir cada uma das expressões de um jeito que permitisse sua reunião. No caso de *"dis place"* [*this place* = esse lugar], NourbeSe Philip busca pensar o modo como a intimidade da mulher negra se torna pública na *plantation*, o lugar "entre as pernas" como meio de produção do Novo Mundo, e isso se faz possível por meio do deslocamento forçado que é a escravidão e o tráfico transatlântico; *displace* = deslocar. Tomar esse corpo em seu poder de geração como ponto de partida é começar no deslocamento. E aí temos o *"place/meant"* de Baraka como ligeira perversão, por meio da letra "a", de *"placement"* = "alocação". O verbo *"mean"* diz "significar", mas é possível usá-lo para dizer que algo está destinado, reservado a alguém — *this was meant to be* = isso estava destinado a acontecer. Assim, Baraka pensa a alocação das pessoas negras nas Américas como deslocamento que, no fim, faz do processo de descoberta de *seu* lugar próprio um movimento impróprio: se há um lugar, ele não é aquele ali, aquela América; só que também não é outro lugar a ser recuperado, na colagem de fragmentos de mundos pré-coloniais. A criação incessante de uma espacialidade reservada (*meant*) às pessoas negras por meio do fazer contínuo e diferencial de comunidades negras leva até esse local a-ser-nosso (*meant*) que não é fixo, não é sempre o mesmo. Finalmente, *dis place/meant* = esse des-local a-ser-nosso — é assim que foi traduzida.

Enfim — seria possível escrever mais uma dezena de páginas, talvez até mais, apenas mencionando e comentando e prestando contas das decisões tomadas na tradução. São muitos neologismos, "erros" deliberados, corrupções de palavras existentes, composições peculiares. Na maioria dos casos, é possível entender o que foi feito: "insoberania", por exemplo, por meio do prefixo, explica-se por si só, e o mesmo vale para termos como "anoriginal", "(ante)heroísmo" ou "imedida", e vários outros (que não são explicados, nem aqui e de todo modo nem no texto original). Para palavras terminadas em "-ness", algumas vezes, optou-se por quebrar a palavra e fazer uma composição amarrada por hífens, como "não-ter-mundo" [*worldlessness*] e "ser-caído" [*fallenness*], como variação mais simples e literal do vocabulário heideggeriano traduzido para o inglês e incorporado pelos autores. Manter um *continuum* desse tipo de decisão não foi possível por conta das exigências do processo de (re) compor o texto em língua portuguesa, ou melhor, no encontro brasileiro entre várias línguas portuguesas. Já no caso de jogos muito repetidos usando parênteses, não foi possível manter qualquer uniformidade: os autores usam esse recurso para montar palavras como "*earth(l)y*", "*(re) turn*", "*found(ed)*" e muitas, muitas outras, de modo que a leitura delas exige pensar, ao mesmo tempo, na palavra formada com e na formada sem o que está dentro dos parênteses. Em boa parte dos casos, não repetimos essa composição, já que, no português, essas palavras numa palavra só são traduzidas de maneiras muito diferentes (tomando o exemplo de "*found(ed)*", *found* = o que foi achado, encontrado, *founded* = fundado, fundamentado, baseado; não é factível formar uma única palavra, ou talvez ainda não estivéssemos no nível experimental necessário para isso). Por isso, em cada caso, foi feito o que dava para fazer.

Como dito no início, nada o que fazer, apenas lamentar as perdas. Ou, quem sabe, nem isso. Afinal, o trabalho era impossível desde o início e sabíamos muito bem disso.

O texto não nos exigia, como tarefa mais difícil e prioritária, a reprodução fiel de algo entregue em outro idioma, mas o uso de nossa criatividade na elaboração remixada e diferencial do *mesmo* — em outras palavras, *tradução*. Não será citada aqui, mais uma vez, aquela fórmula sobre traição. Melhor seria dizer que a tradução é conspiração improvisada na amizade, corrupção como defesa da poesia, pegar a visão e devolver outra, situada em outro lugar, sem esquecer que essa nova troca é a expansão da troca "original" e que se deve levá-la a sério, preservá-la na diferenciação cuidadosa, fortalecer os laços respeitando uma confiança oferecida, torcer pelo melhor sem adoecer por meio do imperativo do aprimoramento, revisar sem nunca chegar a uma versão definitiva que não seja a breve interrupção do movimento para fins de publicação, trabalhar a incompletude incompletando o trabalho para lembrar do que somos, desse tudo que temos, nada mais importa, mais uma vez, *tudo está por fazer, tudo pode ser desfeito.*

PREFÁCIO
Denise Ferreira da Silva

Toda decisão inclui sempre a escolha de uma coisa entre outras; uma escolha que também é sempre de algo menor, porque coisa alguma pode atender a todas as necessidades do que chamamos desejo. Ou, talvez, trate-se de algo menor porque o que chamamos desejo não é nada além da presença de uma demanda para escolher, decidir, selecionar uma e apenas uma coisa, e seguir adiante fazendo o mesmo de novo e de novo. De qualquer forma, o algoritmo, as ferramentas formais de decisão do capital logístico, falham onde precisam trabalhar com mais do que o adequado para fazer o seu negócio, para escolher, decidir. Quando o *input* não corresponde aos dados, o processo é paralisado. Um *input*, qualquer que seja, é sempre menos do que uma coisa. Nunca é matéria bruta; nunca é apenas alguma coisa. O *input* é uma informação, tem uma forma e uma finalidade. Está sempre pronto para estar em relação, para fazer uma conexão. O que significa também que, para funcionar, para o algoritmo fazer o seu trabalho, o *input* precisa se adequar como parte da estrutura e ser capaz de viabilizar o procedimento a que é submetido, precisa ser processável. Desta forma, um *input* não pode ser uma coisa. É sempre um objeto.

Não importa o que Heidegger possa dizer, as coisas não existem exclusivamente na relação com a coisa existencial. Nem o exercício mental de Descartes torna uma coisa, de maneira imediata e irrevogável, uma *res extensa*. Mais na linha do que Kant percebeu, a coisa excede tudo o que pode ser apreendido como forma, como objeto ou como informação. Como tal, uma coisa sempre desajusta a estrutura (e o faz porque se estende além dos limites do *input*, porque não encontra seu devido lugar dentro deles) e retarda o procedimento de parada (pois o que nela está em excesso em relação ao *input*, o que nela não é informação transborda de possibilidades do que está por vir). Aquilo que na coisa excede os parâmetros de forma e eficácia, nunca pode participar do processo, a menos que já esteja exaurido, excluído, ou até mesmo morto.

Uma não-coisa é uma coisa, tanto quanto qualquer coisa é toda-coisa. O que é a coisa, então? Uma coisa é apenas esta incompletude incompreensível, que Stefano Harney e Fred Moten oferecem generosamente à nossa atenção. Esta incompletude incompreensível, então, não é tanto o nome de algo ou de um lugar onde se tenta resistir. Contra a escassez, e os termos jurídicos e éticos com os quais ela vestiu os sujeitos da propriedade, da soberania ou do desejo, *res imperfectum* como *res improprium* é apenas outro nome para a capacidade material (o poder da matéria) que é talvez o que Stefano Harney e Fred Moten chamam de jusgeneratividade, para a qual proponho a generosidade como princípio.

I

A incompreensão, como se pretende nesta nota de agradecimento a Stefano e Fred, acentua esta falha porque nos lembra como a formalidade e a eficácia solicitam e conferem completude.

Aquilo que não se apresenta não pode ser visto como total, finalizado, absoluto ou perfeito, não sendo então compreensível: não explica (relata) a si mesmo, seja como soma de suas partes variadas, seja como um todo. Aquilo que não se exibe, não tem formas apropriadas e não segue uma linha reta, é incompleto e como tal não é um corpo (pois a ideia de um corpo dá o todo pelo qual todas as partes são responsáveis) e não é mundo (pois a ideia de mundo dá uma parte que pode ser responsável pelo todo). Estruturas impróprias e procedimentos distorcidos não são compreensíveis nem mesmo na própria afirmação – teoremas de Gödel – que constata a incompletude do modo de pensar predominante. Isso porque não têm estrutura (enquanto corpo ou mundo ou sistema), parte (órgão, subjetividade ou axioma) ou movimento (circulação sanguínea, historicidade ou inferência). É claro que são tipos diferentes de forma, partes e movimentos; no entanto, todos os três, quando combinados, chegam à ideia de desenvolvimento, no sentido de que o movimento, por meio do qual as partes estão conectadas, sustenta ou leva o todo à completude. Sem a estrutura e suas partes, como você saberá o que deve ser aprimorado? O que precisa ser aprimorado? O que já foi aprimorado com sucesso? Sem um procedimento e seu resultado, como o todo subsiste? Como as partes se combinam para produzir um efeito? O que continua funcionando por si só? E como? Como o aprimoramento pode ocorrer sem um "o que" e um "como"?

Sem estrutura e procedimento não há resistência, apenas existências sem objetivo, elementos sem propósito e intraferências sem motivos superiores ou inferiores. Ou, como a leitura de *Tudo incompleto* nos ajuda a lembrar, tudo o que existe é a incompletude incompreensível ou a conformidade à implicação profunda, que é a mesma coisa que a cumplicidade existencial. Na impropriedade, seja como quebra de uma regra ou violação de um princípio, não há posição ou pré-ocupação a partir da qual se possa resistir à transformação (ou seja, à corrupção, que é o devir implicado na constituição de tudo), insistir em permanecer o que nunca foi ou se tornará, ou seja, completo. Esta é a dádiva. Na logisticalidade, não se trata do onde, do como e da finalidade do movimento — tudo isso diz respeito ao aprimoramento do fluxo – mas, em vez disso, trata-se do que vem depois, que não necessariamente ou até mesmo acidentalmente teria que se seguir ao que precedeu ou não necessariamente teria que preceder o que se seguiu. A socialidade incapturável e subcomum [*undercommon*], ou o estudo negro, pode simplesmente nos levar adiante, sem roteiro ou plano, como/ na existência terrena, ou seja, tendo como guia apenas a jusgenerratividade que prevalece sob a generosidade ilimitada da existência. Obrigada, Stefano e Fred!

II

O paradoxo da corrupção política é que ela é a modalidade por meio da qual a institucionalidade brutal é mantida. O paradoxo da corrupção biossocial é que ela constitui a preservação militante de um poder geral e gerativo de diferenciação e difusão. Esses paradoxos se combinam para adornar as arestas da corrupção, para fazer com que ela se vire na direção da dádiva, que foi desde sempre uma faca de dois gumes, algo que podemos pôr sobre nós ou usar de vestimenta como se fosse o tecido mesmo de nossa pele.

Dentre todas as coisas das quais o jurídico e o científico dependem e às quais se anexam, a propriedade é talvez a mais óbvia e a menos direta. É óbvia no sentido de que é algo que se tem, mas não é direta porque esse *ter* pode assumir a forma de um atributo (uma qualidade) ou de um artigo (um alvo, um objeto ou uma meta). A incompletude in-com--preensível deixa ambos de lado, ao sinalizar como tudo o que existe tem como falta aquela parte por meio da qual cada coisa e toda coisa e tudo existe com/como/em outra coisa.

A propriedade, ao se referir a uma regra ou a um princípio, necessariamente recupera esses dois aspectos do que é tido e, ao desfazê-lo, traz à tona, de forma desesperadora, aquilo que *tem* o ter. O aprimoramento, segundo Harney e Moten, depende muito dessa figura — Homem, Sujeito, Humano ou Humanidade — cujas partes procedem de forma a torná-la não apenas a personificação da perfeição, mas o corpo/mente capaz de levar outras coisas existentes à perfeição. Essa coisa com propriedade, ou seja, a figura jurídico-econômica que tem precedência em relação a qualquer descrição alternativa da existência, não é, no entanto, autossuficiente. Por sempre ter dependido das arquiteturas jurídico-econômicas coloniais e do arsenal ético-simbólico racial, o próprio aprimoramento, essa qualidade e essa capacidade que supostamente distingue as coisas, também sempre foi contingente em relação à nossa impropriedade.

A *res improprium*, aquilo que uma coisa, qualquer coisa, todas as coisas se tornaram quando prepostas, ou seja, quando consideradas antes (temporal e espacialmente) da *res proprium* (a coisa cartesiana no modo como é apresentada por John Locke e Adam Smith), ao que parece, pode ser o único descritor aceitável para a condição última de possibilidade de acumulação do capital. Para que o aprimoramento/usufruto — a qualidade e a capacidade do Sujeito — seja possível, é necessário que a impropriedade seja necessária (como uma qualidade exclusiva de seu outro) e, no sentido contrário, para que a impropriedade seja possível, é preciso que a propriedade seja necessária (como qualidade intrínseca ao *eu* transparente). Somente a coisa apropriada, aquela que tem e conhece a perfeição, é capaz de atualizar a perfeição no/como mundo — Stefano e Fred nos lembram, então, porque é melhor tomarmos cuidado com isso, tanto com a perfeição (como ameaça) quanto com o mundo (a ser salvo dela). No entanto, como sua propriedade foi articulada em uma comparação intrínseca, em contradição com a impropriedade exclusiva de todo o resto, porque ela não faz sentido sem tudo isso, a *res proprium* não pode aprimorar todas as suas partes; se o fizer, transformará sua trajetória em uma escatologia.

Não há equivalência aqui. A *res proprium* não é a condição para a articulação do que foi chamado de *improprium* em contraposição a ela. Pois a dádiva, da qual Harney e Moten nos lembram, é a impropriedade, ou seja, essa re/de/generação consistente e contínua, nossa corrupção, "um poder gerativo de diferenciação e difusão". A impropriedade ilimitada das coisas é aquela que re/de/genera, por meio de um nó, a própria computação projetada para aprimorá-las.

III

Se a logística deles pressupõe e determina que a distância mais curta entre dois pontos é a linha reta, o que acontece se nossa logisticalidade, como o que precede e contraria esse pressuposto e essa determinação, improvisar uma distância ainda menor na curva; ou nem mesmo na curva, e sim em um nó? O nó não é curva nem círculo, muito menos uma linha. Aliás, é afirmado, com frequência, como obstrução. E o que seria uma coleção ou um coletivo de nós se não um dread, *uma embolação? Me vigiar? Nada disso, pega a visão, filhos da puta.*

Localizar algo por meio de sua longitude e sua latitude atuais é perder a oportunidade – e tudo o que poderia acontecer, mas que não pode ser antecipado mesmo quando se tenta – de encontrar algo no meio/entre tudo o mais que existe ali junto/dentro/fora desse algo. Essa forma de localização ao mesmo tempo especifica e generaliza, e, como tal, segue o mapa básico do que Kant fornece em sua *Crítica da faculdade de julgar*, sob sua lei de especificação da natureza. A imagem é a de totalidades distinguíveis umas das outras e dentro das quais se encontram outras totalidades menores, cada uma (exceto a mais geral, que ele chama de Natureza) sendo tanto parte como participante da totalidade maior dentro da qual se encontra.

Na abstração, essa maneira de identificar o *onde* de uma coisa qualquer desconsidera tudo o que existe junto com ela. Uma vez feito isso, deslocar algo de um onde (localização) para outro (localização) se torna uma opção, ou seja, é possível voltar a atenção para o todo, o contexto completo no qual essa coisa existe. Mas, nesse ponto, como lembram Stefano e Fred, já nem importa mais a coisa, e sim o movimento, o deslocamento da coisa e o modo de fazer isso. A logística, eles observam, diz respeito ao onde, ao como e à finalidade do movimento, ao fluxo e seu aprimoramento, aos procedimentos que o garantirão. Isso, no entanto, só é possível pensar sobre/com isso porque, ao observarmos o que acontece, em vez de nos concentrarmos no que e como acontece, presumimos que o acontecimento não será desfeito e passamos a nos concentrar no que fez com que ele acontecesse (causa eficiente), ou em como era antes e passou a ser depois do que fez com que acontecesse.

No entanto, como sabemos, o algoritmo que faz tudo operar, a linha de comandos projetada para melhorar o fluxo — para abordar e evitar a corrupção, o desvio e a re/de/generação indesejável — não é responsável por si mesma. Como tal, ela se torna aberta, exposta à incompletude in--compreensível geral em meio à qual se encontra. Não sendo completamente distinguível de tudo o que se encontra em seu *onde* mais geral — no menor e no maior todo delimitado —, e diferindo difusamente em suas muitas implicações, o fluxo diminui e vagueia: pode até ser possível que o que venha a acontecer se dê antes do que aquilo que o causou em primeiro lugar. É realmente uma bagunça.

Logisticalidade, nossas maravilhas errantes de fato ameaçam a logística. Não porque ela se desvia, ignorando, ultrapassando e dançando acima das linhas (da falha). Não! Como Harney e Moten nos lembram: "O nó não é curva nem círculo, muito menos uma linha", porque "uma coleção de nós, ou um coletivo de nós" é um "*dread*, uma embolação". A impropriedade ilimitada das coisas é o que re/de/genera o social na sociabilidade negra, que é a prática militante da *difunidade*, ou seja, a oferta de incompletude.

IV

Subcomuns não dizem respeito, exceto de maneira incidental, à universidade; e falar sobre subcomuns é falar, de fato e de maneira crucial, sobre uma socialidade que não é baseada no indivíduo. E, novamente, também descreveríamos esse tipo de coisa como algo que é derivado do indivíduo — subcomuns não têm nada a ver com o dividual, ou o pré-individual, ou o supraindividual. São um vínculo, um ser-na-partilha, uma difunidade, um ser-repartido.

Lendo *Tudo incompleto*, nos últimos meses, enquanto acompanhava o aumento da taxa de infecções e o crescente número de pessoas mortas pela covid-19, a doença causada pelo Sars-CoV-2 (o novo coronavírus), não pude deixar de me perguntar como o aprimoramento está funcionando, no Brasil e nos EUA, por exemplo. O aprimoramento, como sabemos, rege as decisões (por parte dos formuladores de políticas públicas e dos algoritmos) de deixar morrer, que são tomadas em vista de números que mostram quem são (as pessoas economicamente despossuídas, ou as identificadas como "trabalhadoras essenciais", ou as que têm "comorbidades", e que nos EUA, por acaso, são uma grande porcentagem das populações negras, indígenas e latinas do país). Esse é o elemento operacional por trás do que parece ser um acúmulo de decisões que levaram a um aumento no número de infecções e mortes. Não posso deixar de me perguntar como essa linha de raciocínio é expressa, quais palavras são usadas e quais são evitadas. Sob outros nomes — invenção, progresso, civilização, desenvolvimento —, o aprimoramento também estava em ação nas decisões anteriores que levaram à desapropriação econômica, às comorbidades, à busca de emprego nos setores econômicos mais expostos durante uma pandemia global.

Sob essa pandemia global, fica mais uma vez evidente como o aprimoramento orienta a gestão da escassez na economia e na política. Dado que se espera que aquilo que é corrupto ou impróprio não prospere, a decisão lógica é proteger ou preservar o que pode sobreviver e prosperar. Seja o que for, é passível de aprimoramento — por si só ou por meio de políticas públicas. O que mais explicaria a decisão, até agora impensável, tomada por profissionais de saúde de deixar pacientes de idade mais avançada e com comorbidades sem ventilação mecânica, a fim de tê-la disponível para as pessoas "mais jovens" e "mais saudáveis", ou seja, aquelas que seriam aprimoradas com esse tratamento. Não foi a mesma lógica que, na crise econômica global de

2007-2008, os governos usaram para justificar o resgate de grandes corporações e bancos, pois eles eram "grandes demais para falir"? É verdade que, nesse caso, eles já haviam falido, mas eram (suas participações na economia mundial são) grandes demais para serem deixados morrer. O que isso significa para o restante de nós? As pessoas pequenas demais para prosperar? Frágeis demais para viver? As que não contam, as que, na decisão e no algoritmo (na estrutura-procedimento e no algoritmo que a apoia, que lhe dá uma finalidade e uma evidência), figuram como nulas, como nada, não-coisa, ninguém? O que dizer delas? Como podem existir e persistir sabendo que seu número nunca é chamado pois não faz sentido, pois não se encaixa no cálculo, pois está adoecido e todo invertido? Elas quem?

já que "ninguém tá nem aí pra gente". Então a gente tá aí pra gente na companhia de Husni-Bay, e nos perguntamos sobre como retornaremos ao ensaio infinito do qual desviamos, ensaio que deixa o estudo enlouquecido, ou negro, por manter-se firme ao lado de quem não recebe consideração até que tenhamos caído com essas pessoas. Conosco. Cúmplices. Geral condenado. Então, quem é que determina?

A existência como socialidade incapturável e subcomum, que *Tudo Incompleto* nos oferece, não tem a ver com se tornar algo ou chegar a algum lugar. Sem roteiro ou plano, na/como carne ou corpo abordado na/como incessante re/de/composição, que nada mais é do que existência terrena. Essa não é a força da lei, da linha que conecta, divide e direciona. A jusgenerativity, que pode ser lida como a qualidade e a capacidade de doar — não no contexto de uma economia (como no gerenciamento da escassez), mas como generosidade (tal como na abundância da floresta tropical). Essa generosidade eu encontro em sua prática militante de escrever um-com-outro (bem como com todas) as outras pessoas com as quais eles pensam. Isso que é generosidade para mim, que também é o caminho da socialidade negra, em sua impureza e cumplicidade – obrigada, Fred e Stefano!

O ROUBO DA ASSEM-BLEIA

Se tivesse de responder à pergunta *O que é a escravidão?*, e o fizesse por meio de uma palavra só – *assassinato* –, o que penso seria compreendido logo de início; não seria necessário um longo discurso para demonstrar que o poder de privar alguém de seu pensamento, de sua vontade, de sua personalidade é um poder de vida e morte, e que escravizar é matar. Sendo assim, por que, no caso de uma outra pergunta, *o que é a propriedade?*, não posso responder da mesma forma – *roubo* – sem a certeza de que não serei compreendido, ainda que a segunda proposição nada mais seja do que variação da primeira?

— *Pierre-Joseph Proudhon*

1

O primeiro roubo entra em cena como posse legítima. É o roubo da vida carnal, terrena e da terra, encarcerada, a partir disso, no corpo. Mas o corpo, logo descobrimos, é apenas o primeiro dos dilemas da agência. O corpo nada mais é do que o supervisor, um gerente, superintendente do real proprietário da terra, do verdadeiro dono — o indivíduo com toda a sua conceitualidade tóxica, draconiana. O termo jurídico para esse dilema é "mente". Nesse sentido, a designação "problema mente-corpo" é uma redundância sinedocal feita na abstração e não no entrelaçamento; ou mesmo uma oposição entre *anima* e matéria, *mama* e *soul*.

Há uma fórmula que Robert Duncan toma de Erwin Schrödinger que nos ajuda a ir desordenando as coisas. Schrödinger diz: "A matéria viva se esquiva do decaimento para o equilíbrio". Bem, se Proudhon está certo, se a escravidão, o assassinato, o roubo e a propriedade são uma unidade; se o regime geral da propriedade privada é entendido da forma mais precisa como morte social; então, vamos imaginar o seguinte: e se a morte/propriedade privada for o equilíbrio do qual Schrödinger fala? O que John Donne nos diz, no sentido de uma capacidade soberana de Deus de preservação, é um problema que terá servido para a resolução de um problema — e quando Schrödinger fala dessa esquiva, ele não está afirmando que todo decaimento é ruim. A corrupção é nossa parte (maldita), nossa prática antológica, nosso centramento excêntrico, como M. D. Richards diria. Como nos esquivamos da posse/do equilíbrio é uma questão dada precisamente na recusa da prevenção de perdas, recusa que chamamos de partilha, fricção, empatia, hapticalidade: o amor subcomum pela carne, nossa excentricidade omnicêntrica ou anacêntrica essencial.

Tudo, na esteira dessa desordem, é prevenção de perdas. John Locke cria a *tabula rasa* como receptáculo para conter propriedades; as propriedades da mente e as que essa mente proprietária possui. Para ele, autoconhecimento é autocontrole, posicionar-se a si. Acumulação é autolocalização, já que isso nos bastaria, e nem poderia ser de outra forma. Desde o momento inaugural, que parece continuar acontecendo incessantemente, toda propriedade é proposta como princípio, começando com o posicionamento/a proposição de um corpo que sirva para localizar o ter-posse, o ser-posse e a mente a-ser-proprietária. O postulado e o depósito inauguram a posse como incorporação, cujo fim inevitável, dado em um saque contínuo, é a perda. Isso exige produção de toda uma ciência da perda, ou seja, de uma ciência da brancura: a logística.

Cada aquisição, cada aprimoramento é uma ossificação da partilha, dada em e como contenção. O primeiro recipiente abominável produzido pela e para a logística não foi o navio negreiro, mas o corpo — carne conceitualizada — do qual se predica o indivíduo-em-assujeitamento. Uma crueldade profunda tem início com essa colonização do corpo-premissa, com a designação da mente-também-premissa, e com a manipulação — em variadas modalidades de brutalidade — de sua redundância mutuamente envelopante, dada no movimento perpétuo, destituído de vida, da vontade de colonização. Esse enclausuramento, esse assentamento, será repetido porque deve ser repetido. Cada pessoa escravizada terá sempre sido o espelho no qual o *eu*, vendo-se a si mesmo, vem a existir em e para si, uma fantasia omnicida.

Aqui, Locke inventa o derivativo, a porção degradada da parte maldita que é preparada para fazer proveito de seu poder, com a condição de criar ainda mais derivativos, mais zonas de despossessão, ao fazer da posse uma premissa, na negação da perda que prepara para a perda.[7] Toda propriedade é perda, porque toda propriedade é a perda da partilha. Em sua obstinação, a propriedade é roubo. Mas, para além do caráter mortífero que acompanha o roubo-na-aquisição uma mente/um corpo por vez, o roubo em questão é o absoluto assassinato em série, ao qual sobrevivemos apenas na medida em que toda propriedade continua vulnerável à partilha. Dizer isso é afirmar nada mais do que o fato de que toda propriedade é fugitiva. Ela foge de seu próprio ser-alocada-como-premissa, corre para longe

---

[7] N. da T.: Trata-se do conceito de *derivativo* nas finanças, um tipo de contrato em que se negocia um ativo (que pode ser mercadoria, ações, taxas de juros, moedas e mais uma porção de outras coisas — até mesmo outros derivativos), a partir de um compromisso, acordado entre as partes, de compra/venda em uma data futura, por um valor preestabelecido. Inicialmente uma ferramenta para proteger investidores das flutuações e delírios do mercado, acabou por se tornar um instrumento de especulação. Ao invés de proteger suas finanças, investidores passaram a tentar ganhar com a instabilidade econômica. De acordo com os autores, o derivativo, visto pela ótica do trabalho de Randy Martin (*The Financialization of Everyday Life*), é um meio de produzir novas identidades tomando como ponto de partida pequenas diferenças — porque o lucro, com esse tipo de contrato, vem dos pequenos diferenciais de preço de venda e aquisição.

de seu ser-depositada. Tudo, toda propriedade, foge para não pagar a fiança. Partilha, exaustão, gasto, derivação; tudo isso terá sido contido, coagulado na unidade individual, mensurável e capaz de prestação de contas que é o derivativo. Mas a partilha é o nosso meio, o meio da terra em nós e os nossos meios nela. A logística parece valorizar os meios em detrimento dos fins — tudo o que importa é como chegar lá, em algum lugar, não o que se é —, mas ela é apenas a degradação dos meios, a desvalorização geral dos meios pela individuação e pela privatização, que são a mesma coisa. É a ciência dos meios já perdidos que avança a cada ato de prevenção de perdas.

Se Locke inventa o derivativo, a inovação de Immanuel Kant é o comércio de alta frequência. E quando ele reverte o destino da logística, ao anunciar que são os fins (o homem) e não os meios que importam, o humano, o derivativo último, é instalado de vez em termos logísticos. O humano é exibido não por Kant, mas pela logística, é ela que oferece a ilusão de um sujeito autônomo. Um universo humano se mostra para Kant, todo habitado por essas coisas que ele pressupõe serem as propriedades humanas. Ele caminha pelas docas, atravessando as sete pontes de Königsberg, investigando um mundo logístico de um ponto de vista que ele nunca precisa abandonar. A partir dali, aonde chega seu navio com cada novo diário de viagem e tratado etnográfico, ele testemunha a humanização da carne. A logística, agora, tem um assunto próprio e esse assunto é a raça. Essa humanização é uma racialização. É a catástrofe lançada sobre o ser-espécie que nem mesmo Marx é capaz de reverter. É por isso que a logística é a ciência da brancura na/como a ciência da perda.

Tal é o perigo que ameaça a carne/terra no tempo de Georg Wilhelm Friedrich Hegel, como nos ensina Denise Ferreira da Silva. Vigilância. Acesso. Transparência. Resiliência. O medo globalizado, generalizado da perda está em todo lugar onde a logística vê a necessidade de endireitar nossa carne emaranhada. Em todo lugar onde a logística encontra monstruosidade, ela humaniza. Bem, como Saidiya Hartman nos instrui, o obscuro é o entrelaçado; é o objeto de caça, o que está sujeito ao sujeito da captura. Nesse subassujeitamento, como dizer que somos pessoas? A carne/terra é assaltada pelo aprimoramento global, pelo usufruto mundano. Por meio dele, Hegel produz o enquadramento regulatório chamado desregulamentação. Nada pode ficar no caminho do desenvolvimento da raça, ou no caminho da raça dos desenvolvedores. Antes e através disso está nossa opacidade, dada em e como nosso *otium*, essa desordem ante-programática da qual R. A. Judy fala como sendo nossa fala, apresentada, como diz e faz Fumi Okiji, com a boca aberta, na maldição, na danação, na incompletude que compartilhamos.

2

Na filosofia zen budista, o objetivo da doutrina do coração é *ji-ji-muge*, que podemos traduzir como *não-obstrução*. Nada pode impedir que o caminho, a estrada, flua. O coração viaja livremente. Mas, ao fazer isso, ele não deve se imaginar livre. É por isso que devemos também traduzir *ji-ji-muge* como *não-não-obstrução*. A diferença é infinitamente pequena e infinita. E onde procurar uma distinção desse tipo? Temos buscado na diferença entre diversidade e antagonismo geral, ou entre toque e hapticalidade, ou talvez mesmo entre logística e logisticalidade.

Pois como devemos entender o fato de que, em nossos dias, é a ciência da logística aquilo que mais *parece* ter cumprido a doutrina do coração do zen budismo? É ela que sonha com fluxos sem obstruções, que tenta fazer desse sonho uma realidade. As logísticas *hard* e *soft* operam de maneira conjunta. O *yang* da iniciativa chinesa Cinturão e Rota e o *yin* do algoritmo fantasiam juntos com uma *não-obstrução*.

Se for assim, devemos nos preocupar. Em suas origens, em suas mutações contemporâneas, a logística é uma força regulatória operando contra nós, contra a terra. Ela começa com a perda e o vazio. E começa com uma apreensão equivocada fundamental chamada "espaço-tempo". A perda que marca a posse e, de maneira mais específica, a posse da propriedade privada – a perda da partilha e da terra e a consequente manufatura do mundo – é simultaneamente a apreensão equivocada que toma o que é privatizado como vazio a ser preenchido pela posse, pelas propriedades, pelas propriedades ali alocadas. Esse vazio será preenchido com um interior. Esse vazio é confirmado pela logística, pela mobilização, pela pulsão colonizadora desse interior — um espaço sem nada para onde propriedades são importadas.

Isso tudo começa, mais uma vez, com Locke; ou então, ao menos, começar mais uma vez por meio dele é o que podemos fazer. Seu conceito de mente como *tabula rasa* – com frequência retratado como a fuga iluminista da predestinação – é uma projeção desse vazio que deve ser possuído e preenchido. Para que se torne propriedade privada, deve ser preenchido pelo espaço e pelo tempo, e localizado neles. O espaço surge como a delimitação do que é meu, e o tempo é inaugurado no roubo e na imposição quando algo passa a ser meu. A mente individual e seu amadurecimento a partir da *tabula rasa* marcam essa primeira conquista. A interioridade do Iluminismo emergiu desse *enredamento* do espaço e do tempo — para tomar emprestado o termo de Hayden White —, dessa separação em relação ao que é partilhado. Mas a interioridade só está disponível para a mente-que-possui, pois o que permite a essa mente tomar posse de si é sua capacidade de capturar a propriedade, que ela passará a postular como aquilo que está para além de si. Ela toma o que foi tomado por algo que ela necessita para criar a si mesma; e não apenas necessita, mas persegue infinita, compulsiva e vorazmente. Em outras palavras, o enredamento do espaço e do tempo na mente ocorre por meio do enredamento do espaço e do tempo na terra, na conversão do vazio em mundo, e ele é, de maneira simultânea, tomado como preenchimento da mente, sua nomeação interna no e do que podemos agora conceitualizar como corpo. Será que é um salto grande demais afirmar que a lógica e a logística começam aqui, de modo inseparável?

É por isso que não há como separar Locke, o pensador do Iluminismo, de Locke, o escritor sobre raça, o autor da notória constituição colonial da Província da Carolina. A posse era um circuito de retroalimentação — quanto mais você possui, mais você está em posse de si. Quando mais logística você aplica, mais lógica você conquista; quanto mais lógica você usa, mais logística você demanda. Como Hortense Spillers diz, o comércio transatlântico de pessoas escravizadas foi a cadeia de suprimentos do Iluminismo. Uma busca e uma conquista sem fim, pois a posse é perda perpétua. Gilles Deleuze afirmou que preferia dizer que o poder era "triste". Podemos dizer o mesmo da posse, onde reside o senso mais imediato da perda da partilha. Essa sensação de perda é traduzida como obsessão diabólica com a prevenção de perdas. A logística surge como a ciência dessa prevenção, ciência do deslocamento da propriedade através do vazio, da manufatura de mundo por meio da circulação e dos preenchimentos. Não é a mesma coisa que produzir o caminho enquanto caminhamos, como se diz na tradição anarquista. É a conversão de tudo que está no meio do caminho em espaço e tempo coordenados para a posse.

Esse confisco, essa captura e essa prevenção de perdas são o modo de operação apropriado para a loucura do tráfico atlântico, a primeira logística diabólica, massiva, comercial. Esse circuito de retroalimentação já experimenta desde sempre, em cada enredamento, uma perda amplificada da partilha. Porém, agora, uma dupla perda é experimentada por meio da herança europeia da raça e da escravidão, que Robinson identifica como algo que emerge na luta de classes dos séculos imediatamente anteriores a Locke, na Europa, estendendo-se ao tempo dele, quando há uma intensificação do circuito proprietário (que chamamos de "reação subjetiva"). Esse enredamento maligno de pessoas africanas é experimentado como uma perda potencial de propriedades capazes de fugir. É na dupla perda da partilha – dada na posse e na imposição do ser-posse – que surge a doença mais letal desse ser-espécie, sua maior ameaça ao planeta: a branquitude. Por essa razão podemos afirmar que a logística é a ciência branca.

É isso que muitas pessoas brancas — pessoas que, como diz James Baldwin, pensam que são ou devem ser brancas — estão fazendo quando você as vê passando por toda uma fila como se ela não existisse e pegando um lugar, ou se movendo até o centro de uma sala lotada, ou falando mais alto do que todo mundo ao redor, ou bloqueando a calçada enquanto discutem "escolhas" com seus bebês. Produzindo teoria a partir da prática, elas se encontram enredadas, tal como foram ensinadas, estabelecendo o espaço-tempo do (auto)controle pela posse. Cada passo dado é um manter-se firme no mesmo lugar, como se fosse o mundo pisando o chão com violência enquanto caminha para fora da existência terrena e para dentro do ser humano do capitalismo racial. É algo que se torna mais nítido quanto mais ameaçado, consumido por seu próprio circuito de retroalimentação, produzindo reações subjetivas mais e mais agudas diante dessa ameaça. É o novo/velho fascismo: não o anonimato do seguir o líder, mas a reação subjetiva à liderança, que pode muito facilmente se imaginar como dissenso liberal, como suposta oposição à repetição em marcha acrítica de seu chamado.

No espaço-tempo enredado, a distância mais curta entre dois pontos abstratos e adimensionais — os espaços vazios conjurados para que sejam preenchidos (tornados plenos) como o mundo, ou os mundos, ou partes do mundo — é uma linha reta e adimensional. Recebendo uma extensão imaginária, os recipientes dentro de recipientes que compõem a natureza são uma cadeia de suprimentos, uma parceria comercial, um progresso de capangas na esteira de uma soberania imaginal.[8] Os blocos de construção fundamentais da ciência da logística vêm dessa restrita geometria na forma de uma geografia brutalista. O Problema do Caixeiro-Viajante é o problema de como expandir essa ideia — a de que a distância mais curta entre dois pontos é uma linha reta — quando há múltiplos destinos e paradas. É claro, a logística, com frequência, acabou descobrindo que essa terra vazia, na verdade, era cheia de obstruções e negava todo tipo de acesso. Mas essa ciência se fortalece para poder superar essas obstruções e conquistar esse acesso. A logística visa nos endireitar, nos desemaranhar, nos abrir ao seu usufruto, seu uso aprimorador; tal acesso a nós, por sua vez, aprimora a linha do fluxo, a linha reta. O que a logística compreende como a distância mais curta entre nós demanda o nosso enredamento como corpos no espaço, no qual a interioridade pode ser imposta, até mesmo quando a capacidade de ter uma interioridade é negada, na medição e regulação constante da carne e da terra.

3

Aprendemos muito sobre como opera a logística no livro *A era do capitalismo de vigilância*, de Shoshana Zuboff, que tenta defender a interioridade contra a lógica econômica predatória do capitalismo de vigilância.[9] Ela argumenta que, em nossos dias, a tecnologia da informação lucra a partir da reunião, do empacotamento e da venda de quantidades colossais de dados sobre nosso comportamento diário. Desse modo, o lucro de empresas como Facebook e Google não vem, como normalmente se pensa, de anúncios direcionados aos nossos gostos ou comportamentos. De acordo com Zuboff, elas não têm interesse em nós como indivíduos; o que não quer dizer, por outro lado, que essas

---

8   N. do T.: Essa imagem da natureza vem de John Donne, e encontra-se mais poeticamente elaborada na citação usada como epígrafe no capítulo "A dádiva da corrupção".
9   Shoshana ZUBOFF, *The age of surveillance capitalism: the fight for a human future at the new frontier of power* (Nova Iorque, Public Affairs, 2019); ed. bras.: *A era do capitalismo de vigilância*, trad. George Schlesinger (Rio de Janeiro, Intrínseca, 2021).

ferramentas não sirvam para nos individuar. O que importa, na verdade, é o agregado de informações, porque ele pode ser usado para modificar comportamentos ao invés de simplesmente monitorá-los. Zuboff nos diz que o Facebook espiona uma pessoa apenas na medida em que espiona outra; assim, se somos sua matéria-prima e seu produto, o uso que a autora faz do conceito de acumulação primitiva se justifica. De maneira problemática, esse argumento parece afirmar um capital sem trabalho, o trabalho tendo sido substituído por um algoritmo que executa a si mesmo. Mas o que aprendemos com o autonomismo italiano, e a partir dos séculos de teoria produzida por pessoas africanas que experimentaram o pesadelo da subsunção total, é que podemos ser matéria-prima, produto e trabalho, algo que a hipótese de Zuboff sobre um trabalho ausente ajuda a expandir. O nosso trabalho faz com que essa lógica econômica — ou qualquer outra — funcione. E qual é a natureza do nosso trabalho no capitalismo de vigilância? Logística. No autogerenciamento obsessivo de "nossos" cliques e deslizamentos, levamos adiante a sobredeterminação definida pela logística. É por meio e na forma de uma série de aplicativos — em/por baixo de um campo de plataformas que erigimos — que nosso trabalho concentra ainda mais os meios de produção; tudo isso com o objetivo bem simples e nítido de nos impedir de cuidar de outras pessoas, de dar atenção a elas, porque nos forçam a observar as pessoas, e isso é confundido com o cuidado.

De fato, quanto mais damos atenção à Zuboff, mesmo em seus próprios termos, mais percebemos que o outro lado da modificação é a *prevenção*. Deslocar parte da população em certa direção é impedi-la de se mover em outra. Não demora para que a logística do capitalismo de vigilância se mostre como algo que diz respeito tanto à obstrução como ao fluxo — o que seria consistente, é claro, com a ideia de que não somos apenas matéria-prima, nem apenas produto, mas trabalho socializante também. De todo modo, as obstruções pertinentes ao capitalismo de vigilância — ao capitalismo logístico de forma mais geral — nos colocam uma questão: se a logística dele pressupõe e determina que a distância mais curta entre dois pontos é a linha reta, o que acontece se nossa logisticalidade, como o que precede e contraria esse pressuposto e essa determinação, improvisar uma distância ainda menor na curva, ou nem mesmo na curva, e sim em um nó? O nó não é curva nem círculo, muito menos uma linha. Aliás, é afirmado, com frequência, como obstrução. E o que seria uma coleção ou um coletivo de nós se não um *dread*, uma embolação? Me vigiar? Nada disso, pega a visão, filhos da puta.

E isso nos leva à história de Leonard Percival Howell.[10] Como se não bastassem a escravização, a servidão por contrato e a dominação, as pessoas imperializadas foram também nomeadas. Por isso, Howell preferiu usar o nome Gangunguru Maragh, ou Gong, para abreviar, ou Tuff Gong para abreviar ainda mais. Gong veio de um lugar chamado Clarendon, na Jamaica. Nem todos os lugares por lá são bons para plantar açúcar, mas aquela parte era. Depois da abolição, os britânicos continuaram com seu vício doentio por coisas doces e, como em muitas outras partes do império, intensificaram ainda mais o que Édouard Glissant chama de "nomadismo em flecha" dos Conquistadores em Clarendon, usando pessoas subtraídas do subcontinente indiano, alocadas, deslocadas, realocadas na — e presas na servidão contratual à — logística insensível do colonialismo com seus algoritmos brutais.[11] Gong, que havia trabalhado com a organização de Marcus Garvey, tendo viajado pelo mundo, procurava uma fé anticolonial, após ter lutado regularmente contra a Igreja Anglicana na Jamaica.

---

10 Tiramos essa curtíssima biografia de um texto bem mais detalhado e iluminador. Ver Michael A. BARNETT, Daive A. DUNKLEY, Jahlani A. H. NIAAH, *Leonard Percival Howell and the genesis of Rastafari* (Mona, The University of the West Indies Press, 2015).
11 Édouard GLISSANT, *Poetics of relation*, trans. Betsy Wing (Ann Arbor, University of Michigan Press, 1997), p. 12; ed. bras.: *Poética da relação*, trad. Marcela Vieira e Eduardo Jorge de Oliveira (Rio de Janeiro, Bazar do Tempo, 2021).

Ele sabia que aquela igreja – a Igreja da Logística, o "cristianismo" da vigilância, a verdadeira religião do domínio colonial – nunca poderia comportar o tipo de fé que buscava, a que ele encontrou/fundou quando retornou/se voltou ao desabrigo insurgente de seu lar. Naqueles hindus submetidos à servidão por contrato, viu a prova de que cada povo tinha de encontrar sua religião verdadeira. Passou um tempo com eles em Clarendon, observando o modo como faziam a cerimônia do chá usando ganja, assim como sua dieta ital. Foi a partir da linguagem deles que se nomeou – Gan ou Gyan, para dizer sabedoria, Gun para fé, Guru para professor, Maragh para rei. Eventualmente, Gangunguru Maragh passou a construir o que, aos seus olhos, seria a verdadeira religião do homem negro.

Ele nunca usou *dreads*, mas, junto de seus companheiros cheios deles, construiu um vilarejo em Sligoville chamado Pinnacle [Pináculo], descrito por autoridades britânicas como uma comunidade socialista. Elas tentaram, repetidas vezes, destruí-lo, e trancafiaram Gong em um hospício recém-aberto. Mas o rastafarianismo não seria nem destruído, nem trancafiado, algo a se considerar quando você está sentado em um lugar como a Ilha dos Escravos, na velha Colombo, no Sri Lanka. Os portugueses trouxeram pessoas africanas para cá no século dezesseis, mas a região litorânea de Colombo e da África Oriental sempre cruzaram seus olhares. Como nos ensinam Vijay Prashad e May Joseph, marajás do continente africano se sentaram nos tronos da Índia, e o comércio e o intercâmbio cultural entre essas duas partes do mundo são coisas bem antigas.[12] Mesmo assim, não foi essa linha reta entre dois pontos, essa jornada reta do Sul asiático ao Leste africano que Gong realizou, ou que seus companheiros presos à servidão nos vilarejos de Clarendon fizeram para que pudessem estar

---

12 Cf. May JOSEPH, *Nomadic identities: the performance of citizenship* (Minneapolis, University of Minnesota Press, 1999); Vijay PRASHAD, *Everybody was Kung Fu fighting: Afro-Asian connections and the myth of cultural purity* (Nova Iorque, Beacon Press, 2002).

uns com os outros. O laço, o emaranhamento, o abraço; a bagunça, a embolação, o nó que descobriram e levaram adiante é a distância mais curta, em que pega a visão significa venha dar uma olhada comigo por uma horinha enquanto nos reunimos mais uma vez.

O coração zen viaja sem obstruções. Mas podemos dizer também que viaja com nada o obstruindo. Como sabemos, por conta da filosofia taoísta, o nada não é o mesmo que vazio. Não é espaço. Quando o coração zen atravessa o nada, ele é sua companhia constante. É a obstrução através da qual ele se movimenta, sobre a qual se mantém, na qual se demora. A obstrução faz da não-obstrução uma não-não--obstrução. O nada, a nulidade, o nó, dá ao coração zen suas direções adirecionais, suas síncopes errantes, suas práticas de um pansincretismo bem-amarrado-na-abertura que nos permitem, em sua força de atração, a visita e a renovação. O lugar invigiável que produzimos ao observarmos em conjunto é partilhado, desobstruído, descarregado em um nó, a não-não-obstrução de nossa praia encalhada.

Pega a visão, distância mais curta, ji-ji muge!

QUEREMOS UM PRECEDENTE

1

Nosso presidente, nosso soberano iludido, degradado e demoníaco, seja qual for a forma que essa abstração de nossa equivalência abstrata e totalmente fictícia tenha assumido, é um ponto entediante em uma linha longa e desesperadamente reta de cópias baratas. É que nem o modo como Ricardo de Bordeaux, que pode fazer o que quiser, exceto impedir a si mesmo de fazer o que quiser, carrega consigo sua própria deposição (disfarçada como o assassinato em série que constitui a transição pacífica do poder e suas cerimônias vulgares) como uma falha genética, na forma dessas ambições bolingbrokianas[13] ilegítimas, mas inevitavelmente hereditárias, que o deixam com a capacidade de autorreflexão cada vez mais debilitada. De modo que, em toda a sua limitação e sua qualificação singularmente focadas, no relativo nada da prisão que ele chama de mundo, essa esfera que tudo engloba e tudo pretende colonizar e que ele pisoteia sem parar, posando para um arco impossível de imagens mortais e impossíveis, nosso presidente, seja qual for, o que você sempre quis ou não quis, um após o outro em notável declínio imperial, é apenas uma cabeça doente e ansiosa sob uma coroa vazia, que nos faz observá-la falar sobre como vai nos matar e, em seguida, faz com que a observemos nos matar.

13. N. da T. Expressão em referência a Henry Bolingbroke e ao modo como ele é apresentado na peça *Ricardo II* de William Shakespeare (1595).

2

Normalmente, acredita-se que o que queremos está ligado ao que não temos. No entanto, Zoe Leonard tem falado sobre o que queremos em nosso enviesamento, na sala infinita e adimensional onde não podemos nem rastejar ao atravessarmos lentamente a fricção e o zumbido da cidade como se fosse um bosque de álamos no final do outono, nas montanhas, nós que estamos no acolhimento e desacolhimento do fundo do mar. Ela está falando sobre o que queremos em relação ao que temos, quando o que temos é toda essa experiência de não ter, de não partilhar nada, de partilhar o nada. E ela fala de e a partir de um desprivilégio comum, do privilégio do subterrâneo comum, na e a partir da riqueza de uma precariedade que passa de mão em mão, como um carinho. Veja toda a riqueza que temos, diz ela, por termos perdido, por termos sofrido, por termos feito sofrer, por sofrermos com as pessoas ao nosso redor como se fôssemos filhos e filhas uns dos outros, como se estivéssemos apaixonadas e apaixonados uns pelos outros, como se nos amássemos tanto que tudo que cada pessoa pode fazer, no fim, é ir embora. Queremos um presidente, diz Zoe, que tenha amado e perdido tudo isso conosco, que tenha compartilhado nosso pequeno tudo, nosso pequeno nada. Uma coisa dessas, o nada geral e gerativo que é mais e menos do que político, seria sem precedentes. Talvez ela não queira um presidente; talvez ela queira um precedente, a coisa infinitamente nova da absoluta não-coisa, sua xenogenerosidade zen, sua reprodutividade *queer*, que continua começando na ausência do início como carinho/cuidado ingovernado e ingovernável.

3

É possível querer o que você se tornou no sofrimento, tanto na ausência quanto nas profundezas do sufrágio, sem querer o sofrimento? É possível querer isso que é ser tudo, e querer ser algo inteiro, sem querer a completude? É possível desejar a incompletude geral sem aquele desejo aparentemente insuportável de perfuração, de ruptura, de estilhaçamento? No lugar do presidente que queremos e não queremos, temos Cedric Robinson, que perdemos há pouco tempo. Ele diz:

> Se, em alguma brincadeira maldosa, uma pessoa fosse compelida por algum demônio ou deus a escolher uma transgressão contra Nietzsche tão profunda e fundamental para seu temperamento e intenção, a ponto de romper o solo sobre o qual sua filosofia se sustentava, não poderia fazer melhor do que isto: uma sociedade que teceu em sua matriz, com o propósito de suspender e neutralizar as forças antitéticas à autonomia individual, a realidade construída de que *todo mundo é igualmente incompleto. Uma lógica que estamos enfrentando aqui.* Não é verdade que o surgimento do poder como instrumento de certeza na organização humana é visto por muitos como *consequência* e resposta às circunstâncias de desigualdade e à entropia social percebida? Não é verdade que a autonomia individual, um tanto rara na primeira condição e ameaçada pela segunda, é, na construção final, tornada algo estranho? E, logicamente, não seria o caso de até mesmo a autonomia requerer, para sua manutenção, uma estufa de certeza semelhante àquela necessária para a evolução do poder – sendo a autonomia, até certo ponto, uma variante do poder? Então, o princípio da incompletude – a ausência de uma integridade organísmica independente —, se fosse ocupar, em uma metafísica, o lugar da desigualdade na filosofia política, traria para a sociedade humana um paradigma subversivo para a autoridade política na forma de uma resolução arquetípica, uma prescrição para a ordem.[14]

Como entender com mais precisão a democracia estadunidense — a brutalidade de nosso aprimoramento, a crueldade das formas como nos usam — enquanto práxis do interesse privatizado na desigualdade, expressa na teoria da igualdade abstrata de todo indivíduo completo, cuja recitação constante regula brutalmente o interesse geral

14 Cedric J. ROBINSON, *The Terms of Order: Political Science and the Myth of Leadership* (Chapel Hill, The University of North Carolina Press, 2016). p. 196-97.

em uma igualdade dada em e como uma incompletude absoluta que desafia a individuação? Como entender que a interinanimação de nossa servidão e de nossa liberdade — e, portanto, de nosso liberalismo e de nosso protesto — é o fundamento metafísico de uma filosofia política nacional que *passamos a reivindicar em violação ao precedente que queremos*? Como rejeitar essa reivindicação, tendo aprendido a querer o querer que a ordem — da qual nosso desejo forçado é derivado — seja afogada na desordem de tudo (o nada) que temos? Como podemos sentir mais intensamente a física de nosso entorno, nossa estética social, a gravidade de nosso amor e de nossa perda, nossa incompletude partilhada, em sua transmissão e sonoridade radicais? O que significaria dizer que não podemos nos posicionar em relação à política — incluindo a antiga e honrosa posição "não voto porque sou marxista"? E se disséssemos que não temos opções, que aqui não temos nem mesmo a opção de não ter opção? Achamos que isso seria bom. Zoe nos dá o primeiro passo: pensar *para além* do que queremos é uma forma de habitar suavemente o não ser e o não ter, *aqui*.

USO E USU- FRUTO

1

A ideia de que, falando de maneira mais adequada, a modernidade é a globalização da Europa é o que Tsenay Serequeberhan chama de "pré-texto" do Iluminismo europeu: a "crença ou ideia [*Idee*] metafísica de que a existência europeia é qualitativamente superior às outras formas humanas de vida".[15] Essa crença é fundamentada na própria ideia de Europa como corporificação e exceção nos sentidos geográfico e geopolítico. Críticas ao colonialismo e a sua episteme desmesurada, em especial a feita por Sylvia Wynter, têm apontado para a impossibilidade de produzir o indivíduo em posse de si, em posse da terra, sem produzir também a figura do Homem, cuja inumanidade essencial é evidente na maneira incansável como ele teoriza sobre e pratica a raça. Pois como poderia um homem em posse de si e da terra *não* pertencer a um grupo que possui a si mesmo, instanciado no interior de um mundo que possui a si mesmo, e que, ao mesmo tempo, é uma localidade absoluta e expansiva? O grupo que está em posse de si e da terra se define como apartado dos outros — particularmente, fundamentalmente, na especiação violenta, que o distingue dos grupos que não têm posses (de si ou da terra). O custo dessa especiação, desdobrada na invasão e no enclausuramento, é todo revertido para quem é dito não pertencer por quem se pretende *um*, por uma questão de solo e sangue — pessoas cujo fracasso em (querer) ser excepcional constitui uma questão, um problema sub ou pré-europeu (sulista ou oriental ou negro

15   Tsenay SEREQUEBERHAN, "The critique of eurocentrism and the practice of African philosophy", in Emmanuel Chuckwudi EZE (org.), *Postcolonial African philosophy: a critical reader* (Cambridge, Blackwell, 1997), p. 142-3.

ou imigrante ou terrorista). O que está implicado no ato de se imaginar como alguém que veio a ser (excepcional)? A Europa terá dado a si mesma seu próprio lugar como presente, ao mesmo tempo insular e ilimitado, com seu tempo singular e subdivisível. Esse honorário transcendental — no qual a dádiva é conceitualizada como um dado e o dado é conceitualizado como dádiva — terá autorizado o mundo europeu como o lugar e o tempo da exceção (terá concedido à Europa o mundo nesses termos). Mas isso significa que alguém deve ter excetuado a Europa, autorizado o estado constantemente emergente de sua exceção, sacralizado seu solo e sua atmosfera teológico-políticos. Alguém terá dado à Europa (aos europeus) a capacidade de ser *um*. (Alg)uma pessoa terá dado ao homem o poder de ser *um*, uma completude que será tomada como dada. É por meio e não apesar disso, ecoando Frantz Fanon, que falamos dessa mesma "Europa que nunca cessou de falar do homem" como uma "avalanche de assassinatos", uma história sangrenta de escravidão e colonialismo que sugere que a exceção é sempre aceita de maneira involuntária, concedida de maneira insuficiente, que ela é o objeto ilusório de uma incapacidade da vontade vazia de se autoimpor.[16] Se a afirmação da exceção europeia é sua condição de im/possibilidade, então a avalanche de assassinatos é a operação expressiva dessa afirmação.

A exceção é uma categorização que alguém pode conceder a si apenas pagando o preço de imaginar que foi dada por um Outro. Declarar o próprio excepcionalismo não é uma questão de isentar, excluir, ou desculpar a si; tudo isso sendo transitivo. O excepcionalismo imagina algo intransitivo, atribui ações a Outros e, o que é mais importante, atribui um tipo originário de poder a um outro alguém. Aqui vemos como o pré-texto que Serequeberhan identifica é um pré-dado em um duplo sentido — é algo que precisa ser dado, mas, para isso, deve ser concedido. Não há dialética aqui.

---

16 N. da T.: Os trechos citados se encontram em Frantz FANON, *Os condenados da Terra*, trad. Lígia Fonseca Ferreira e Regina Salgado Campos (Rio de Janeiro, Zahar, 2022), p. 324.

Podemos dizer que, ao invés disso, o europeu sozinho foi senhor e escravo. Eis o seu próprio drama, mantido firme em seu corpo, encenado no mundo que ele deve porque deve possuir. A exceção foi um poder dado por um Outro a uma série de *eus* que, tomando para si esse poder, juntamente com o conhecimento que o acompanha, supostamente conseguiram, nesse toma lá dá cá, sua própria confirmação. Mas o pré-texto nunca está verdadeiramente fundamentado, garantido, dado. A Europa é desestabelecida, de maneira constante, pelo que busca envelopar, aquilo que, por sua vez, de modo inoportuno, acaba envelopando-a. O que rodeia o europeu, mesmo em seu meio, é o informante nativo que Gayatri Spivak identifica como um texto de criação para um mundo de exceção, contra o — ainda que no interior do — antagonismo geral de uma anarritmia e de um deslocamento terrenos. O paradoxo do pré-texto é, portanto, o fato de que o ser excepcional é tanto dado como tomado, tanto reivindicado como concedido. Essa simultaneidade envolvendo o ser-senhor e o ser-escravo é o declínio estático, omnicida da soberania. Isso que é ser acorrentado à luta pela liberdade, um instrumento "racional" enlouquecido que permanece no mesmo lugar como o movimento perpetuamente imóvel do homem.

2

O que significa defender o aprimoramento? Ou pior, defender aquilo que o mundo dos negócios denomina um "compromisso com o aprimoramento contínuo"? Significa defender a especiação brutal de tudo. Posicionar-se a favor da especiação é o começo de um usufruto diabólico. O aprimoramento vem até nós por meio de uma inovação na posse da terra, em que a propriedade individuada, derivada do aumento da produtividade do terreno, é dada no vir a ser perpétuo, portanto, interrompido, de uma exceção em miniatura. Isso quer dizer que, desde o início, a capacidade de possuir — o primeiro derivativo dessa capacidade sendo a autopossessão — é indissociável da capacidade de aumentar a produtividade. Para que a terra seja aprimorada, tornada mais produtiva, deve ser reduzida violentamente à sua produtividade, e isso significa a diminuição e o gerenciamento regulatórios da capacidade gerativa da terra. A especiação é essa redução geral da terra à produtividade e a sua submissão às técnicas de dominação que isolam e reforçam acréscimos particulares e acelerações da produtividade. Nesse sentido, o homem (necessariamente europeu), na e como exceção, impõe a si a especiação, em uma operação na qual extrai e excetua a si mesmo da terra para confirmar seu suposto domínio sobre ela. Assim como a terra deve passar por uma especiação forçada para ser possuída, o homem deve fazer o mesmo para que esse tipo de posse exista. Isso quer dizer que a racialização está já presente na própria ideia de um domínio sobre a terra; na própria idealização e na execução da exceção; no próprio conhecimento básico sobre como obter posse-por-aprimoramento. Essas formas de racialização que Foucault e — em especial, e de maneira mais vívida — Robinson identificaram na Europa medieval se tornam objeto de um *usufruto* com a chegada da posse moderna por meio do aprimoramento. Humanos divididos por especiação são aprimorados de modo interminável por meio do trabalho interminável que realizam no seu caminho interminável para se tornarem o Homem. Esse é o usufruto do homem. Na Inglaterra do início da modernidade, dar a alguém o direito sobre uma terra qualquer usando o aumento da produtividade como critério significou a eliminação da biodiversidade e o isolamento e a seleção artificial de espécies — cevada ou centeio ou porcos. Ecossistemas locais foram transformados de maneira agressiva para que a produtividade monocultural sufocasse a geratividade anacultural. A relação emergente entre especiação e racialização é a própria concepção e conceitualização do colonizador. Manter essa relação era sua vigília e sua expectativa. Para os cercadores de terra, a posse é estabelecida por meio do aprimoramento — e isso vale para a posse da terra e para a posse de si. O Iluminismo é a universalização e globalização do imperativo da posse e de seu corolário, o imperativo do aprimoramento. No entanto, essa produtividade deve sempre se confrontar com seu empobrecimento contraditório: a destruição da biosfera e sua alienação no, e mesmo do entrelaçamento, ambas combinadas para garantir a liquidação do diferencial humano desde sempre contido na própria ideia de homem, a exceção. Defender esse tipo de aprimoramento é invocar políticas públicas que atribuam esgotamento à diferença, ou seja, à riqueza, cuja destruição e acúmulo, de maneira simultânea, devem ser operacionalizados por essas políticas. Essa atribuição de uma suposta falta essencial, uma diminuição inevitável e supostamente natural, é alcançada junto da imposição da posse-por-aprimoramento. Fazer políticas públicas é impor a especiação a tudo e a todo mundo, infligir o empobrecimento em nome do aprimoramento, invocar a lei universal do usufruto do homem. Nesse contexto, o aprimoramento contínuo, na forma como emergiu com a descolonização e, em especial, com a derrota do capitalismo nacional da década de 1970, é a contínua crise da especiação nos arredores do antagonismo geral. Essa é a contradição que Robinson constantemente invocou e analisou com o otimismo de tipo profundo e solene que vem do estar com suas amizades e a serviço delas.

3

No final do filme *O diabo veste azul*, baseado no romance de mesmo nome escrito por Walter Mosley, e que Robinson nos ensinava, com todo o prazer, a ler e a ver, o que se nota rapidamente é a vida persistente — que sobrevive sob a norma da especiação; que cerca a especiação que a envelopava; que viola a especiação com a qual foi infundida; que antecipa a especiação que seria seu fim — de uma vizinhança com gramados arrumadinhos, pequenas casas de família, e as pessoas negras que vivem nelas. A última fala do filme desmente e reconhece ao mesmo tempo a crise permanente da especiação. "É errado ser amigo de alguém que você sabe que fez coisas erradas?", pergunta Easy Rawlins, o protagonista. Bem, "tudo que você tem são suas amizades", responde Deacon Odell. Correto. É isso e nada mais. Amanhã os policiais podem vir, ou o pessoal do banco, trazendo a violência da especiação, contra a qual há precisamente essa economia geral e constante da amizade — não o aprimoramento que terá sido dado em uma relação um-a-um, mas a preservação militante do que você (entendido como um "nós") tem, na despossessão comum, a única forma possível de posse, de ter em excesso o que outra pessoa tem. Nem a globalização da posse-por-aprimoramento e nem a conquista do ser excepcional são possíveis. Vivemos (n)a brutalidade de seu fracasso, fracasso na e como a derivação. Além disso, a decadência soberana (dada, em uma variação da gramática de Denise da Silva, como Deus: Patriarca – Indivíduo possessivo – Cidadão) é um derivativo — um entendimento rígido, reificado, securitizado da diferença. Enquanto isso, na cena que *O diabo veste azul* constantemente monta na varanda de Easy, no bar de Joppy, no clube ilegal de John (situado acima da mercearia de Hattie Mae), temos um lembrete repetido de que nossa tarefa é, como diria Manolo Callahan, renovar nossos hábitos assembleísticos, o que implica virarmos as contas e nos afastarmos do derivativo. Não estudamos o fracasso, assim como Easy não estuda emprego algum. Não estamos tentando entrar na decadência que instiga o que ela mesma implica: a separação, a especiação, a racialização (necessariamente fracassadas) — o cercamento e a colonização — da terra. O jogo consiste, como nos ensinam Callahan e Nahum Chandler, em dessedimentar, esfoliar, renovar a inseparável e terrena assembleia, a *jam session* habitual, por meio da e na diferenciação com relação àquilo que não será nem regulamentado nem compreendido. Tudo que nóis tem é nóis nesse contínuo abrir mão de tudo. E, como Robinson tanto se esforçou em nos ensinar, em sua admiração crítica por Mouse, o amigo de Easy que está sempre prestes a arrebentar o nariz de alguém, tudo depende de nossa prontidão para esse tudo defender.

4

Aqui está a famosa passagem sobre escravidão em *Princípios da Filosofia do Direito*, de Hegel, na qual o "ainda não" do universal — sua fase como mera "existência humana natural" — aparece como um remédio estragado, ainda que necessário.[17]

> Se nos mantivermos firmes na ideia de que o humano em si e para si mesmo é livre, condenamos, portanto, a escravidão. Mas se um homem é escravo, sua própria vontade é responsável, assim como a responsabilidade se encontra na vontade de um povo que foi subjugado[...]. A escravidão ocorre na fase de transição entre a existência humana natural e a condição verdadeiramente ética; ocorre em um mundo onde o errado ainda é certo. Aqui, o erro é *válido*, de modo que a posição que ele ocupa é necessária.[18]

Esse "ainda não" do universal, da história global, é reforçado posteriormente quando Hegel diz que "esta condição [o direito absoluto] é a mesma segundo a qual as nações civilizadas consideram como bárbaras aquelas que ainda não alcançaram o mesmo momento substancial do Estado".[19] Porém, antes disso, Hegel passa imediatamente da primeira passagem citada para a questão da "possessão" e da "utilização da coisa". Essa "entidade natural" — a coisa — existe apenas para seu proprietário, pois como sua "extrinsecidade

---

17 N. da T.: A citação a seguir é de um comentário anexado ao texto escrito por Hegel, acompanhando o §57. Na edição publicada pela Martins Fontes, tradução de Orlando Vitorino, ele não está presente. Trata-se de uma das adições (Zusätze) compiladas por Eduard Gans, sendo o material adicional proveniente das conferências feitas por Hegel após a publicação da primeira edição do livro. Na edição inglesa, a adição citada é de H. G. Hotho, que frequentou as conferências sobre Filosofia do Direito no período de 1822-23. Gans, por sua vez, parafraseou (e não citou) as anotações de Hotho. Apesar disso, essas anotações foram importantes na transmissão, ao longo dos anos, do pensamento hegeliano; por isso mesmo se encontram na edição inglesa.
18 Georg W. F. HEGEL, *Elements of the Philosophy of Right*, trans. H. B. Nisbet (Cambridge, Cambridge University Press, 1991), p. 88; ed. bras.: *Princípios da Filosofia do Direito*, trad. Orlando Vitorino (São Paulo, Martins Fontes, 1997).
19 Ibid., §351.

se realiza precisamente na utilização que dela faço, assim equivale à coisa em toda a sua extensão a plena disponibilidade dela".[20] Mas Hegel, então, encontra um problema, logo após afirmar, de maneira paradoxal, a necessária retidão do erro necessário da escravidão na história progressiva.

> Se o pleno uso fosse meu e, no entanto, a propriedade abstrata pertencesse a outrem, então a coisa como minha estaria completamente sujeita à minha vontade e, no entanto, algo nela se me apresentaria insujeitável: a vontade de um outro, vontade que, bem entendido, seria vazia.[21]

Ele chama essa relação de "absolutamente contraditória", introduzindo a ideia romana de "*usufructus*". Teoricamente, Hegel está abordando os direitos de propriedade feudais, com sua posse compartilhada. Mas é quem está em uma "existência humana natural" que fracassou, como diz Hegel em suas considerações anteriores sobre a escravidão, na tentativa de entrar "na posse de si", de se tornar "propriedade de si mesmo".[22] O usufruto demanda que essa entidade natural ceda "o passo ao *utile* [útil]". Hegel fala da propriedade romana, feudal, mas sua preocupação é com a história mundial, com esse mundo (necessariamente europeu) em que um erro ainda é correto. Sua preocupação é como se tornar propriedade de si e com o usufruto que dá início e confunde esse projeto. O aprimoramento é concedido e assombrado por uma vontade vazia, ilusória e impenetrável.

5

Assim que você diz que uma coisa é sua porque você trabalhou nela, fez dela algo melhor, ou diz que eu sou eu porque trabalhei sobre mim, fiz de mim algo melhor, você começa uma guerra. Ao atribuir de maneira equivocada a inauguração dessa guerra à natureza, você a codifica como contrato (anti)social.

---

20 Ibid., §61.
21 Ibid., §62.
22 Ibid., §57.

É dito que o contrato (anti)social e a esfera pública por ele criada são reações ao feudalismo e ao absolutismo. Mas essa é apenas metade da história, uma metade bem imprecisa aliás. Talvez seja melhor pensar no contrato (anti)social como o que emerge, conforme diz Angela Mitropoulos, não em oposição ao absolutismo, mas como a democratização da soberania. Mesmo isso poderia ter tido uma qualidade acidentalmente anárquica, já que todo homem se considerava um rei. Mas o contrato (anti)social não apenas reage ao absolutismo, ao mesmo tempo que o reflete, fazendo de cada casa/castelo/barracão uma sala de espelhos, como também surge como forma de explicar e justificar a violência do homem europeu. Todos, de Adam Ferguson a Immanuel Kant, tentam explicar o motivo de as pessoas africanas, asiáticas, indígenas, escravizadas e exterminadas, serem menos propensas à guerra do que os europeus. As Cruzadas levaram os europeus a acreditar, de maneira equivocada, que sua brutalidade era parte da humanidade e não uma exceção, mesmo quando a guerra religiosa apresentou-lhes um desejo de sangue que não puderam ignorar. Assim, o contrato (anti)social surge menos para confrontar o absolutismo do que para conter o excepcionalismo histórico um tanto óbvio da selvageria europeia. O mundo nitidamente não podia ser ordenado em termos de bem e mal sem que isso trouxesse consequências graves para a Europa. Os que concebem o contrato confundem as guerras que ele instiga: guerras de soberanos contra empreendedores, de empreendedores uns contra os outros, e deles contra quem Bryan Wagner descreve como as pessoas "que são submetidas ao comércio sem poderem ser uma das partes da negociação", pessoas que não são *um*, que são inumeráveis e incontáveis e inexplicáveis, mesmo tendo sido acumuladas, financeirizadas.[23] Pode ser que, nesse sentido, seja ainda melhor pensar no contrato (anti)social

---

23 Bryan WAGNER, *Disturbing the peace: black culture and the police power after slavery* (Cambridge, Harvard University Press, 2009), p. 1.

como algo que emerge contra uma história de revoltas: as insurreições camponesas que enterraram o feudalismo europeu — que Robinson entende como uma "troca socialista" envolvendo o (sub)solo antropológico do marxismo — foram revoltas da natureza levadas a cabo pelas pessoas que tiveram de assumir uma posição em defesa dela, elas que haviam sido rebaixadas, de modo filosófico, a um estado de natureza essencialmente paradoxal por quem desejava engendrar a subordinação do mundo natural no e ao desastre socioecológico do aprimoramento.

Isso quer dizer, mais uma vez, que a metade política da história, em que o contrato social é compreendido como aprimoramento e não como imposição ge(n)ocida, está incompleta e equivocada. O contrato (anti)social não é apenas uma teoria política, mas uma prática econômica: a prática da regulamentação e da antissocialização jurídicas da troca na imposição do aprimoramento. Em especial, o contrato especificou a individuação de suas partes. Os indivíduos, agora, devem ser formados para que firmem esse contrato. O contrato econômico não surge na troca, mas da ideia de que a posse deriva do aprimoramento. Como resultado, são os indivíduos, ou melhor, os indivíduos dotados de uma capacidade de aprimoramento de si que podem e devem firmar o contrato. Esses indivíduos podem ser pensados como acumuladores de si: não exatamente possessivos (pois aqui temos estase sem movimento), nem aquisitivos (o que ainda carrega um traço da troca anárquica), mas autoacumulativos — ou seja, colecionadores de propriedade, que acumulam para fazer a propriedade trabalhar, incluindo, em especial, as propriedades do *eu* que possam ser empregadas e aprimoradas enquanto são postuladas como eternas e absolutas. "Propriedades do *eu*" não é um jogo de palavras. As propriedades que podem ser acumuladas e postas para trabalhar incluem: raça, religião e gênero, mas também classe, posicionamento, confiança, parcimônia, responsabilidade e pontualidade. Tudo isso pode ser usado para aprimorar, no sentido de que o aprimoramento é posse e possuir cada vez mais, e, com isso, pôr em movimento um acúmulo ainda maior do *eu*, dos outros, da natureza, de modo que tudo seja posto para trabalhar.

Talvez isso possa ser dito da seguinte forma: a posse surge na Europa como usufruto, no aprimoramento da terra que justifica e concede essa posse. Ela é expandida e difundida por todo o regime que o contrato social define na posse de si, posse que terá atingido sua forma completa no indivíduo — essa cristalização brutal e quebradiça da fusão sempre e necessariamente incompleta entre sujeito e objeto. Trabalhando sem cessar na tarefa de fazer de tudo, incluindo a si mesmo, algo passível de ser posto para trabalhar, o europeu é o usufruto do homem. O aprimoramento sem fim do homem, em que a necessidade é forçada como contingência absoluta, é fixado no pensamento europeu como a captura perversa de seus objetos, incluindo ele próprio. O desdobramento histórico dessa fixação no fixar, o jogo mortífero entre captura e aprimoramento, é dado na e como a violência do aprimoramento-de-*si*-na--acumulação-de-*si* contra tudo que apareça no encontro entre diferenciação, incompletude e afecção. A atividade continuamente mutante do que aparece para o que aparece como *eu*, como o desfazer contínuo da própria ideia de *eu* e de sua eterna espera pela completude-no-aprimoramento, pode apenas ser abordada, da perspectiva míope e impossível do *eu*, por meio de uma combinação obscena de regulamentação e acumulação. Aquele que acumula o faz à custa do que pensa serem seus outros — mulheres, escravizados, camponeses, bestas, a própria terra. Assim, o contrato social, como contrato entre quem acumula e quem aprimora, é inscrito sobre a pele de quem não pode ser, quem, em todo caso, se recusa a ser uma das partes dessa troca antissocial nos termos do contrato. Enquanto isso, na medida em que os empreendedores estão unidos em uma estratégia para submeter ao usufruto o que não pode e não será uma parte (numerável, individuada) dessa troca antissocial, também estão dedicados a matar uns aos outros, dedicados a entrar em guerra e incorporar o seu amado público, em nome do aprimoramento desse mesmo público e de seus problemas — ou seja, de seus habitantes. A guerra do indivíduo acumulador de si, sua mobilização total contra os inumeráveis e seus e suas camaradas sob o signo da posse como aprimoramento, levada adiante com o intuito de prevenir a recrudescência do natural, torna a própria promessa do contrato (anti)social irredimível.

Todo subcontrato no interior do contrato (anti)social deve resultar em mais aprimoramento. Não se trata de ambas as partes estarem satisfeitas com o que obtiveram na troca. Um contrato desses não foi apenas mal feito, mas está em conflito com a identidade desejada dos empreendedores. Aqui, podemos fazer uma inversão: o contrato social também é concebido, na teoria política, como algo que se firma entre pessoas capazes de aprimorar a si mesmas, capazes de algo chamado "progresso", e por isso foi essencialmente destrutivo em sua relação com as noções de troca encontradas entre rebeldes feudais (o livro de Robinson, *Uma antropologia do marxismo*, é bastante instrutivo nesse sentido), ou entre povos africanos que preferiam procurar outro lugar para fazer suas coisas a entrar em conflito para conquistar o aprimoramento (o livro *Marxismo negro* de Robinson é bastante instrutivo nesse sentido).[24] Ferguson e Kant dizem que a guerra tem a ver com o aprimoramento da raça europeia. Já Robinson nos ensina que isso é levado a cabo como uma racialização intraeuropeia violenta da diferença, um festival continuamente bárbaro em que a incursão e a instanciação do aprimoramento como série de externalidades forçadas de maneira militar produzem a Europa, e depois o globo, como um conjunto de corpos políticos mortos e mortíferos, monstros cujas simulações mecanizadas e dronificadas do espírito regulamentam o social com um tipo de afabilidade de látex e de ameaça latente que encontramos comumente associadas a comissários de polícia e reitores universitários. A sociabilidade antissocial é a base do contrato social. No fim das contas, o aprimoramento é guerra, e é por isso que a esfera pública é guerra, e é também por isso que o privado — em sua impureza anti-/ante-individual, como refúgio sob constante pressão — é uma varanda.

O contrato (anti)social é assombrado pelo contrato econômico, que não diz respeito ao tipo de troca que encontramos em uma amizade, mas à reivindicação de posse de si, dos outros, da natureza, reivindicação sempre presa ao que se pode fazer a mais, ou seja, a esse acumular por meio de si, dos outros, da natureza, acumular em tudo isso. Dito de outro modo, o universo em expansão da posse assumiu uma forma contratual não limitada, como muitas vezes se pressupõe, aos indivíduos livres — ou seja, ao sujeito europeu imaginado pelo teórico europeu; mais do que isso, trata-se de uma forma contratual que exige um contato de amplo espectro como base material de sua rede exclusiva e excludente. O que torna essa forma realmente perigosa é o fato de nunca poder se livrar daquilo de que busca se distinguir; o que é realmente perigoso para ela é o fato de que aquilo que é forçado a legitimar a exceção pode recusar o contrato no qual aparece como uma terceira (ou inumerável, ou uma não-) parte. A troca, por outro lado, é uma prática que impede o acúmulo na sua própria fonte como destruição da fonte — o indivíduo que aprimora a si mesmo. Ao invés disso, a troca, dada no e como o emaranhamento diferencial e diferenciador da vida social, mesmo sob as mais poderosas formas de constrangimento e regulamentação, diz respeito à melhor condição social possível.

6

George Clinton, do Parliament-Funkadelic, nos ensina o seguinte:

> Estou sempre esperando pra ver como o pessoal vai dançar, porque a dança está sempre mudando. Mas confio no simples fato de que o funk mexe com a raba. Quando observo alguém dançando qualquer tipo de coisa, sempre me pergunto: que tipo de *groove* leva essa raba a se mover daquela forma? Eu sou um rabólogo. Não fico olhando porque é uma coisa bonita, quero é saber o seguinte: como posso me certificar de que, com minha música, uma raba chegou ao seu auge?[25]

E Jacques Derrida nos ensina a perguntar:

> Quando seremos capazes de experimentar uma liberdade e uma igualdade que testarão, de maneira respeitosa, essa amizade, e que o farão enfim de maneira justa, justa para além da lei, isto é, na medida de sua desmedida?[26]

---

25 Conversa com Jef Mao na Red Bull Music Academy, citada em Matthew TRAMMELL, "How to stay cool as fuck forever, according to George Clinton", em *The Fader*, 14. mai. 2015. Disponível em: http://www.thefader.com/2015/05/14/how-to-stay-cool-as-fuck-forever-according-to-george-clinton.
26 Jacques DERRIDA, *The politics of friendship*, trad. George Collins (Londres; Nova Iorque, Verso, 2005), p. 306.

DEIXA OS GAROTO BRINCÁ

Filha de Sião, Judá, o Leão
Ele redimiu e resgatou com seu sangue...
João, o revelador, o grande defensor
Acaba com eles na batalha de Sião

— *Blind Willie Johnson*

Quando meu irmão caiu
Tomei suas armas.
Sem questionar
se seria capaz de mirar
ou ser preciso como ele.
Uma agulha e uma linha
não estavam entre
as coisas que
eu encontrei.

— *Essex Hemphill*

Quando andamos pela rua
Não importa quem vemos ou encontramos
Não precisamos correr, não precisamos nos esconder
porque há algo que queima dentro de nós
nós temos o poder   do amor
é o maior poder de todos
nós temos o poder   do amor
em nossa união não temos como sucumbir.

— *Luther Vandross*

Às vezes, esta terra abalará seu entendimento acerca do mundo
e a confusão pode corroer seu senso de humanidade
mas, pelo menos, você se sentirá normal.

— *Vernon Ah Kee*

O rebelador

No documentário *Upon Westminster Bridge*, Mikey Smith está atravessando criminosamente a linguagem.[27] Estamos em 1982, o início do capitalismo logístico. A linha de montagem está serpenteando para fora da fábrica e tentando entrar na sua boca. E ele num pódi crê nisso. Ele não quer acreditar. Ele não vai trabalhar. Ele vem da propriedade. Ele já esteve lá antes. Ele veio para desfazer. Ele se moveu para poder dissimular. O encontro que se dá em sua boca está desalinhado.

Com o surgimento do capitalismo logístico, não é o produto que nunca é finalizado, mas a linha de produção, e não a linha de produção, mas seu aprimoramento. No capitalismo logístico, é o aprimoramento contínuo da linha de produção que nunca termina, que nunca é feito, que é desfeito continuamente. Os sociólogos vislumbraram essa linha e pensaram ver redes. O cientista político chamou essa linha de globalização. Os professores de administração a nomearam e a precificaram como reengenharia de processos. Mikey era mais esperto.

Mikey volta para o outro lado da rua, onde Louise Bennett está sentada, falando sobre como ela o inspirou. Podemos vê-la em um clipe, violando direitos com suas palavras, defensora de uma linguagem desfeita, aberta a respeitar o que você gosta e a gostar do que você respeita. Agora, suas palavras estão por toda parte, como os sussurros de um algodoeiro, e elas precisam estar. E a logística, ou seja, o acesso, está em toda parte — mais uma vez, porque ele quer estar.

---

27   Ver o documentário de Anthony WALL, *Upon Westminster Bridge* (BBC Television, 1982). Disponível em: https://youtu.be/ NE3kVwyY2WU.

N. da T.: No inglês dos EUA, "*jaywalking*" diz não-literalmente algo como "atravessar ilegalmente a rua" e remete à violação de leis de trânsito que regulam o movimento de pedestres. Essas leis foram formuladas como parte de uma campanha da indústria automobilística, iniciada na década de 1920, que visava transferir a responsabilidade por acidentes ao comportamento "impróprio" de pedestres; atravessar fora da faixa, por exemplo. Antes dessas novas leis, a responsabilidade pela segurança nas ruas era igualmente partilhada, motoristas e pedestres tendo o igual dever de evitar acidentes e cuidar do trânsito. Há análises que mostram que pessoas negras e latinas são punidas em maior proporção pela prática de *jaywalking*, já que se trata de uma maneira relativamente fácil de criminalizá-las, de encontrar uma forma de deter e punir quem já "parece" estar agindo de forma "suspeita".

Mas não apenas a logística; e não apenas qualquer tipo de acesso. A ciência capitalista da logística pode ser representada por uma fórmula simples: movimento + acesso. Mas o capitalismo logístico submete essa fórmula ao algoritmo: movimento total + acesso total. O capitalismo logístico busca acesso total ao seu idioma, tradução total, transparência total, o valor total de suas palavras. Então, ele busca ainda mais. Na Universidade Queen Mary de Londres, antes da contrainsurgência, chamávamos isso de capitalismo pós-colonial. Qual é a sensação de ser um problema na cadeia de suprimentos de outra pessoa? O que mais seria um regime colonial senão a imposição de protocolos psicopáticos de acesso total a corpos e terras, e isso a serviço do que hoje é chamado de gerenciamento da cadeia de suprimentos? O problema do século XXI é o problema da linha racial da montagem.

Esse capitalismo logístico, esse capitalismo pós-colonial, usa o valor histórico, roubado e armazenado das palavras para defender seu ponto de vista. Mas Mikey não falaria dessa forma. Ele viu o que estava por vir ao se lembrar erroneamente do que havia acontecido. Mikey atravessou seu público de forma criminosa enquanto este ouvia suas palavras de maneira errada. Mikey levantou as mãos para lutar em uma noite e se rendeu a nós. Ele lutou e, ao lutar, rendeu-se ao que M. Jacqui Alexander chamou de nossa "autopossessão coletivizada", rendeu-se à nossa hapticalidade, que é ao mesmo tempo nossa despossessão coletivizada.[28] Porque um rebelador defende nossa parcialidade, nossa incompletude, nossas mãos despossuídas para segurar uns aos outros na batalha do Sião. Mikey era um rebelador na batalha do Sião. Mikey, o Rebelador, sabotando uma linha de palavras (e seu valor).

Mikey está conversando com C. L. R. James em uma cama, em Brixton, no sul de Londres, em um quarto indefinido, com Linton Kwesi Johnson parado ali ao lado. Você precisa

---

28 M. Jacqui ALEXANDER, *Pedagogies of Crossing: Meditations of Feminism, Sexual Politics, Memory, and the Sacred* (Durham, Duke University Press, 2005), p. 328.

se mover através da linguagem porque a linguagem move a linha através de você. A linha se move agora, a linha de montagem, a linha de fluxo, a linha de transmissão, e isso significa você. Você está se movendo para trabalhar como sempre fez, mas agora está trabalhando enquanto se move também. James está contando a eles sobre como adorava Wordsworth e ainda adora, mas foi somente quando voltou para o Caribe que percebeu o que estava faltando naquela poesia, porque alguma outra coisa naquela poesia estava em toda parte. James fala sobre a linguagem como dominação; Mikey já está lidando com a linguagem como aprimoramento forçado na produção, nessa linha nova e aprimorada, onde o Homem dá ordens aos Seus homens. Ela está trabalhando em uma velha-nova e secreta logisticalidade, nascida no porão do navio, mantida unida na perda e na perdição, e James está dando a ele algumas descoordenadas, um capitão do mar como o pai de Ranjit, agora no alto da terra, baixo, embarcado, encalhado em uma cama em Brixton, num quarto indefinido. Mikey não está trabalhando para aprimorar a língua inglesa, mas para refutá-la.

Mikey Smith desregula o Inglês da Rainha com o poema *Mi Cyaan Believe It*. E ele não está preocupado com a possibilidade de ser incompleto. Ele está atravessando de maneira criminosa o Inglês da Rainha, instituindo um sistema de som ao qual o padrão dela se submete, bem ali nos barraco da cidade. Ele está caminhando agora mesmo pra lá, pros barraco da cidade. Mikey, o rebelador. Ele diz que as pessoas que "ficaram toda hora inquietas, elas vai ter um descansinho". Mas não há descanso com o acesso; o acesso perturba a inquietação que ele veio roubar e desmobilizar. Esse é o momento inicial do capitalismo logístico, com James na cama, envelhecido pelo capitalismo industrial, com todo o capitalismo colonial sedimentado sob Londres, na terra dura e vermelha. Em um quarto indefinido, eles instituem. Eles são o instituto off-line da nova linha, a nova poética da antilinha, a dispersão antilhana e multimatrilinear do *drum'n'bass* e da corrente contra a corrente do dizer organizado, capturando a logística no trânsito da logisticalidade, na constante violação da faixa de pedestres pelo trânsito da cidade, a interseção sancionada, o termo estabelecido e hegemônico. O desvio mais e menos do que perpendicular de Mikey num pódi crê nesse distúrbio gerenciado e continua a foder a porra toda como um campo de permanência hipermusical, cruzado entre a travessia e o esquecimento, contradizendo e lembrando erroneamente, revelando e se rebelando, recusando-se a acreditar. Olhe para o lado errado antes de atravessar. Mova-se para o lado errado ao atravessar. É o semblante que oferecemos.

Quando nos movemos, vamos em direção ao acesso, isso quer dizer que montamos e desmontamos tudo de novo. No capitalismo logístico, a linha de montagem se move conosco ao se mover através de nós, ao nos acessar para se mover e ao nos mover em direção ao acesso. Não temos como negar o acesso, isso porque o acesso é nosso hábito, é como nós seguimos adiante na e como nossa afetabilidade, como diria Ferreira da Silva.[29] Mas o acesso queima quando encosta na gente, e a gente ama isso, a linha sendo desfeita no desfazer de cada produto existente, nossa assembleia renovada na desassembleia geral, nossa assembleia insultada no seu estar fora-da-linha na linha, no vagar perdido de seu não sair do lugar, encalhada debaixo da costa, descansando apenas na agitação, fazendo tudo errado porque nosso fazer e nosso desfazer não é o mesmo que o deles. Eles sabem, às vezes melhor do que nós, que se movimentar de forma errada, ou deixar de se movimentar não é mais apenas uma obstrução à logística ou um obstáculo ao progresso. Movimentar-se de forma errada ou não se movimentar é sabotagem. É um ataque à linha de montagem, uma subversão do capitalismo logístico. Mover-se de forma errada é negar acesso ao

---

29 Cf. Denise FERREIRA DA SILVA, "No-bodies: law, raciality and violence", em *Griffith Law Review*, v. 18, n. 2, 2009, p. 214; ed. bras.: "Ninguém: direito, racialidade e violência", em *Meritum*, v. 9, n. 1, 2014, p. 67-117.

capital, o que se faz permanecendo no acesso geral que o capital deseja, devora e nega. Mover-se errado, nada mover é ter o nosso próprio não-ter, nosso entregar e ser entregue; é o nosso contínuo rompimento — antes e contra isso, é o que nos disseram — de nossa contínua reunião. Mas com a infraestrutura crítica que é a nova linha, e com a resposta resiliente que a protege, as pessoas que se movem de forma criminosa pelas ruas se tornam mais do que meros caipiras atrapalhando a logística, mais do que moleques de interior em trânsito — elas se tornam sabotadoras, terroristas, demônios. Elas não sabotam por meio do êxodo ou da ocupação, como uma quilombola, mineradores em greve ou um dançarino fantasma. Elas perturbam a linha de produção, o trabalho da linha, a linha de montagem, a linha de fluxo, exigindo desigualdade de acesso para todos. Quando a linha não dá um tempo pra você recuperar o fôlego, essa rapaziada chega junto e diz que já deu dessa porra. O atravessamento criminoso é uma assembleia desrespeitada nela mesma. A punição para essa sabotagem é a morte. É difícil saber o que instituímos quando não instituímos, mas a gente sabe qual é a sensação.

O valor total e sua violência não apenas nunca desapareceram, mas, como diz Ferreira da Silva, são a base do presente enquanto tempo, são a condição do tempo, do mundo como uma lógica espaço-temporal fundada na terrível logística original de venda, o primeiro movimento de massa de acesso total.[30] Agora, o aprimoramento contínuo nos leva ao valor total, torna todo o trabalho incompleto, faz com que nos movamos para produzir e nos obriga a ficar on-line. Somos liberados do trabalho para poder trabalhar mais, mais arduamente. Somos violentamente convidados a exercer nosso direito de nos conectar, nosso direito à liberdade de expressão, nosso direito de escolher, nosso direito de avaliar, nosso direito à individualidade correta para que possamos aprimorar a linha de produção que atravessa nossos sonhos liberais. A liberdade por meio do trabalho nunca foi o grito das pessoas escravizadas, mas é o que ouvimos por toda parte hoje em dia. O aprimoramento contínuo é a métrica e o ritmo metronômico da ascensão. Quem não melhora, quem não coletiviza e individua por meio da correta correção neurótica, quem faz a mesma coisa de novo, revisa, conta a piada que você já cansou de ouvir, cozinha o que você já cansou de comer e segue os mesmos passos que você deu, quem planeja ficar no mesmo lugar e seguir em movimento, quem segue em um movimento errado — essas são as pessoas que atrasam todo mundo, fodendo com a linha de produção que era pra estar aprimorando geral. Elas gostam de ser incompletas. Gostam de ser incompletas e de incompletar umas às outras. Dizem que sua incompletude é um vício, um hábito nocivo. Dizem que essas pessoas são parciais, irregulares, apenas um esboço. Elas não têm coordenadas. São coletivamente descoordenadas em um ritmo total. São in(auto)suficientes.

---

30   Nahum Dimitri CHANDLER, *Toward an African future – Of the limit of the world* (Living Commons Collective, 2013), p. 81.

Paulo Freire pensava que nossa incompletude é o que nos dá esperança.[31] É a nossa incompletude que nos leva ao encontro. Para ele, quanto mais nos pensarmos como seres completos, acabados, inteiros, individuais, mais perderemos nossa capacidade de amar e de receber amor. Seria um exagero inverter essa afirmação? Dizer, por meio de Freire, que o amor é a autodefesa subcomum do ser-incompleto? Isso parece bem importante agora, nesse momento em que nossa incompletude nos convida e depois nos obriga ao endereçamento e ao aprimoramento, em que nos dizem para sermos impacientes com ela e nos envergonharmos dela. Dizem que precisamos estar em nossa inteireza. Dizem para melhorarmos nossa imagem porque a gente é tudo fudido. Mas, em nossa defesa, adoramos o fato de nos completarmos apenas em uma incompletude tão criticada, em algo que eles gostariam de ter desfeito, finalizado, tomado como posse e mandado para o final da linha. Nós nos importamos, sim, em trabalhar porque nos importamos, sim, em morrer.

O consultor

O consultor não está aqui para oferecer soluções, inovação, nem mesmo conselhos. Ele existe para demonstrar o acesso na era do capitalismo logístico. O consultor não é um ideólogo. A ideologia funciona aqui apenas para o próprio consultor. Ele é comprovadamente o único que acredita em seu papo furado, mas, felizmente (para ele), isso não importa, não é o que importa para ele. O consultor literaliza o acesso aos locais de trabalho, demonstrando sua abertura ao aparecer em seu meio como um drone. Um dia você chega pra trabalhar e lá está ele sentado ao lado do chefe. Nada do que ele diz ou faz é tão importante quanto essa demonstração de acesso. O que o consultor introduz, nos corpos impostos e expostos das pessoas que

---

31 Paulo FREIRE, *Pedagogy of freedom: ethics, democracy, and civic courage*, trad. Patrick Clarke (Oxford, Rowman & Littlefield, 1998), p. 58; ed. bras.: *Pedagogia da autonomia: saberes necessários à prática educativa* (Rio de Janeiro, Paz & Terra, 2019).

trabalham, é o algoritmo. O consultor carrega o algoritmo, ele que tudo viola em nome da completude. Quando o consultor traz sua carga algorítmica, o corpo das pessoas trabalhadoras, essa clausura indesejada e constantemente invadida, é finalizado. Nós nos tornamos algo completo, ganhamos liberdade no e por meio do trabalho do algoritmo. Por meio da incorporação agressiva e forçada de um desfazimento — que era de si e para si mesmo, de nós e para nós, aquilo que seguimos fazendo diante de toda invasão soberana, de toda atribuição violenta de palavras e valor e (do) trabalho —, o consultor nos finaliza e desgasta. Ele completa, e faz isso para poder acessar o circuito privado de um desejo frustrado de inteireza. Não é o produto ou mesmo a organização que interessa ao algoritmo do trabalho. É a curvatura infinita da linha de produção. O algoritmo do trabalho é uma demonstração no interior de uma demonstração. Com o acesso, vem (a necessidade de) o aprimoramento, que sempre assume a forma de uma demanda por ainda mais acesso. Assim como a introdução do consultor na organização é uma demonstração de acesso, a introdução do algoritmo é uma demonstração de aprimoramento. O algoritmo é a máquina do aprimoramento de si; como tal, é a única máquina que cria novas máquinas. Há um espelho — marcando e instanciando a exclusividade partilhada da autovisualização, aquele solipsismo binário assustador, bobo como Stuart Smalley — que fica entre ele e o homem, a única outra máquina que cria novas máquinas e, ao fazê-lo, aprimora a si mesma. O espelho entre o homem, o espelho e o Homem, o espelho do homem, é o algoritmo. Enquanto isso, o inumano — nossa inerência e nossa habitação carnais na mecânica geral de uma desconsideração geral pela autorreflexão — cria máquinas porque não quer se aprimorar. Antes do algoritmo, as máquinas surgiam das greves, da resistência, da sabotagem. As máquinas feitas com o algoritmo não esperam pela luta de classes.

O algoritmo do trabalho submete todo o processo de trabalho na linha de produção ao desfazimento, à desmontagem e à incompletude, a fim de exigir que seja tudo completado, montado, feito ainda melhor. Ele não deixa para trás uma organização aprimorada, mas uma métrica feita para garantir que a organização nunca estará satisfeita. A métrica mede tudo em relação a sua última instância, garantindo que a última instância nunca chegue. A métrica exige mais acesso, mais medição de acesso, mais movimento, mais montagem, mais medidas da última instância, o que é dado em e como uma clausura. O consultor segue falando, mas não importa o que ele diz. O algoritmo do trabalho chegou, o mais-valor algorítmico se tornou viral. Se o colonizador não podia ser ouvido por causa dos gritos da acumulação primitiva, e o cidadão não podia ser ouvido por causa do barulho das máquinas, o consultor não pode ser ouvido por causa do clique das métricas. Mikey ouviu esse barulho e deu meia-volta, foi por outro caminho para que o algoritmo não pudesse passar por ele, para que pudéssemos segurá-lo em nossas mãos e passá-lo adiante.

Chandler nos lembra de um termo que W. E. B. Du Bois inventou e empregou: "despotismo democrático".[32] Quando o consultor não consegue demonstrar o acesso e, portanto, o algoritmo não consegue demonstrar o aprimoramento, o consultor apela para as políticas públicas, assim como o cidadão apelava (e ainda apela) para o nacionalismo heteropatriarcal e o colonizador para o destino racista manifesto. A política pública já superou tudo isso, embora nem tudo esteja no passado. Ela entra em cena para diagnosticar o que está bloqueando o acesso, e o que está bloqueando o acesso é "aquela gente". O que há de errado com essas pessoas em Detroit que querem água, que na Colúmbia Britânica querem terra, que em Manila querem um lugar para ficar? A política pública diz que há algo errado com

---

32 William Edward Burghardt DU BOIS, "The African Roots of War", *Atlantic Monthly*, may 1915, p. 709 em Nahum Dimitri CHANDLER, *Toward an African future*, op. cit.

essas pessoas que faz com que o consultor não consiga ter acesso. Mas o que acontece é o contrário. O acesso é negado ao consultor — essas pessoas negam a ele o acesso porque elas abraçam o acesso-no-antagonismo geral que ele rejeita. Por isso a política pública deve ser acionada. A autodefesa se torna a doença. O amor se torna o problema porque o amor é o problema, é a autodefesa do acessível. Mas, ei, talvez a governança possa ajudar, ou seja, talvez essas pessoas que praticam a autodefesa estejam dispostas a se autodiagnosticar, a fazer sua autorreflexão e a se autoaprimorar! De uma forma ou de outra, a política pública irá fazer suas proibições, ou será apresentada como democracia, como despotismo democrático, em que todo mundo vai poder dizer que há algo errado com essas pessoas. O despotismo democrático é a imposição da política pública e de suas possibilidades e impossibilidades violentas sobre as pessoas que estão erradas e que foram injustiçadas.

Porque, vejam só, o negócio é que o consultor não está errado, o algoritmo do trabalho não está funcionando mal, o golpista da política pública não está fazendo um diagnóstico errado. O erro é nosso, e é por isso que sofremos injustiça. Somos criaturas incompletas. Além disso, é da gente que eles tiraram a própria ideia de incompletude! Outra palavra para incompletude é estudo ou, mais precisamente, revisão. O consultor descobre essa revisão por meio de nós, do estudo, das suntuosas revisões que fazemos entre nós para fora da existência, como forma de existência. O estudo acontece e nunca para. No estudo, nosso engajamento é consciente e inconsciente. Nós revisamos e depois revisamos novamente. Não se trata apenas de distinguir o aprimoramento como uma eficiência capitalista. Isso é muito fácil de descartar. Trata-se do aprimoramento em si mesmo, do conceito-tempo, do imperativo moral, do juízo estético, ou seja, do aprimoramento capitalista fundado na e sobre a carne negra, com sua informalidade feminina. A revisão não tem fim e não se conecta ao aprimoramento, muito menos à eficiência.

Assim, o consultor faz e desfaz instituições, mas não pode acessar a vida instituída, não pode abrir a vida negra, não pode desvelar a vida *queer*, não pode expor o planejamento feminista em torno da "mesa da cozinha", como Barbara e Beverly Smith chamaram, e para onde Tiziana Terranova nos chama novamente, todas elas observando certos paradoxos envolvendo liberdade e captura nos pequenos intelectos gerais da vida surreal.[33] O consultor não pode acessar segredos abertos, não pode incompletar o que já está incompleto, não pode deformar o que já é desde sempre informe e, ainda assim, não tem como acreditar nisso, tudo acaba levando à emergência estatal que recebe nomes como "resiliência" e "preparação". Quando o despotismo democrático falha, é preciso impor o despotismo simples em nome da democracia. Resiliência é o nome da destruição violenta de coisas que não cedem, que não voltam à forma, que não se dobram quando o acesso é exigido, que não são flexíveis e obedientes e influenciáveis. Parar quando eles mandam parar e seguir em frente quando eles mandam seguir em frente é o que demonstra resiliência e compostura; mas a montagem fragmentada, quebrada, desprezada, demonstra-se abertamente, secretamente, dissimulando-se em um olhar capturado ainda que inacessível, por nós, para nós, como algo incompleto e muito mais do que completo. Sua performance daimônica não pode ser individuada e não será performada.

Segura ela

Nada disso tem a ver com quem está agarrando seu braço enquanto você tenta andar de maneira criminosa; tem a ver com quem está segurando sua mão. Essa é a questão da hapticalidade. A polícia não pode agarrar aquilo que outra

---

33 Ver Barbara SMITH, Beverly SMITH, "Across the kitchen table: a sister-to-sister dialogue", in Cherríe MORAGA, Gloria ANZALDÚA (org.), *This bridge called my back: writings by radical women of color* (Kitchen Table: Women of Color Press, 1983), p. 123-40; Tiziana TERRANOVA, "Free Labor: producing culture for the digital economy", in Marc BOUSQUET, Katherine WILLS (org.), *The politics of information: the electronic mediation of social change* (Alt-X Press, 2003), p. 99-121.

pessoa já está segurando. Ao mesmo tempo, o já-segurado é tudo o que podemos segurar. Essa é a nossa instituição háptica. Ao ver mamãe ouvindo música, você é instituído ou instituída. Aqui vai aquela música do Michael Jackson que ela botou pra tocar mais alto pra me ensinar a dançar.

Na foto, eles tentam conteinerizá-la, mas ela se mantém incontida. Eles a dobram porque o acesso e a logística lutam para ser uma coisa só. Quanto mais ela é capturada pela polícia, pelo fotógrafo, pelo espectador, mais é embarcada. Quanto mais é embarcada, mais ela é segurada, mais ela é entregue.

Eles não têm como ver nossas mãos, e isso é algo demoníaco para eles. As mãos do rebelador não estão para cima por causa da polícia, mas por nossa causa, elas nos seguram em pé. Todas as mãos, todas aquelas bocas, tudo isso deve parecer demoníaco para eles, algo estranho. É estranho se colocar nessas mãos, não importa como elas venham, deixar-se segurar por essas mãos, não importa como elas cheguem.

Só porque não existem regras em nosso acesso, não significa que não saibamos o que fazer. Sabemos bem como seguir uma rainha do dancehall. Sabemos onde ela estuda. Somos fiéis a esse onde. A gente segura ela.

Mais do que a porra do meu eu

Como podemos sobreviver ao genocídio? Só podemos responder a essa pergunta estudando como temos sobrevivido a ele. No interesse de imaginar o que já existe, temos de recusar uma imagem de Michael Brown em favor de uma outra imagem que não temos. A primeira é uma mentira, a outra indisponível. Se nos recusamos a mostrar a imagem de um corpo solitário, imagem do contorno do espaço que esse corpo ao mesmo tempo ocupou e abandonou, é porque precisamos fazer isso para imaginar a vida social negra jurisgenerativa caminhando no meio da rua — por um minuto, mas apenas por um minuto, sem policiamento, outra cidade se reúne, dançando. Sabemos que ela está lá, e aqui, e é real; sabemos que o que não podemos ter acontece o tempo todo.

Nossas epígrafes carregam uma analítica dos achados e perdidos, do ser-caído e da ascensão, que vem queimando a nossas mentes em e como nome de Michael Brown. Em primeiro lugar, para nos mostrar que há uma erótica social dos achados e perdidos na recusa do ser-caído em ficar de pé. Nós caímos para podermos cair novamente, é isso que a ascensão realmente significa para nós. Cair é perder o lugar, perder o lugar que nos faz *um*, renunciar ao lócus do *ser*, ou seja, do ser-único. Esse desabrigo radical — sua indigeneidade cinética, sua queeridade irredutível — é a essência da negridade. Essa recusa em tomar o lugar é dada no acontecimento. Michael Brown é o nome mais recente do evento contínuo de resistência ao e diante do desastre socioecológico. A constituição da modernidade no comércio transatlântico de pessoas escravizadas, no colonialismo e na emergência do capital, no e com o *eu*, o Estado e todos os outros aparatos de soberania — é isso o Desastre Socioecológico. Michael Brown nos dá a oportunidade, mais uma vez, de considerar o que é suportar o desastre, sobreviver ao/no genocídio, navegar por diferenças não-mapeáveis como uma gama de (não)localidades que, no fim — que pode ser tanto o fim da linha ou nossa recusa contínua de começos e fins —, sempre se recusará a ser tomada. A queda é a recusa anacatastrófica do que é o caso e, portanto, do mundo, este que é a captura da terra na medida em que sempre foi uma imagem congelada, extraída de um movimento imaginal. O que está em jogo é o poder do amor, que é dado, quando se caminha pela rua, na forma de um desafio ao Estado (colonial, racial-capitalista) e suas apreensões, em especial a apreensão da capacidade de fazer (e violar) a lei.

Na contramão da monopolização estatal da cerimônia, as cerimônias no plural são pequenas e desavergonhadas; se elas não estivessem em todos os lugares e acontecendo o tempo todo, a gente tava tudo morto. As ruínas, que são pequenos rituais, não estão ausentes, são sub-reptícias, uma gama de cicatrizes melódicas — dê um aperto de mão quando o sinal for dado. Mas, talvez seja o caso de, em união, *podermos* mesmo sucumbir, porque tá todo mundo já-caído, porque precisamos cair mais uma vez, para que possamos seguir em nosso ser-caído em comum, lembrando que a queda está em *aposição* à ascensão, a combinação de ambas dada no prolongamento, como um fazer hesitar, recesso, resto vestibular, ficar em custódia, estar-em-mãos, segurar para friccionar, o reflexo do impacto e a reflexão do toque maternal, uma ecologia materna de mãos sobre nós, de mãos que nos manuseiam, passam adiante, entregam como legado, a dispersão sobrenatural da educação. Hemphill anuncia enfaticamente a socialidade que Lutero abriga. Essa sobrevivência pesarosa e matinal, caída, ressuscitada. Quando homens negros morrem, geralmente é porque nos amamos por meio da objeção; porque estamos amando, quer lutemos ou voemos, quer a luta ou a fuga sejam apoiadas como forma de rendição. Considere a ocorrência e a recorrência generativas de Michael Brown como recusa do que é o caso, como recusa do ficar em pé. E isso é algo que você pode fazer, mas somente se quiser se inserir — e agora devemos abusar de uma frase de Ah Kee — no não--ter-mundo negro.[34] Nosso desabrigo. Nossa desestatização. Nosso descentramento. Nada disso é ou pode ser nosso.

O Estado não pode viver conosco e não pode viver sem nós. Sua violência é uma reação a essa condição. O Estado nada mais é do que uma guerra contra sua própria condição. Ele está em guerra contra seus próprios recursos, suas próprias fontes, em reação violenta a sua condição de im/possibilidade, que é a própria vida, que é a própria terra, isso que a negridade não exatamente representa, sendo mais uma forma

---

34 Ah Kee também escreve em *Whitefellanormal* (DVD, 30 sec, 2004): "Se você quiser se inserir no mundo do homem negro, em sua história, em sua cor, e fazer isso em um nível que lhe permita realmente percebê-lo, então saiba que você nunca será nada além de um medíocre". Gostaríamos de agradecer a Rachel O'Reilly por chamar nossa atenção para o trabalho de Ah Kee. Ver "Compasses, Meetings and Maps: Tree Recent Media Works", *Leonardo*, v. 39, n. 4, 2006, p. 334-39; Essex HEMPHILL, "When my brother fell", em Essex HEMPHILL (ed.), *Brother to brother: new writings by black gay men* (Washington, D.C., Redbone Press, 1991, 2007), p. 137. Ouvir Luther VANDROSS, "Power of Love/Love Power", *Power of Love* (Epic EK 46789, 1991).

de nomear, sendo um nome entre outros que não é apenas mais um nome entre outros. O fato de sobrevivermos é tanto beleza como testemunho; não deve ser descartado, nem ignorado, nem desvalorizado por ou no interior de qualquer atribuição de valor; o fato de sobrevivermos é inestimável, ao mesmo tempo, insuficiente. Temos de reconhecer que um estado — colonial, racial-sexual-capitalista — de guerra existe há muito tempo. Suas brutalidades e militarizações, suas mundanidades reguladoras são continuamente atualizadas e revisadas, mas não são nada novas. Na verdade, precisamos pensar de forma mais estratégica sobre nossas próprias inovações, reconhecendo que o estado de guerra é um estado reativo, uma máquina feita para regular e capitalizar em cima das inovações que produzimos na/para a sobrevivência. É por isso que o mais perturbador em relação ao caso de Michael Brown (também conhecido como Eric Garner, Renisha McBride, Ahmaud Arbery, Sandra Bland, Trayvon Martin, Eleanor Bumpurs, Emmett Till, George Floyd, Breonna Taylor, Tyisha Miller e por uma infinidade de nomes e ausências de nomes) é nossa reação a ele, nosso mal-entendido acerca dele e também as fontes desse mal-entendido — fontes que manifestam e reificam um desejo de ficar em pé, de ficar em estase, no interior da máquina de guerra do Estado que, ao contrário da crença popular, não confere cidadania no nascimento, e sim na morte, o nome próprio para a entrada em seus limites propriamente políticos. A acusação contra Michael Brown, que é o nome técnico apropriado para a investigação do grande júri sobre Darren Wilson, o drone, é o que parece e sempre foi nosso dia no tribunal. O corpo inclinado, exposto e não-enterrado — o corpo que recebe, na morte, seu status de corpo precisamente por meio da retenção da cerimônia carnal — é como o posicionamento político se parece. Essa é a forma que ela assume e mantém. Essa é uma formulação sofocliana. A lei do Estado é o que Ida B. Wells chama, com razão, de lei do linchamento. E nós a estendemos em nossos apelos a ela.

Precisamos parar de nos preocupar tanto com o modo como ele mata, regula e acumula, e nos preocupar mais com o modo como o matamos, desregulamos e dispersamos. Temos de amar e reverenciar nossa sobrevivência, que é (está) em nossa resistência. Temos que amar nossa recusa daquilo que nos foi recusado. Mas, na medida em que essa recusa começou a se erguer, que começou a buscar se posicionar, passou a demandar renovação, e demanda neste momento, ainda que as fontes e condições dessa renovação se tornem cada vez mais obscuras, cada vez mais entrelaçadas com os aparatos regulatórios usados para suprimi-las. Em momentos como esse, temos que dizer a verdade com um tipo de malícia e, até mesmo, com um tipo de crueldade. Vidas negras não importam, o que é uma afirmação empírica não apenas sobre vidas negras nesse estado de guerra, mas também sobre vidas. Isso quer dizer que as vidas não importam e nem deveriam importar. É a metafísica da vida individual em toda a sua imaterialidade que nos trouxe a essa situação em primeiro lugar. Michael Brown viveu e se moveu no interior de um profundo e evolutivo entendimento disso:

> se eu deixar esse mundo hoje pelomenos vc vai saber que me importo mais com os outros do que com a porra do meu eu....

Mas, temos de considerar como — e o que significa o fato de que — seu testamento se transformou em uma expressão de luto e indignação como esta na não-ocasião de sua não-acusação:

> Vai lá, me chama de "demônio", mas eu VOU amar a *porra do meu eu*.

Sofremos com essa expressão de nosso sofrimento, mas também por meio dela. Pois essa expressão de nosso repúdio ao demoníaco — por mais brutalmente que a polícia e/ou a pólis, em sua existência desalmada, o atribua ou inscreva em nós — é a deposição voluntária de armas da respeitabilidade dos velhos tempos, a desmobilização eletiva da força jurisgenerativa. Enquanto isso, Michael Brown é como outra queda-e-ascensão através do homem — ele aparece e desaparece, como irrupção e ruptura, para nos lembrar não do fato de que as vidas negras importam, mas que a vida negra importa; que a negridade absoluta e inegável da vida importa; que isso não é um juízo de valor, mas a descrição de um campo de atividade que oblitera a distinção mundana entre o orgânico e o inorgânico. A inovação de nossa sobrevivência é dada em nosso acolhimento dessa coreografia daimônica, rica e internamente diferenciada, com seu improviso lumpen do contato, algo que é obscurecido quando a luta de classes, no interior dos estudos negros, ameaça reduzir o estudo negro à luta de classes.

Até que ponto os estudos negros, como institucionalização burguesa do estudo negro, determinaram a maneira como entendemos e combatemos o estado de guerra no interior do qual tentamos viver? Como isso determinou a forma como entendemos a complexa não-singularidade que agora conhecemos como Michael Brown? Seria incorreto dizer que Michael Brown se tornou, na morte, mais do que ele mesmo. Ele já era isso, como ele mesmo disse, ao fazer eco a muito mais do que ele mesmo. Ele já era mais do que isso, por ser menos do que isso, por ser o mínimo. Reduzir Michael Brown a uma cifra de nosso desejo não realizado de sermos mais do que isso, uma cifra de nossa cidadania serialmente inalcançada e constitucionalmente inalcançável, é envolver-se em um tipo de brutalidade contrarrevolucionária; é participar do consumo macabro e vampírico de seu corpo, do corpo que se tornou dele — embora não tenha se tornado ele — na morte, na estase reducionista a que sua carne foi submetida. A carne de Michael Brown é a nossa carne; ele é a carne da nossa carne de fogo.[35]

[35] Estamos pensando, aqui, na colaboração que encontramos em Teodore HARRIS e Amiri BARAKA, Our flesh of flames (Philadelphia, Anvil Arts Press, 2008).

No dia 9 de agosto de 2014, como em todos os outros dias, como em qualquer outro dia, a vida negra, não-enviada a não-consentir em ser-um na socialidade irredutível, foi pega caminhando — com uma fecundidade jurisgenerativa — no meio da rua. Michael Brown e seus parças: a vida negra violando e fazendo a lei, contra e por baixo do Estado, cercando-o descentradamente. Eles haviam renunciado ao apelo melancólico, ao qual agora os reduzimos, por cidadania, subjetividade e humanidade. O fato de terem feito isso é a fonte da instrumentalização genocida de Darren Wilson na defesa egoísta do Estado. Eles estavam em um estado de guerra e sabiam disso. Além disso, eram guerreiros em uma beleza insurgente, imperfeita e incompleta. O que nos resta considerar é a diferença entre o modo como Michael Brown dança, sua queda-e-ascensão, sua não-performance contínua e os protestos bem-intencionados de meros peticionários que tentam infrutiferamente extrair alguma energia na paralisação temporária, mínima e lamentável, desta ou daquela rodovia, como se a mera ocupação não fosse a contenção (em sentido inverso) da demanda por reconhecimento que, na verdade, é só o mesmo negócio de sempre. Em vez de dissipar nossa preocupação com o modo como vivemos e respiramos, precisamos defender nossos modos na prática persistente deles. Não se trata apenas de tomar as ruas; trata-se de como vamos tomá-las e o que vamos levar a elas. O que seria e o que significaria para nós, de maneira jurisgenerativa, ir para as ruas, viver nas ruas, reunir uma outra cidade aqui e agora?

Enquanto isso, contra a cidadania morta que lhes foi imposta, contra o corpo que o Estado tentou fazer com que fossem, e no lugar das imagens que recusamos e não podemos ter, eis aqui uma imagem de nossa imaginação. Este é Michael Brown, sua descida, sua ascensão, sua cerimônia, sua carne, sua animação na e da ecologia materna — a inovação de Michael Brown, como contato, na improvisação. O contato improvisação é o modo como sobrevivemos ao genocídio.

não chegamos aqui por conta própria. negro se leva
o que negro levou. a gente já tava ao lado dos eus
nossos, evidente. eventualmente, acima dos
nós mesmos nessa cicatriz-útero, nessa uterina
cicatriz aberta grito em-sintonia aberta, irmã, pode
você mover minha forma? levou, teve, deu. e porque
ele não tava só, se foi em nós. como que supera
-se o fato que não chegamos aqui, querendo mais
do que isso no jeito que nos comportamos, que
nos carregamos até o já não estar mais aqui no
que resta. aqui, não aqui, vendeu-se, desvendeu-se
a gente se trouxe junto pra assim poder abrir
mão dos eus. bem mais do que se pode tirar
dos eus, até mais do que a gente pode levar

INVIGIÁ-VEL, IN-VIGIÁVEL.

1

Há algo que não possa ser observado? Que viole a ideia de segurança e vigilância, que torne essa ideia impraticável? Que promova um curto-circuito e um transbordamento e um superaquecimento e um enfurecimento da vigilância? Essa cadeia vigilante que permite questões políticas como: quem vigia os próprios vigilantes? O poder sendo checado pelo próprio poder. Não, nosso cheque voltou. Não se tolera o que não se pode vigiar. Quem é que não aceita ser objeto de vigilância e, em vez disso, se torna invigiável? Que sempre foi, na verdade, mas não em relação ao vigiável? Que nunca esteve lá, nunca foi uma população, mas declara, violando o ser-vigiado, "pega a visão!"? Nós, essa é a resposta, esse mais + menos do que um ou outro, que somos nós. Para quem você não pode olhar? Para quem você está olhando, filho da puta? Quem é que prefere ficar cego?

2

A segurança e a vigilância, em todas as suas formas, também não podem ser vigiadas. Não só porque não queremos; também porque, mesmo que quiséssemos, elas acabariam desaparecendo. Parte do motivo pelo qual não podemos vigiar essa merda é o fato de ela constantemente ignorar o que não pode ser vigiado, quem não se deixará vigiar, nós que aqui estamos dizendo "me vigia!" entre nós sem sermos ninguém em particular. Essa negligência é uma forma brutal de supervisão. Ela deixa um efeito de rastro, um resíduo, a esquerda. Ela ocupa o espaço que repudia em sua negligência como um grande e velho gentrificador, um colono moderninho, aquele com a polícia público-privada e a moldura mundana e dêitica; aquele que imagina estar constantemente se superando com certas manobras geométricas — como triangular, ou tomar o centro, ou assumir uma escola em nome do STEM [Ciência, Tecnologia, Engenharia e Matemática]. A esquerda não apenas odeia o lugar que ocupa, mas também as pessoas que representa ao ignorá-las e supervisioná-las. Ela acha que essas pessoas são deploráveis e, em sua senilidade, é estúpida o suficiente para dizer isso em voz alta. Seu jogo de posição e remoção é onde a vigilância e a negligência convergem. Poderíamos chamar esta convergência de "esquerda MSNBC", mas aí deixaríamos escapar todo tipo de descolonizador barulhento da elite. Nós vemos você, dizem eles. Nós somos a guarda noturna. Você sabe, né, artistas, esse tipo de merda.

3

Marx diz em algum lugar que o criminoso produz o sistema de justiça criminal. Então, o que a criminalidade, ou seja, nós que produzimos leis feitas para serem violadas, produz? A criminalidade não cria a ordem com seu apelo à desordem geral? Bem, se nós, que produzimos leis feitas para serem violadas, produzimos, ou chamamos à existência, a política, então necessariamente nos encontramos antes, além e fora da política. De fato, estamos, em outras palavras, fora, sob e ao redor do estado de exceção que é a essência e o fim da política. É vigiando-nos que se vai parar na política; vigiar conosco é cair fora da política conosco; é cair em nossos braços. E eles nunca poderiam nos vigiar sem cair de paixão por nós, ao nos sustentarmos, nós os sustentamos. Sua paixão é mortal. Eles são os restos que recusam o refúgio e a visitação. Eles vêm ao nosso encontro assim que seus olhos nos encontram. Em nosso ser-caído, a verticalidade deles é lançada sobre nós. A negridade não é invigiável por causa da branquitude, porque a branquitude precisa que ela seja, ou porque a branquitude não consegue vê-la; ela não é invisível, nem vigiada ou evitada por meio de uma subvisão[36] sombria, ou exagerada, ou desejada; ela não está sujeita à correção (de cor) mesmo na onipresença absoluta e fragmentada da instituição, embora todas essas explicações possam ser dadas às pessoas invigiáveis. A negridade é invigiável porque não há como vigiá-la sem estar nela, não há como observá-la de fora, ou seja, a partir de seus efeitos antinegros e mundanos: política, políticas públicas, legalidade.

4

Era uma vez um artista que era advogado. Ele era aberto em sua duplicidade, sempre se exibindo, fazendo um show de seus si mesmos com um zelo meta-acusatório. Não havia nada de perturbador nisso. Era reconfortante para o edifício, como um contraforte. Ele apenas dizia "me vigiem!", e eles adoravam, dizendo isso por meio dele, ele tendo sido criptografado muito antes de declarar a necessidade de

36 N. da T.: No original, "sousveillance" é um termo criado pelo pesquisador canadense Steve Mann em oposição à palavra inglesa derivada do francês "surveillance" (vigilância), onde o prefixo sur significa "acima", enquanto sous significa "abaixo". Em português, "subvisão" corresponde à adaptação para o inglês "undersight".

privacidade. Considerando isso, que na verdade é uma desconsideração, ele interpretou um agente de baixo, e nós nem estávamos lá. Nossa presença não é aparente quando ele aparece de uniforme. Ele dá seu apoio a quem ele não consegue parar de olhar e nós somos indiretamente supervisionados por uma sobra, um ativista em uma sala de espelhos. Ele nos ignora. Ele não percebe todas as pequenas diferenças que sentimos. Nossa carne é nossa. A vontade dele não é dele. Nós distribuímos. Ele desvia o olhar. Ele não pode nos vigiar. Nós não O vigiaremos.

AL-KHWA-RIDDIM
o *savoir-faire* está em toda parte

Há um ritmo produzindo um mundo, e o espaço e o tempo da batida desse ritmo nos convidam à individuação neste mundo. É um ritmo que está por aí já faz uns quinhentos anos. Mas agora ele soa para si mesmo como se fosse único, o ritmo do próprio mundo, dos indivíduos que batalham duro para viver nele. É o ritmo da produção de mercadorias por mercadorias, que carrega uma disrupção desde sua origem. A primeira batida produz cada mercadoria em sua separação, fronteirização, isolamento do que lhe é próximo. A segunda batida produz a igualdade entre todas as coisas. A primeira batida faz de tudo algo independente. A segunda batida faz de tudo o mesmo. O tempo e o espaço ordenam esse ritmo e são ordenados por ele. É o ritmo do colonizador, um-dois, um-dois da produção capitalista, do cidadão e do sujeito, da dividuação e da individuação, do genocídio e da lei. Ele se faz ouvir pela expropriação de qualquer outro movimento da batida. Afirma que nada mais pode ser ouvido, nada mais precisa ser sentido. Em resumo, um ritmo mortal, como Fanon nos alertou no final de *Condenados da Terra*. Mas ele sempre foi estabelecido no meio do antagonismo geral, cercado por ele, pela cacofonia de batidas, versos, falsetes, grunhidos, de quadris, pés, mãos, de sinos, harmonias e cantos, a faixa subcomum do álbum. No coração de sua produção, está certa indiscrição, certa diferenciação que nada separa, uma consolação desfronteirizada contra o isolamento, uma ressonância háptica que torna possível e impossível esse ritmo letal, a trilha subcomum que permaneceria fugitiva na logística emergente desse ritmo mortal e o esgotaria.

Ainda em nossos dias, essa batida que vai de mercadoria em mercadoria insiste em um mundo como nunca antes, cobre com seus sons essa terra em que a festa é compulsória. E ela penetra fundo no que não parecia vulnerável ou mesmo possível forçar nesse espaço, nesse tempo. Seu um-dois se torna zero-um, zero-um conforme organiza pensamentos, afetos, carne, informação, nervos, tudo em atributos cada vez mais precisos e minúsculos da separação duplicada. Resumindo, esse ritmo se torna algoritmo. Tudo que captura, tudo que invade, tudo que coloniza é definido com uma batida que é compelida a ouvir a si mesma, a sentir a si mesma em toda parte. Essa compulsão vai cada vez mais fundo nos corpos por ela ativados, na informação que faz circular, nos nervos que dispara para formar novas conexões, novas redes de separação e equivalência. Sua forma de lucrar abre a possibilidade de separação no que se imaginava indivisível, inteiro, singular; ao fazer isso, fecha tudo na equivalência, deixa tudo livre para a próxima batida nas novas margens de sua batucada voraz. Assim, da mesma forma, seu espaço-tempo força tudo em direção à claustrofobia de sua batida mundana, tudo que não é fugitivo se perde.

Ter uma forma é se formar nesse ritmo, passar por uma composição algorítmica, sofrer a tentação de levar isso adiante, e também de desenvolver melhor esse ritmo, aprimorá-lo, exportá-lo e importá-lo, ou seja, passar por essa composição algorítmica não é só levar um atropelo da banda, mas passar a tocar nela e atropelar outras pessoas. Trabalho sináptico é como podemos chamar essa batida abatida. Para responder à compulsão do capitalismo logístico, é preciso não apenas levar adiante, mas aprimorar, estar disponível para o ritmo e torná-lo disponível também, agredir com ele, prevalecer nele, tudo isso contra a informalidade ao redor que perturba esse zero-um, esse um-dois, com uma militância que não é una e nem é a ausência dessa unicidade. O que é o trabalho sináptico? Em primeira instância, é se abrir de forma involuntária, por compulsão, de modo caprichoso, a esse ritmo que mata. Mas esse momento de equivalência, de corporificação do sujeito, com todos esses nervos e afetos exploráveis, é alinhado a um arbítrio degradado, um impulso de se deixar chicotear para se fazer digno de segurar o chicote, um impulso de organizar a terra por meio do ritmo, de regulamentar a partir do ritmo, de formar batidas itinerantes contra o *groove* fugitivo. Para aprimorar a terra, renovar os povos; esses velhos gritos, que soavam junto do ritmo mortal, retornam de maneira intensa, invasiva, interiorizada no trabalho sináptico, que sempre começa com a aplicação da batida ao ritmo de cada pessoa, por meio da criação de um *eu* para chamar de seu. Segue o baile, tocando cada um na sua, indiferente.

O ritmo opera por meio de uma linha. Essa linha é dupla, zero e um. Linha de montagem na qual o mesmo é feito e aprimorado, um flerte com a diferença até tudo se repetir, mais uma vez. A mensagem de e-mail encaminhada junto de algum comentário é o *kaizen* mundano desse ritmo. Mas esse exemplo também é enganador, pois o que está em jogo não é a ação, mas a compostura, o comportamento, a composição algorítmica. Em geral, o aprimoramento que ocorre no trabalho sináptico não se dá no fazer, mas no tornar-se mais e mais disponível para a exploração, uma acumulação primitiva dos sentidos, expropriação da intenção, da atenção, da tensão. O ritmo opera por meio de uma linha de montagem que atravessa a sociedade, a fábrica social, não para produzir qualquer coisa em particular, mas a si próprio. A linha de produção é seu próprio produto. Esse era o real significado de *kaizen*, o aprimoramento do aprimoramento: métricas, composição algorítmica voltada para si mesma. Deve-se sempre criar mais uma conexão, mais um zero-um a partir dela. Toda conexão se torna arbitragem financeira, todo nervo se torna especulativo ao ser disparado em sinapse com outra conexão, independente, equivalente, novamente independente na métrica nervosa do aprimoramento. Essa métrica é neurológica e patológica quando posta diante de toda medida subcomum. E ela deve perseguir tal medida fugitiva por necessidade, pela compulsão de se tornar e tornar tudo disponível ao ritmo, em tudo quanto é canto, toda hora, no quando e onde da batida fatal.

Essa é a logística da composição algorítmica, o ritmo do capitalismo logístico que vê o futuro e, por meio dessas visões, envelopa e aprisiona a terra em um mundo que vai até os confins dessa terra, mundo que é o próprio fim dessa terra. A logística comanda o planeta, persegue a terra, persegue a logisticalidade desenvolvida como capacidade nesta mesma terra. A logística expande, estende, acumula o espaço-tempo de um capitalismo que é conduzido pela terra na batida algorítmica zero-um/um-dois. E, ao fazer isso, força sobre a terra o mundo. Se a logisticalidade é a capacidade residente de viver na terra, a logística é a regulamentação dessa capacidade a serviço da manufatura do mundo, esse mundo zero-um, um-dois que corre atrás do antagonismo geral da vida terrena. O mundo é dado como uma maneira de viver na terra, da mesma forma que o indivíduo é dado como uma maneira de viver no mundo. Assim, esse viver como indivíduo é o ser-logístico, e ser assim é assentar-se em um ritmo que mata, fazer sua batida soar mais alto do que a trilha subcomum que se mantém (doando) a própria medida. Dizer que o trabalho sináptico generaliza certa disponibilidade é o mesmo que dizer que, na medida em que ele é derivação, redução, residualidade, não tem como estar menos no meio de sua própria pulsão de ser sempre mais, de aprimoramento contínuo. Isso também vale para os atos perigosos e desesperados de individuação, de análise global, de criação de políticas públicas, de colonização e, finalmente, de uma antipatia imperial contra a empatia – uma ressonância em abertura antes de ser aberta e depois de ser encerrada.

O que poderíamos chamar de vida social das coisas só é importante na medida em que nos permite imaginar a própria vida social não como relação entre coisas, mas como um campo de ruptura e fricção que, ao mesmo tempo, produz ninguém, é obra de ninguém, nada, em sua absoluta riqueza. Esse tipo de trabalho (social) não é, na verdade, trabalho algum, mas a loucura continua; fricção e ruptura quase emergem, mas em nada se parecem com uma emergência, imprecisão de algo que exige que falemos como se fosse mesmo *alg-uma* coisa, não apenas independente, mas pura. Falando de maneira mais específica, quase de maneira redentora, queremos chamar isso de linha, ou pulso, mas não é isso. É *riddim* ani*mater*ial cortando o ritmo cortando o método – a microtonalidade povoando em excesso a medida, *Zaum* pré-ocupando o *Raum* com um *buzz* extra racional, hipergânjico, como um *dancehall* em sânscrito, anacorasmiático, al-Mashíquico,[37] todo misturado; o *groove* alternativo em que nóis tá, insurgência local desvalorizada ainda que sem preço — algo que desobedece nossa mais amada invocação. Essa dádiva do espírito se doa e o zero-um/um-dois fica todo amargurado num canto.

Os subcomuns não são uma coalizão. Segredo absolutamente aberto, sem qualquer ambição profissional. A desvalorização da insurgência local assume a forma do

37 N. do T.: A ideia por trás desse neologismo, de acordo com os autores, era misturar dois sentidos possíveis do verbo *"to mash"* — destruição e celebração intensa — e o termo árabe *"al-masha"*, que eles encontraram no livro *Architecture after revolution*, de Alessandro Petti, Sandi Hilal e Eyal Weizman, e que diz respeito às práticas de partilha e manutenção da terra por fora da lógica da propriedade privada.

esquecimento que, por sua vez, manifesta-se como luto pelo movimento de massas que nunca existiu, união fantasiosa dos não-desonrados, uma ressurreição daquele ali ou daquela lá que já era, uma espécie de sobrevida corporativa. Michael Porter diz que a questão estratégica fundamental é como tirar sua empresa do mercado. Esse êxodo tem a forma do comando, o poder arbitrário de fazer políticas públicas, mas também a regulamentação e a governança das externalidades. Essas políticas dizem: eu resolvi meus problemas e agora posso te ajudar. Enquanto isso, nós invadimos e ocupamos o planejamento. Não prove, não aprimore; nem mesmo dê as caras. É o sonho romântico do churrasco itinerante. Preparamos a churrasqueira com um barril de gasolina, uma imanência (aquela interanimação que une limite e transgressão) desde sempre lá como algo mais e algo menos do que ela mesma, porque a linha-pulso é muito mais e muito menos do que isso, e parece se disseminar e surpreender como um vazamento; como uma atividade nem singular nem plural de demarcação e fronteirização agressivas em (violação de) toda e cada localidade; algo em todo lugar, mas extraterritorial, em contato, mas já bem longe, os *bons temps* chiques, mas desencantados das pessoas transportadas em navios, que sentem remotamente, sua sobrevida sendo carnal e marcada pela troca irregular.

O algoritmo é a imposição — pela norma, em escala — da impossível tarefa da abstração partilhada. Mary Pat Brady mostra como as *vibes* ruins da escala, aquelas que o desejo pela escala induz e demanda, são implicações dessa abstração, desse partilhar abstraído, dessa metafísica discricionária da individuação dada em marcha eletrônica e na dança brutal em fila única como a composição em rede da execução do pulso.[38] Por todo um outro lado, o algoriddim é a violência improvisacional do contato feita com zero-um/um-dois, disrupção de seus protocolos, que formam o ritmo

---

38 Mary Pat BRADY, *Traffic: density's resistance to scale* (Durham, Duke University Press, no prelo).

binário desse sistema de ferro, como Adorno acuradamente o descrevia, inacuradamente o designava. Quando, em sua práxis, os sentidos se tornam teoréticos, ocorre toda uma discordância no indivíduo; a carne/negridade, como fim/morte do indivíduo, é sua decomposição. O passo da logística para a logisticalidade — de uma disponibilidade forçada ("na carne", como diz Hortense Spillers) a uma mecânica da hapticalidade subcomum — é uma ação à distância que assombra, são os afetos e efeitos exteriores do intramural. Nós estudamos a relação entre o intramural, como Spillers a trabalha, e o entrelaçamento, como Ferreira da Silva a trabalha. Ambas sopram a agonia na boca da empatia, a empatia na boca da ética, e nós sentimos isso; elas costuram a diferença sem separação e é isso que vestimos. Para sermos realmente úteis, estudamos o contato interno menor e a radiação mutuamente destrutiva de vários quartetos, que seguem não sendo ouvidos por eles, vocês sabem, pelos zero-uns/um-dois, os que têm interesses, que estão interessados em ser eles mesmos porque é de seu interesse algum tipo de posse, como se a posse fosse um modo de defesa. Mas a única defesa é a abertura. A única posse é a despossessão. Doe tudo até não sobrar mais nada. Abra mão de tudo até se tornar nada. Você tem que se desfazer. Você não vai entrar em contato; vai ter que esperar, contra toda esperança, que o contato seja feito com você. Isso é que os zero-uns/um-dois chamam de roubo, quando nem o *eu* nem o mundo são capturáveis, e isso significa que, quanto mais perto você está de capturar qualquer um deles, mais perto estamos de desaparecer. Mas você já sabe que tudo nas linhas borradas já estava aí desde sempre, no ter que abrir mão. Diante desse roubo das pessoas já roubadas, o que continuamos a receber, nelas, é sua retomada fugitiva — em assembleia subcomum, na densidade, nas exatidões variadas do rascunho e de seu excesso — do desenho especulativo, anarquitetônico, antinacional, profanacional; das voltas parabólicas e dos retornos excêntricos, centrífugos, extracirculares do movimento de inspiração do ar, ar removido dele mesmo, para dentro e para fora de si, em excesso, por cima (e por baixo) da norma, contra ela. Nossa nadidade monástica alto-baixa é um borrrrrão irretangular, fora da linha do círculo da curva, multiplamente servido/serpenteado/solavancado/saracoteado/soprado, nosso coro jamais enclausurado.

E assim, Zo, nós passamos suavemente para onde as habilidades sociais dos antissociais em nada podem ser comparadas à socialidade das pessoas mais + menos habilidosas cujo único problema é que elas não têm problema algum. Essa merda que chamam de habilidades sociais é um algoritmo para o gerenciamento da antissocialidade. Os zero-uns, que podem apenas estar onde os outros como eles estão, nem se comparam às pessoas mais + menos que estão em todo lugar. A ordem do processamento sensorial é a emergência e a hierarquização das coisas, e essa porra é bem primitiva aos olhos das mais + menos no meio da névoa, elas que são o meio, que mixam a desordem. Você que mixa, mixmaster menor minerando, escavando com amor: "nós te amamos" nem chega perto do que poderíamos te dizer. "Finalmente nos encontramos" nem chega perto. A sobrepopulação da medida. A superlotação. A formação do abismo. A modelagem do ginásio. O desflorestamento não-invasivo, sem machados. As árvores subatômicas. A festa cosmológica. O ensaio artificial. Os zero-uns querem uma fórmula pré-dada, medida, explicável para algo com o qual trabalhamos apenas na prática provisória, revisória, lá onde não temos problema algum, onde o problema desaparece na precisão e na impureza, onde devemos nos mover na medida como em uma dança. Mermão! Até mesmo Eliot, em sua retomada fugitiva de certas tendências conservadoras como se tivesse sido roubado por Olson;[39] mesmo acolhendo de modo falo-projetivo o ser (em) aberto, mesmo ali, o *savoir-faire* está em todo lugar.[40]

---

[39] N. do T.: Referência aos poetas T. S. Eliot e Charles Olson. Em conversa com os autores, a diferença entre os dois seria: Eliot vem de uma escola de poesia mais tradicional e Olson de uma mais experimental. No entanto, ambos estavam submersos em um vernáculo negro tipicamente americano, ambos exibiam o que os autores chamam de "tendência fugitiva" — a diferença é que Olson tendia a abraçar esse vernáculo e Eliot tentava, sem muito sucesso, recusá-lo.

[40] Para saber qual é a do savoir-faire, veja o episódio 1 do desenho *Klondike kat*: https://youtu.be/qAXZb7qLKp4.

UMA EDUCAÇÃO PARCIAL

Educação total

Não é verdade que hoje estamos diante de uma educação total? O termo vem das passagens clássicas de Foucault sobre o regime carcerário moderno. Lembre-se de que Foucault usou o termo para falar da instrução dos prisioneiros em todos os aspectos da rotina e da vida cotidiana. Foucault escreve: [O regime prisional moderno] "tem que ser a maquinaria mais potente para impor uma nova forma ao indivíduo pervertido; seu modo de ação é a coação de uma educação total".[41] Ele se vale de uma citação que descreve mais detalhadamente essa instrução contra a perversão:

> Na prisão, o governo pode dispor da liberdade da pessoa e do tempo do detento; a partir daí, concebe-se a potência da educação que, não em um só um dia, mas na sucessão dos dias e mesmo dos anos, pode regular para o homem o tempo da vigília e do sono, da atividade e do repouso, o número e a duração das refeições, a qualidade e a ração dos alimentos, a natureza e o produto do trabalho, o tempo da oração, o uso da palavra e, por assim dizer, até o do pensamento...[42]

Bem, Foucault enfatizava o fato de que, como essa instrução representava a reforma de corpos "pervertidos" — corpos que anteriormente não tinham tal disciplina —, qualquer apelo para reformar a prisão moderna era um apelo para

---

41 Michel FOUCAULT, *Discipline and punish: the birth of the prison* (Nova Iorque, Penguin, 1991), p. 334-7; ed. bras.: *Vigiar e punir: nascimento da prisão*, trad. Raquel Ramalhete (42. ed., Petrópolis, Vozes, 2014), p. 199.
42 *Ibid.*, p. 199.

mais instrução. A reforma produzia mais instrução. A instrução produzia mais restrição, ou seja, disciplina. A disciplina apenas confirmava a perversão subjacente desses corpos e exigia mais reformas, que por sua vez exigiam mais instruções para reformar a perversão que a disciplina confirmava. Esse processo se reflete no uso que Foucault faz do oximoro "indivíduo pervertido", um oximoro que, ainda assim, é a fonte da educação total. A perversão viola o princípio do indivíduo ao não aderir a seus limites e comportamentos adequados, portanto, o indivíduo pervertido é uma violação contínua que dá origem à educação total.

Na explicação de Foucault, a perversão aparece como um desvio (da verdade) que é, de alguma forma, anterior, preexistente. Um desvio anterior. Um desvio já dado que requer endireitamento, que convoca a reforma. A instrução é como nos endireitamos na medida em que essa é a forma do endireitamento. A correção começa com a atribuição do próprio corpo, a imposição do corpo sobre a carne; e a atribuição da perversão a esse corpo específico, que justifica sua correção, decorre de seu isolamento e se manifesta como o roubo do corpo imposto por aqueles que afirmam ter o direito de instruir, e isso na medida em que *deles* são os corpos que *eles* supostamente reivindicaram e transcenderam. A atribuição do corpo, a imposição de um autocontrole delimitado e enclausurado, de um *eu* separado e sujeito à posse — uma posse ativada e confirmada ou no roubo ou no comércio —, pode ser considerada a primeira reforma, o aprimoramento original, e isso na medida em que é a condição de possibilidade da reforma e do aprimoramento. A atribuição do corpo à carne é a primeira faixa conquistada em uma sequência longa, severa, tortuosamente direita, tortuosamente endireitada. A instrução é o pôr em ordem, o endireitamento. Dessa forma, ela revela a relação essencial entre aprimoramento e empobrecimento, entre o privado e a privação no centro da educação total. A riqueza da perversão se torna o lucro da educação.

Atualmente, parece haver poucos exemplos da educação total de Foucault nos regimes prisionais. O programa de reforma, o programa de aprimoramento do prisioneiro, foi substituído em quase todos os lugares por um outro que apenas serve à punição, ou o que Foucault chama de privação de liberdade. Ao mesmo tempo, ao mostrar que o atual programa carcerário de "genocídio em câmera lenta" tem sido, há muito tempo, a norma global em regimes racializados, especialistas no abolicionismo se recusam a aceitar a reforma da exceção, alertando-nos para o fato de que a reforma da prisão *e* a reforma do prisioneiro são modalidades de genocídio tanto quanto o jogo entre privação e privatização que o encarceramento racial inova de maneira incansável.[43] Mas e se a perversão for colocada sob restrição na própria ideia de individuação, que projeta o sujeito do aprimoramento como objeto do aprimoramento? Nesse caso, a figura do indivíduo pervertido já está desde sempre no sistema. Por outro lado, se a localização da perversão no corpo do indivíduo é uma forma de aprisionamento e instrução, então a perversão é uma anti-/ante-individuação que já está dada. Se a prisão/

---

43 Ver Ruth Wilson GILMORE, *Golden gulag: prisons, surplus, crisis and opposition in globalizing California* (Berkeley, University of California Press, 2007) e Jordan T. CAMP, *Incarcerating the crisis: freedom struggles and the rise of the neoliberal State* (Berkeley, University of California Press, 2016).

escola são dois lados de uma estrutura institucional comum que opera por meio da individuação, então a perversão é uma fuga pré-carcerária da prisão, um abandono pré-escolar da escola que revela continuamente a onipresença da educação total que a persegue e a coloca para trabalhar. Na medida em que, na prisão e na escola, o trabalho de uma pessoa é aprender, entender as coisas direito, endireitar-se, então também é verdade que toda pessoa e não-pessoa, todo mundo que tem e que não tem cidadania, que está trabalhando ou sem emprego — e até mesmo o combatente inimigo, o prisioneiro e a pessoa que supostamente não tem qualificação alguma para trabalhar — está sujeito a uma educação total. De fato, a especulação desenfreada sobre o aprimoramento, possibilitada hoje pelas finanças, exige um diagnóstico quase universal da perversão, um diagnóstico que requer métodos de instrução e estruturas institucionais que são, ao mesmo tempo, extremamente restritos e hierarquicamente subdivididos. Essa sugestão pode parecer contrária ao nosso senso comum sobre o mercado atual de formação de preços. Esse mercado parece criar um cenário atomizado que deixa cada indivíduo entregue a si mesmo, livre para escolher e para agir. Realmente, ouvimos muito sobre estados vazios e instituições disfuncionais. Em um cenário como esse, a ideia de uma educação total, que requer uma instituição total e um método totalizante para colocá-la em ação, pode parecer um tanto descabida. Sabemos que a afirmação de que essa educação total domina efetivamente esse cenário soa um tanto contraintuitiva.

 Mas a ideia de que as pessoas foram abandonadas à própria sorte ou, mais tecnicamente, de que elas se tornaram responsáveis pela própria reprodução social, precisa ser corrigida. Esse abandono à própria sorte é precisamente o que não aconteceu. Ainda somos os dispositivos *deles* por causa e graças às *nossas* perversões; elas estimulam seu constante ataque regulatório e avaliativo/valorativo em um sistema no qual a regulação e a avaliação/valoração se constituem e se reforçam mutuamente. Estamos diante da relegação da perversão ao que Ferreira da Silva chama de "equações de valor", que têm a individuação como axioma primitivo e operação fundamental.[44] A resistência anterior à individuação é tanto o modo primário de nossa perversão, como a estrutura e a atividade de uma persistência que, da forma mais essencial, é produtora de valor. Nesse sentido, a perversão é o objeto primário e a justificativa da educação total, na medida em que todos os nossos esforços de reprodução social devem ser considerados incorretos, insuficientes e deficientes. E, ao mesmo tempo, todos esses esforços são capitalizados, tornando-se o motor, o combustível e o objeto do aprimoramento contínuo. É precisamente por causa da retirada do Estado e da instituição da reprodução social que o diagnóstico de nossa perversão se torna possível. O Estado e suas instituições se retiram dela, transcendem-na, separam-se dela e, com isso, fazem da reprodução social o objeto de uma captura econômica e epistemológica, dada de forma possessiva. De fato, em muitos casos, a própria retirada passa a ser atribuída retroativamente às nossas perversões. Dito de outro modo, sem o Estado e suas instituições, como poderíamos ser suficientemente regulados e segregados, e isso como forma de conquistar e preservar a propriedade, de garantir a liberdade nela encontrada? Não poderíamos. Mas, talvez, pensando melhor, como diria Etta James: acima de tudo, nós simplesmente não queremos ser livres.[45]

O Estado se retira para que o objeto, ao se encontrar separado, possa ser gozado. Mas a retirada não é de fato um abandono; o que está em jogo, ao contrário, nessa retirada é uma subdivisão do gozo. O que emerge é uma espécie de homossocialização (ou politização) do gozo — um endireitamento

---

44 Denise FERREIRA DA SILVA, "1 (life) ÷ 0 (blackness) = ∞ − ∞ or ∞ / ∞: on matter beyond the equation of value", em *e-Flux Journal*, n. 79, fev.2017, disponível em: http://www.e-flux.com/journal/79/94686/1-life-0-blackness-or-on-matter-beyond-the-equation-of-value; ed. bras.: "1 (vida) ÷ 0 (negridade) = ∞ − ∞ ou ∞ / ∞: sobre a matéria além da equação de valor", em *A dívida impagável* (São Paulo, Casa do Povo, 2019).
45 Etta JAMES, "All I could do is cry" (Chess Records, 1960); música de Billy Davis, Barry Gordy e Gwen Gordy, disponível em: https://youtu.be/3Pc9BmXN998.

regulatório e um consumo monolítico e um desembaraçamento/desentrelaçamento do gozo, como se a orgia fosse constantemente substituída pela monogamia em série. O que a separação faz com o gozo é crucial, e também cruel. Retirar-se para longe do objeto do gozo é um ato de individuação imposto a esse objeto. Mais precisamente, a posse de si é imposta ao objeto como uma capacidade dormente ou enfraquecida, cuja ineficácia exige que ela seja submetida a um regime no qual esteja absolutamente sujeita a ser gozada por um outro. Considere, por exemplo, o modo como as pessoas escravizadas sofrem a imposição de corpos retroativa e simultaneamente declarados como sendo deles mesmos, mas também indevida e ineficazmente em seu autocontrole; considere o modo como, ao mesmo tempo, esses corpos são roubados pelo Homem, aquele que escraviza. Essa é a diferença entre duas modalidades de gozo: o que se dá na separação e o que se dá no emaranhamento; o gozo (uso) do corpo (separável) e o gozo da carne (emaranhada ou subcomum). É por essa mesma razão que a instrução é necessária. A instrução é a regulação (em nome da empregabilidade e do gozo individual) de uma perversão anoriginal. E como esses fracassos — a ameaça constante de fracasso total do sistema como perversão anoriginal — ocorrem em todas os âmbitos da reprodução social da vida, a instrução também deve ter essa abrangência.[46] Não importa onde, ela deve transformar o fracasso advindo da perversão em um ponto numa linha. Não importa onde, ela deve reduzir o fracasso a uma curva gaussiana. A instrução tem que estar em todo lugar. Tem que ser uma educação total.

A instrução do mercado

Hoje em dia, está claro que o que instrui é primariamente (uma versão endireitada do) mercado. É ele que dispõe de nossa liberdade e de nosso tempo para se colocar

---

[46] Jack HALBERSTAM, *The queer art of failure* (Durham, Duke University Press, 2011); ed. bras.: *A arte queer do fracasso* (Recife, CEPE, 2020).

na posição de oferecer uma educação total (se nossa liberdade é abandonada pelo Estado, podemos ter certeza de que não haverá instrução para a reforma).[47] A primeira lição dessa educação total — após o inevitável diagnóstico de nossa perversão (intencionalmente mal interpretada como doença e não como saúde) como algo proveniente de nossa desinstitucionalização — é a de que devemos nos aprimorar. Mas não apenas isso, devemos nos aprimorar em todos os âmbitos de nossa vida, em todos os lugares em que nos abandonaram. Nosso trabalho, sim, mas também nossa saúde, nossa cidadania, nossa propriedade, nossas crianças, nossos relacionamentos, nossos gostos. Mas, para melhorar, precisamos de instrução. Esta começa com o esclarecimento de que não há nada de errado com o Estado, com as instituições ou com o mercado que não seja culpa nossa. A instrução exige que vejamos as linhas retas que ela imagina (em uma modalidade profundamente regulatória da imaginação como autorretrato, como um retratar o *eu*-como-um, *Einbildungskraft*) em nome de uma espécie de desejo transcendental de aprimoramento.

Em contraste com a instituição, há algo errado com a gente porque ninguém é certinho o suficiente, nem aprimorado o suficiente, nós que estamos em modo recitativo em nossas perversões. Da perspectiva da educação total, não há nada errado nisso. É com a gente que há algo errado — a saber, o fato de não querermos estar certos. Isso significa dizer, junto com Luther Ingram, que estamos amando.[48] Eles querem nos possuir, usar e aprimorar de forma contínua (o que há de errado com?). Querem nos impor o endireitamento perpétuo ao qual estão submetidos. Samuel Delany diz que o modelo normativo — ou seja, o da psicologia anormal — da

---

47 Ver, por exemplo, os comentários sobre demandas de instrução para fins de empregabilidade em Franco "Bifo" BERARDI, *The soul at work: from alienation to autonomy* (Cambridge, The MIT Press, 2009).
48 Luther INGRAM, "If loving you is wrong" (Koko Records, 1972), escrita por Homer Banks, Carl Hampton e Raymond Jackson para a Stax Records, disponível em: https://youtu.be/rmiuAUnT_tQ.

homossexualidade, na década de 1950, a apresentava como uma "perversão solitária".[49] Mas isso também significa, e talvez de forma mais precisa, que o julgamento institucional acerca do normal e do anormal (ou, como diz o artista Arthur Jafa, do anormativo)[50] buscava uma submissão da perversão, de maneira geral, à solidão, e isso para que ela pudesse ser objeto de posse, uso, aprimoramento e gozo, numa espécie de solidão em série. De fato, todos os fracassos no mercado, no Estado ou nas instituições podem ser atribuídos a nós. Nossa participação aprimorada nessas entidades irá melhorá-las. Mas não vai nos melhorar, pelo menos não o suficiente, porque, no fim das contas, somos a fonte e o sustento da perversão necessária para a educação total.

Somos nós, e não a sociedade, que passaremos por reforma, e qualquer crítica à sociedade se torna pra gente uma instrução adicional. A reforma de qualquer instituição sob a educação total é sempre a nossa reforma. Tudo está errado a gente, e nosso problema é que eles querem o que está errado conosco para dar início ao aprimoramento e ao endireitamento contínuos do que está errado; isso facilita o fato de eles se imaginarem, de alguma forma, como se já tivessem sido sempre corretos, certinhos, direitos. Nós somos a música rebelde contra a qual certa fantasia de endireitamento terá sido posta em contraste, transformando o geral em um mero pano de fundo. Essa fantasia é uma de um conjunto infinito que constitui a distorção, a curva e o emaranhado gerais. É uma versão solitária de nossa perversão geral, algo de uma leveza que devemos reconhecer como nossa. A fantasia de dominação e transcendência é predominante e transcendente até que a abandonemos, que a coloquemos de volta na música geral do deslocamento, que desautorizemos a separação e o desapego que são a sua essência, que recalibremos e celebremos a generalidade e a mutualidade

---

49   Samuel R. DELANY, *The motion of light in water: sex and science fiction writing in the East Village* (Minneapolis, University of Minnesota, 2004).
50   Arthur JAFA (dir.), *Dreams are colder than death* (filme, 2014).

do uso, do gozo, da *vibe*. Cada aspecto de nós é pervertido. Cada aspecto da individualidade pode ser aprimorado, pode ser instruído. Mas como todos os aspectos em nós *são* pervertidos, a individuação nos é imposta para que o aprimoramento e a instrução sejam possíveis e necessários ao mesmo tempo. Cada aspecto precisa de reforma e, portanto, de instrução. O mercado se preocupa não apenas com "a natureza e o produto" de nosso trabalho, mas também com "o tempo da oração, o uso da palavra e, por assim dizer, até o do pensamento".[51] O mercado não tem como objetivo punir. Ele busca instruir. E como cada aspecto nosso é pervertido, a instrução deve ter acesso a todos eles. Um acesso logístico. Ela deve insistir em reformar nossos corpos para que sejam condutores da interoperabilidade de trabalho, dinheiro, energia e informação. Uma educação logística significa que cada aspecto nosso é (deve ser) um meio. Integrada a esse aprimoramento em e como todos os meios, está a segunda lição dessa educação total. Não conseguiremos melhorar o suficiente. Sempre precisaremos de aprimoramento, sempre.[52] Outra palavra para essa segunda lição é "especulação".

Nessa segunda lição, o mercado une forças com o Estado e seus aparatos repressivos e ideológicos. De fato, em muitos casos, é o Estado que faz o diagnóstico da perversão e, em todos os casos, é ele que protege o mercado. O Estado retorna às suas raízes colonizadoras, assegurando não apenas a propriedade privada, mas também o indivíduo privado; assegurando, de fato, a própria individuação como um princípio necessário para esse tipo de especulação. Maria Josefiña Saldaña-Portillo nos ensina como os direitos de propriedade foram impostos aos povos indígenas não apenas para tomar suas terras, mas também para instanciar a individuação como a base da expansão e da legitimação do Estado colonizador.[53] A privatização incessante da produção

---

51 Michel FOUCAULT, *Vigiar e punir: nascimento da prisão*, op. cit., p. 228.
52 Para as intermináveis demandas envolvendo nossos empregos, ver Peter FLEMING, *The mythology of work: how capitalism persists despite itself* (London, Pluto Press, 2015).
53 Maria Josefina SALDAÑA-PORTILLO, *Indian given: racial geographies across Mexico*

social, o policiamento, os direitos de propriedade e a propaganda continuam sendo as especialidades do Estado nesse sentido. Mas o Estado também se une à instrução oferecida para fins de aprimoramento e, em particular, ao mercado que especula para fins de aprimoramento. Como um breve exemplo, pense na gentrificação. Experimentar a gentrificação é receber instrução para a especulação. É preciso aprender a ver a história, os parques, as escolas, os ambientes naturais, a diferença cultural, a saúde e a vida pública como valores monetizados nos quais podemos apostar, a favor ou contra. Esses peregrinos contemporâneos querem "melhorar a qualidade do bairro". Eles desejam seu aprimoramento, o que significa que também desejam aquilo que deve ser aprimorado. Eles se distanciam de ou se exilam daquilo que deve ser aprimorado, e esse distanciamento segue sendo a estrutura essencial de seu desejo. É por isso que a gentrificação, como uma força, sempre busca o próximo bairro para conquistar. É um truque barato lacaniano, por assim dizer. Eles não querem apenas aquilo que deve ser aprimorado, eles também querem ser desejados por aquilo que deve ser aprimorado, desejados pela perversão. A criminalidade, as escolas cheias de problemas, os parques largados ou mal utilizados e o transporte público são submetidos ao diagnóstico da perversão. E o diagnóstico é executado pelos cidadãos. Os cidadãos da gentrificação tomam escolas, limpam parques, trabalham com a polícia e, em geral, identificam as pessoas com as quais há alguma coisa errada. Aprende-se essa conduta de si como cidadão da gentrificação na escola desse Estado especulativo. No entanto, formar-se na gentrificação não é apenas submeter outras pessoas à avaliação de possíveis aprimoramentos, mas também a si. É submeter-se ao autodiagnóstico, testando sua capacidade de aprimoramento na forma de especulações adicionais, como a capacidade de assumir mais dívidas, de nunca deixar de aprender, de adquirir

and the United States (Durham, Duke University Press, 2016).

mais flexibilidade, mais subserviência a esse mercado especulativo no aprimoramento. Por mais degradante que esse autodiagnóstico seja, ele parece melhor do que ser diagnosticado por quem se autodiagnostica; melhor, em outras palavras, do que ser aquela pessoa com a qual, de acordo com os outros, há algo de errado. É melhor dizer que há algo de errado comigo do que deixar que digam que há algo de errado comigo. É bom cê se endireitar.

A modernidade do usufruto

Pode-se dizer que esse regime de aprimoramento tem suas origens no *usufruto* moderno. Usufruto é um termo que sinaliza a união de dois tipos de aprimoramento no início do século XIX. De um lado, a burguesia estava defendendo a possibilidade e a necessidade de aprimorar a si mesma, em contraste com o status estático da aristocracia. De outro, os imperativos cada vez mais fortes do colonialismo e do capitalismo, que exigiam novas possibilidades de investimento, fizeram com que todas as terras e todas as pessoas fossem julgadas pelo quanto mais poderiam melhorar, pelo quanto mais poderiam render e *deveriam* render com o investimento. O que é realmente sinistro nessa síntese social é que ela reforça a ideia fictícia do indivíduo que aprimora, possui e cria a si mesmo, e isso se dá precisamente por meio da postulação das terras/pessoas improdutivas e destituídas de vontade que cercam essa ficção — e ela requer recursos colossais para se sustentar, produzindo o empobrecimento que ela mesma postulou por meio da despossessão *individuada* a serviço da posse. Assim, a suposta vontade independente do "usufrutuário" — aquele que aprimora a propriedade de outra pessoa —, tendo penetrado a relativa ausência de vontade no "proprietário original", está destinada a dominar, aprimorar e instruir o outro. Pode-se argumentar que esse também foi o modelo básico dos sistemas de educação formal desenvolvidos posteriormente. Outra palavra para isso é "casamento".[54]

Portanto, podemos nos perguntar sobre qual o lugar que esse quadro sombrio de aprimoramento compulsório — que hoje culmina na educação total — reserva para as pessoas tradicionalmente classificadas como instrutoras: pais e mães, professores, artistas e lideranças de movimentos. Diríamos que elas são largadas no estudo. O estudo perverte a instrução. O estudo surge como uma prática coletiva de revisão na qual quem estuda não aprimora a si, mas improvisa; não se desenvolve, mas se regenera e degenera; não recebe instruções, mas busca instanciar a recepção. O estudo é a nossa já concedida dádiva da despossessão *geral* de nós mesmos por nós e nosso estar a serviço dessa despossessão. O estudo é o compromisso — (im)permanentemente informe, insistentemente informal e performado abaixo-do-esperado — que temos entre nós de não nos formarmos, mas, em vez disso, de acumularmos indefinidamente uma dívida inestimável entre nós, bem melhor do que nos submetermos à linha de crédito infinitamente fungível deles. O estudo é uma educação parcial.

---

54   Para uma análise excelente sobre casais e famílias heteronormativas como extensões da individuação, ver Melinda COOPER, *Family values: between neoliberalism and the new social conservatism* (Cambridge, Zone Books/The MIT Press, 2017).

Educação parcial

A educação parcial começa com uma franca perversão de uma formulação francamente maoísta. Esta diz que o um se torna dois; a nossa diz que o um se torna mais e menos do que isso. Essa recusa indigente do número inteiro, essa violação de sua totalidade é o primeiro antagonismo de uma educação parcial, o movimento partidário inicial. A primeira ação na prática de uma educação parcial é dizer que a educação total que enfrentamos não é realmente total, não é uma, e sim mais e menos. E se ela é mais ou menos mais e menos, isso significa que algo ali não pertence a ela. Pertence a nós e, por isso mesmo, a ninguém e a todo mundo ao mesmo tempo. Dizer que a educação total (não) é (uma) é dizer que nossa tarefa não é apenas criticar a instrução deles, mas que também estamos estudando, e que, na medida em que isso é verdade, não estamos estudando-os. Uma educação parcial também insiste na assimetria dessa formulação. Nossa parada é fundamentalmente diferente da deles, porque a nossa é infundada, infundamentada, subcomum. Uma educação parcial nunca está pronta, nunca foi iniciada ou concluída, é subfundamental e patologicamente insondável. Ela está destinada a ser inacabada e desfeita. Uma educação parcial é uma educação incompleta levada adiante por nós, as pessoas incompletas, para tomar emprestada a formulação antesseminal e antessermônica de Robinson em *The terms of order*.[55] A educação parcial é praticada pelas partes que são mais e menos do que elas mesmas, a ponto de gerar continuamente barulho demais. Ela é a perversão da instrução. De forma invaginativa, leva adiante o jogo irredutível entre usufruto e instrução.

Uma educação parcial também não é uma educação neutra projetada para ser corretamente completa, total e, assim, substituir a educação total que temos agora por ela

---

55 Cedric J. ROBINSON, *The terms of order: political science and the myth of leadership* (Chapel Hill, University of North Carolina Press, 2016).

ser ruim. Sua preocupação não é com a substituição, mas com o deslocamento. Uma educação parcial é o ponto de vista partidário da ausência de ponto de vista. Ela insiste em nos mostrar como aquilo que é nosso é mais e menos do que isso. Uma educação parcial é uma brigada partidária que faz surgir o antagonismo geral em sua distinção entre o que não é e o que é. Em outras palavras, embora uma educação parcial seja uma educação antagônica, ela também é mais e menos do que isso, no que Ferreira da Silva nos ensina a chamar de suas "diferenças inseparáveis".[56] Ela se move na contramão das taxonomias, categorias e identidades da educação total sugeridas pelo usufruto do Iluminismo europeu. Uma educação parcial é uma educação sensual, capaz de sentir. É uma teoria sinestésica dos sentidos, posterior aos sentidos terem se tornado teoréticos em sua práxis.[57] Uma educação parcial *derrama* seus próprios sentidos — conforme o termo de Alexis Pauline Gumbs vai se soltando.[58] Uma educação parcial avança e retrocede por seus próprios derramamentos.

O trabalho de Gumbs é inspirado por Spillers, assim como o conceito de educação parcial é inspirado pela maneira como Spillers questiona a unicidade tanto do capitalismo quanto de sua crítica mais perspicaz, o marxismo.[59] Essa crítica, não importa seu objeto, exige que haja alguma distância entre a mercadoria e a pessoa que trabalha — não importa quão pequena ela seja, não importa quão ameaçadas essas coisas estejam de colapsar umas nas outras — para que a chamada "política" exista. Assim como Robinson, Spillers nos ensina que até mesmo essa unidade, o marxismo, é mais e menos do que isso, porque a mercadoria capaz

---

56   Denise FERREIRA DA SILVA, "1 (life) ÷ 0 (blackness) = ∞ − ∞ or ∞ / ∞: on matter beyond the equation of value", op. cit.
57   Ver a discussão sobre sinestesia feita por Fred MOTEN, "Amuse-Bouche", *Jacket*, n. 2, 2.fev.2015, disponível em: https://jacket2.org/article/amuse-bouche.
58   Alexis Pauline GUMBS, *Spill: scenes of black feminist fugitivity* (Durham, Duke University Press, 2016).
59   Hortense SPILLERS, *Black and white and in color: essays on american literature and culture* (Chicago, University of Chicago Press, 2003).

de falar é um antagonismo interno a esse antagonismo irrevogável direcionado ao capitalismo e, por conta disso, pode carregar algo mais e algo mais parcial do que a política.[60] Isso implica, então, que essa crítica corporificada em particular na mulher escravizada — e continuamente enriquecida por ela sob as mais brutais condições daquilo que Hartman chama de "individualidade sobrecarregada" — é também uma crítica da própria política e, portanto, da própria ideia de Estado, como talvez possamos ver nos casos artísticos que discutiremos logo mais.[61]

O modelo de Singapura

Em 2015, o primeiro-ministro de Singapura, Lee Hsien Loong, disse em entrevista à CNN: "As pessoas dizem que somos paranoicos, e acho que de fato somos e precisamos ser".[62] Ele foi amplamente ridicularizado por um comentário que soou como um retrocesso à Singapura das décadas de 1970 e 1980, quando seu pai governou o país de forma ainda mais autoritária. Mas, para sermos justos com Lee filho, ele estava falando sobre a pressão para que o país se mantivesse competitivo em um mundo onde as empresas globalizadas e as finanças internacionais limitavam o papel tradicional de Estados desenvolvimentistas, como é o caso de Singapura. No entanto, o comentário foi sintomático, pois remete a uma era anterior de instrução voltada para o Estado-nação. Singapura emergiu como um "modelo" exatamente por conta de sua pretensão de criar uma cidadania menos perversa. Para isso, o governo classificou praticamente tudo no país como perversão, *exceto* o trabalho assalariado, a poupança compulsória, a deferência ao poder do Estado, e a vida familiar heteronormativa. Mas

---

60 Ver também a discussão de Fred MOTEN em *In the break: aesthetics of the black radical tradition* (Minneapolis, University of Minnesota Press, 2003); ed. bras.: *Na quebra: a estética da tradição radical preta* (São Paulo, n-1 Edições, 2023).
61 Saidiya HARTMAN, *Scenes of subjection: terror, slavery, and self-making in 19th century America* (Oxford e Nova Iorque, Oxford University Press, 1997).
62 Diálogo com Lee Hsien loong na Conferência SG50+ realizada no dia 2 de julho de 2015.

Singapura também fez isso ao instruir as pessoas sobre uma perversidade ainda mais grotesca, presente em tudo quanto é canto da ilha-nação, ela vinha de um inimigo interno — as pessoas de ascendência chinesa, pois elas poderiam estar aliadas aos comunistas na Malásia ou na China, ou então aos fanáticos religiosos se movimentando como submarinos em um mar de islamismo ao redor do Estado-nação secular, ou até mesmo à criminalidade comum, sempre ali de tocaia, esperando alguém viajar para o exterior . Ainda hoje, a primeira coisa que se ouve de um motorista de táxi local, quando se visita o país, é o quanto Singapura é segura — como se nunca fosse possível sobreviver a um passeio por Bangkok, Jakarta ou Hanói sem topar com a bandidagem.

Contra esse estereótipo, muitas pessoas em Singapura sacaram essas tentativas ridiculamente visíveis de instrução e, por isso mesmo, o modelo de Singapura não foi um modelo de educação realmente total. Não eram os corpos e as almas dessas pessoas que eram treinados, mas apenas suas maneiras públicas — seu comportamento no exercício da cidadania, bem mais do que seu comportamento como sujeito. Mesmo hoje em dia, campanhas de educação pública constrangedoras, como o comentário de Lee, continuam sendo uma característica anacrônica desse tipo de endireitamento para a cidadania singapurense. Mas, embora Lee tivesse em mãos o tipo errado de manual do instrutor, ele tinha uma preocupação correta com o aprimoramento contínuo na Singapura atual. O país está sujeito a um novo regime de usufruto. Com ele, está surgindo um novo tipo de educação total, liderado pela economia global, com o governo lutando para atualizar seu currículo e acompanhá-la. De fato, Singapura é hoje um típico exemplo de lugar onde corpos são instruídos de maneira logística pela economia global. Com os setores de finanças, hotelaria e viagens, varejo, saúde e educação exercendo domínio e liderando o caminho, está surgindo um novo tipo de instrução no acesso que seria invasivo até mesmo para os encarcerados de Foucault. A educação total está assumindo a forma não tanto de um aprimoramento especulativo, mas logístico. Como a maioria das pessoas em Singapura vive em moradias do governo e a mobilidade de classe é severamente limitada, é a logística, e não as finanças, que mais caracteriza a educação popular nesse centro financeiro. O "modelo" de Singapura nos ajuda a entender como podemos compreender a maneira pela qual uma instrução logística opera como uma degradação geral dos meios.

Com essa instrução, o corpo deve se tornar um meio que serve apenas ao fluxo suave das transações. Um meio para a interoperabilidade de todas as coisas. A instrução para abrir o corpo é dada por meio de discursos e práticas como o atendimento ao cliente, o comportamento prossumidor e, como disse Randy Martin, a financeirização do *eu*. Mas, acima de tudo, a disponibilidade infinita, o acesso 24 horas a todos os aspectos do corpo.[63] Até mesmo as exortações à criatividade, à criticidade e ao empreendedorismo treinam o corpo, mais do que qualquer outra coisa, para a extensão do acesso à vida social, à imaginação e ao conhecimento cultural. O corpo é instruído a se tornar um meio para esses fluxos acima e abaixo do nível de sua integridade como corpo, para essas conexões geradoras de novos planos intelectuais e afetivos. Mas esse treinamento se dá sempre em/como um meio para a transação, para a acumulação, para a realização do lucro privado a partir da produção social. O capital busca apenas a degradação dos meios e não pode tolerar o que Malcolm X entendeu como um fim quando pronunciou sua famosa frase "por qualquer meio necessário". Não qualquer meio, mas apenas aqueles que servem à imaginação limitada do capital, ou seja, apenas aqueles que podem ser degradados por meio da individuação, colocando a liberdade acima da necessidade.

---

63   Randy MARTIN, *The financialization of everyday life* (Philadelphia, Temple University Press, 2002).

A instrução logística, a nova educação total em Singapura, permite entender as últimas tentativas paranoicas do governo em estetizar seu currículo e ir além de sua abordagem tosca de industrialização, até então comandada pelo Estado como um professor que acredita em punição corporal e que a "repetição é a mãe do aprendizado".[64] Ainda assim, essa educação total na logística não pode deixar de revelar as novas perversões nas quais ela prospera, perversões que são, ao mesmo tempo, muito antigas na região. Essa educação total é de fato sintomática da perversão do modelo de Singapura, ou seja, ela forma sua base e sua imoralidade. Essas perversões ameaçam a riqueza da cidade, porque essa riqueza depende delas como um vício. Bem, voltaremos a esse assunto depois.

Marx previu que os fluxos de capital se tornariam parte do processo de produção. Encontramos essa previsão em pleno vigor no trabalho de Anna Tsing, que até demonstra o domínio desses fluxos em muitos setores, incluindo muitos dos que são proeminentes na economia de Singapura.[65] Desenvolver a capacidade de não apenas se abrir às outras pessoas, mas se deixar abrir por elas — para que elas nos repartam, parcelem, despachem, embarquem — é desenvolver o que chamamos em outros lugares de *logisticalidade*.[66] A Logisticalidade é a perversão da logística, ou seja, sua fonte sem forma. A educação logística responde a essa logisticalidade subfluente e subcomum. Ela tenta endireitar — ou seja, degradar — essa perversidade generalizada do acesso, das aberturas vulgares. Ela deve responder a uma reversão da primeira reforma: a imposição do corpo sobre a perversão da carne. A logística trata o corpo de maneira parcial, acessando partes, desagregando partes, deixando

---

64 Eng Beng LIM, "No cane, no gain: Harry, queer discipline, and me," em *BullyBloggers*, disponível em: https://bullybloggers.wordpress.com/2015/03/29/no-cane-no-gain-harry-queer-discipline-and-me-by-eng-beng-lim.
65 Anna TSING, "Supply chains and the human condition," em *Rethinking Marxism*, v. 21 (2), 2007, p. 148-76.
66 Stefano HARNEY e Fred MOTEN, *The undercommons: fugitive planning & black study* (Brooklyn: Autonomedia, 2013).

partes para trás. Portanto, é crucial que a logística não leve ao tipo de educação parcial em que essa perversidade — da carne sem corpos integrais, de corpos que estão emaranhados com a carne e não servindo de abrigo para ela — possa ressurgir como uma forma de estudo entre as pessoas que querem ser acessadas porque querem estar erradas.

Perversões logísticas

As artes podem nos ajudar aqui. Ou melhor, o mercado da arte, a cena artística, a experiência artística, na forma como Singapura importou ou criou todas essas coisas. A abertura da Gillman Barracks sinalizou o compromisso do governo singapurense em tornar o Estado-nação insular num grande centro de artes contemporâneas. A Gillman Barracks, uma instalação militar dos tempos da colonização, espalhada por vários hectares exuberantes na zona oeste da ilha, foi reformada para abrigar várias pequenas galerias privadas de arte, assim como restaurantes e o Centro de Arte Contemporânea, a instituição pública que ancorou esse redesenvolvimento. Pouco tempo depois, o Museu de Arte Moderna de Singapura abriu suas portas no prédio onde funcionava a Suprema Corte nos tempos da colonização, e que agora abriga a arte moderna local, produzida no século XX, fornecendo as credenciais patrimoniais para a entrada no mercado mundial da arte. De fato, essa estratégia nítida de investimento nas artes é evidente na forma como a Semana das Artes de Singapura, uma enorme exposição comercial realizada nos icônicos edifícios Marina Bay Sands, em uma região portuária, ofuscou a Bienal de Singapura, sediada em um orfanato da era colonial — embora esse antigo orfanato, que agora é o Museu de Artes de Singapura, tenha sido fechado recentemente para melhorias. Por meio desses veículos institucionais e de residências, publicações, subsídios, programas universitários e festivais menores, artistas, curadores, críticos e colecionadores do Sudeste Asiático têm chegado em grande número para explorar essa mina de ouro. Uma cena de arte contemporânea foi incorporada ao modelo de Singapura. Singapurenses devem receber uma educação total na arte.

Mas sobre o que deve ser essa instrução? Teoria da arte? Como investir no mercado de arte? O valor da arte como prática social? Bem, de fato, em tudo isso. Em um país tão rico como Singapura, onde se diz que um quarto das famílias tem mais de um milhão de dólares americanos em renda disponível, um pouco de teoria da arte na forma de uma instrução oferecida por curadores, professores, críticos e galeristas lubrificará a roda do investimento no mercado de arte, e talvez a prática social entre em ação quando a roda atropelar alguém. A Semana das Artes de Singapura incluiu em seu catálogo um guia que instruía potenciais investidores a não comprar o trabalho de pessoas desconhecidas e com mais de cinquenta anos, já que, nessa altura, seria improvável que elas fossem reveladas, tornando-se um bom investimento. Ou então, como alternativa, recomendava-se esperar até que elas morressem para que sua arte fosse comprada, já que a descoberta póstuma também é uma estratégia de mercado.

Mas, acima de tudo, em exposição nas galerias privadas da Gillman Barracks, na Bienal e durante a Semana das Artes de Singapura, encontramos uma lição estética ligada à educação logística. A arte reforçará a integridade da cidadania singapurense em um momento em que a logística não se importa com essa individuação. Assim como a especulação, ela permitirá a persistência da individuação no momento em que as coisas estão se desfazendo, tornando-se partes, encaminhando-se para uma educação parcial. Esse momento continua sendo necessário não apenas para a instrução e o aprimoramento, mas também para a própria realização, para a foice da privatização da produção social e o martelo da privação. Em um momento em que a logística toma algumas emoções e abandona outras, agrupa alguns de nossos gostos com os gostos de outras pessoas, alinha nossos desejos com outros, mescla nossas críticas com outras, a arte pode nos ensinar que ainda temos fronteiras, ainda temos corpos a serem restringidos, ainda temos um juízo individual. A lição estética, em si mesma um casamento entre carne e corpo consumado por uma faculdade superior, é a parte do currículo projetada para interromper nossa logisticalidade, projetada para destruir nossa logisticalidade. Em outras palavras, é por meio da lição estética que Singapura buscará garantir a individuação em meio a uma educação logística mais ampla que deve flertar com a logisticalidade. Mas será que aprenderemos a lição? Ou será que continuaremos a nos despedaçar em/como nosso estudo, em nossa educação perversa e parcial? Uma resposta parcial para quem procura perverter a instrução pode ser encontrada em duas das artistas da Bienal de Singapura.

Martha Atienza e Hemali Bhuta

Duas instalações que deveriam ter sido parte integrante dessa educação estética emergente em Singapura, uma de Martha Atienza, artista filipina que trabalha em Roterdã, e outra de Hemali Bhuta, artista indiana, acabaram por se desagregar dessa totalidade. Ambas foram obras extraordinariamente belas e poderosas. Ali, em meio a uma típica Bienal contemporânea, uma organização bem ordenada de artistas, nações, curadores e espectadores, algo perverso é preparado nas obras delas. A Bienal produz uma turnê com a integridade de países, obras de arte, artistas, opiniões, julgamentos e vendas, tudo isso individuado. Ao final de uma versão do mundo da arte de uma viagem ao Lonely Planet, devemos passar por uma restauração para que recebamos mais instruções sobre logística. Mas Atienza e Bhuta não participam dessa turnê. Elas se separam dela, partem dela e de si mesmas também. Os itinerários se dividem em partes na presença de seu trabalho. Esquecemos para onde estávamos indo, nossos sentidos se enchem de um estar onde estamos. O trabalho de Atienza preenche toda uma sala e — como o de Bhuta — se derrama sobre nós antes mesmo de chegarmos nessa sala, que se encontra no fim de um pequeno saguão. Ouvimos o mar. Sua instalação consiste em uma espécie de convés sobre o qual a água se derrama, uma escotilha que se move para cima e para baixo no horizonte, meio submersa no mar, e uma série de projeções aquáticas. Ficamos sabendo que ela pegou carona em um navio-tanque, do tipo que encontramos navegando pelas águas ao redor de Singapura. Ficamos sabendo que ela tem contatos com marinheiros filipinos que trabalham nesses navios. Estar naquela sala é sofrer o desmonte de nosso senso de mar. Podemos vê-lo e ouvi-lo, e sentimos que deveríamos ser capazes de cheirá-lo e tocá-lo também. O isolamento do som e da visão nos torna parciais. Não conseguimos nos remontar, não conseguimos recuperar o controle nessa paisagem marinha. Algo está errado e somos nós.

A instalação de Bhuta também nos chega antes de chegarmos nela. O ar forma um caminho perfumado. Espectadores seguem o caminho e se viram para ver um bosque de incensos delicadamente pendurados no teto, mas pesadamente também, como se fosse difícil empurrá-los para o lado e fosse fácil se emaranhar neles. A floresta vermelha é texturizada pelo crescimento áspero de cada vareta de incenso, e é difícil saber se essa superfície é macia ou afiada, segura ou perigosa. Mas, acima de tudo, o aroma nos ocupa, um aroma silencioso que não ousamos tocar. Como no trabalho de Atienza, somos afetados, para usar novamente um termo de Ferreira da Silva.[67] Os sentidos perdem a compostura e nós perdemos um pouco do autocontrole. Nós nos tornamos parciais. Ferreira da Silva escreve sobre a desvalorização dos sujeitos afetáveis na Europa do início do Iluminismo, aqueles que não estão inteiramente autodefinidos e em posse de si, mas que são afetados, desfeitos, tornados incompletos, tornados parciais por outros sujeitos.

---

67   Denise FERREIRA DA SILVA, *Toward a global idea of race* (Minneapolis, University of Minnesota Press, 2007); ed. bras.: *Homo modernus: para uma ideia global de raça* (Rio de Janeiro, Cobogó, 2022).

Ambas as instalações nos permitem sentir a despossessão da parcialidade, a mera parte. Há um sentimento animado de querer estar com outras pessoas nessa arte.

Essas duas obras poderiam muito bem, ao invés disso, ter se engajado em uma crítica, como parece ter sido o caso de algumas outras pessoas na Bienal e na Semana de Artes. Elas poderiam ter questionado a exploração dos marinheiros filipinos sob as bandeiras de Singapura, das empregadas domésticas filipinas trancadas nas casas da classe média de Singapura, dos operários sul-asiáticos endividados e feridos na construção dos megaprojetos de Singapura, do racismo que ainda é lançado contra as crianças sul-asiáticas nos pátios das escolas de Singapura. De fato, havia várias outras obras que faziam referência às condições de moradia das pessoas que migraram do sul da Ásia e aos sons da cidade repletos de suas vozes e idiomas. Caso estas duas artistas tivessem realizado gestos como esses, provavelmente teriam sido incluídas, por causa deles, na Bienal. Afinal, a reforma exige que Singapura enfrente manchetes de jornais internacionais como "Compre uma empregada com desconto nos shoppings de Singapura" ou simplesmente, algo que é comum, "Imigrantes em Singapura são vítimas de abuso e ressentimento".[68] Se isso tivesse sido feito, as obras delas estariam, então, claramente nos instruindo sobre um desalinhamento. E de fato estariam defendendo a reforma, mais instrução e, por fim, mais arte. Mas a arte delas foi muito mais partidária do que isso.

Não-ser não-estatal

Uma educação parcial não produz cidadãos que pensem dessa forma porque não produz nada tão completo quanto um cidadão, e sim algo muito mais perverso. No trabalho

---

[68] Michael MALAY, "Buy a discount maid at Singapore's malls", em *Al Jazeera*, 27. jun.2014, disponível em: https://www.aljazeera.com/features/2014/6/27/buy-a-discount-maid-at-singapores-malls e Kirsten HAN, "Singapore's migrant workers face abuse and resentment", em *Southeast Asia Globe*, 27. abr. 2016, disponível em: https://southeastasiaglobe.com/singapore-migrant-workers.

dessas artistas, algo nos incentiva a nos emaranharmos na não-cidadania, no ser não-estatal; a sentirmos esse grupo de trabalhadores migrantes não a partir de sua cidadania desprezada, mas como parte de outra tradição de partidarismo, de experimento cultural e de perversão em face dos cidadãos, nações e Estados que reivindicariam todas essas pessoas. Não é coincidência que a região tenha, de fato, uma rica história desse perverso não-estatismo, como nos ensina James C. Scott em *The art of not being governed*. Ao descrever as vastas regiões do que ele chama de Zomia — as remotas terras altas que vão da Índia, passando pelo Sudeste Asiático, até o sul da China —, Scott fala de povos que não apenas vivem sem o Estado, mas que também desenvolvem estratégias para evitar a incorporação pelo Estado, para evitar sua "re-união". Scott observa que esses povos eram normalmente conhecidos, na língua daqueles que os caçavam, os que viviam em Estados, pela palavra que dizia "escravo" nessas línguas estatais, e isso antes mesmo de serem escravizados, como sinal de uma perversidade anterior. O trabalho de Scott nos dá um contexto histórico para a cidadania diplomática contemporânea, e para a educação parcial que a confronta. Sobre o Sudeste Asiático, ele escreve o seguinte:

> Parafraseando uma observação de Karl Marx sobre a escravidão e a civilização, não havia Estado sem mão de obra concentrada; e não havia concentração de mão de obra sem escravidão. Portanto, todos esses Estados, e isso inclui, em especial, os marítimos, eram escravagistas[...]. É correto dizer que as pessoas escravizadas eram o mais importante "cultivo comercial" do Sudeste Asiático pré-colonial: a mercadoria mais procurada no comércio da região.[69]

E esse não é apenas *um* contexto para nossa discussão atual, mas, junto da servidão contratual do colonialismo europeu, é *o* contexto histórico do modelo de Singapura:

69 James C. SCOTT, *The art of not being governed: an anarchist history of upland South East Asia* (New Haven, Yale University Press, 2011), p. 85-6.

Outra forma de descrever o processo é a remoção sistemática de pessoas capturadas para longe dos espaços não-estatais, em especial das montanhas com o intuito de depositá-las em espaços estatais ou em lugares próximos[...]. A escala da escravidão e seus efeitos são difíceis de imaginar[...]. regiões inteiras foram despojadas de seus habitantes[...].

Como é comum acontecer com uma mercadoria mais estimada, pessoas escravizadas se tornaram, na prática, o padrão de valor pelo qual outras mercadorias eram avaliadas —, a estreita associação entre os povos das montanhas e a origem social da maioria das pessoas escravizadas é indexada, de maneira impressionante, no fato de que os termos, para essas pessoas e esses povos, eram frequentemente intercambiáveis.[70]

Além disso, por ser tão recente, esse Estado marítimo que é Singapura pode parecer o produto de um sistema de servidão contratual mais recente, algo que vem da era colonial. De fato, dos *gongsi* (seus irmãos mais velhos) chineses, que impuseram a servidão contratual aos trabalhadores de Fujian e os viciaram em ópio, passando pelos britânicos, que forçaram os tâmis ao mesmo modelo de trabalho nas plantações de borracha, até o deslocamento forçado dos povos malaios que habitavam a ilha, tudo nesse moderno Estado-nação parece ser apenas o produto da transformação do sujeito em cidadão na era pós-colonial.[71] Pois, embora inseridas em uma hierarquia racial, a classe trabalhadora chinesa, a tâmil e a malaia se tornaram singapurenses após a independência. Mas, com a ajuda de Atienza e Bhuta, com o benefício de uma educação parcial, a singular cidadania pós-colonial logo se mostra como algo mais do que *um* e menos do que *dois*, e então surge algo parcial, não-estatal, algo que ecoa o legado de Zomia. Isso porque Singapura passou a exigir aquela mesma "concentração de

---

70 Ibid., p. 88.
71 Ver o livro de Carl A. TROCKI, *Singapore: wealth, power and the culture of control* (London, Routledge, 2006), fundamental sobre a história colonial de Singapura e seus legados.

mão de obra" que os Estados escravagistas exigiam, o que nos leva à questão não tanto de como a população singapurense nomeia as pessoas que devem ser "re-unidas", mas de como essas pessoas podem vir a nomear a si mesmas, uma questão acerca de suas próprias práticas não-reunidas, práticas fragmentadas do parcial.

Se contarmos agora, há cerca de cinco milhões de pessoas em Singapura. Três milhões são cidadãs, são legados da história que vai do sujeito ao cidadão, que se deu junto de uma política de *chinização* que incentivou a migração pós-independência de descendentes de chineses. As outras são migrantes, a maioria com vistos de trabalho de dois anos, trabalhando com serviços domésticos, na construção civil e em todas as formas de manutenção, reparo e conservação física dessa cidade global. Uma pequena parte tem vistos de trabalho mais longos, e essas pessoas, majoritariamente brancas, são chamadas de "expatriadas". Em outras palavras, trazer mão de obra concentrada continua sendo o modelo estatal. Não se trata de um Estado escravagista, embora Singapura continue a ser um centro regional para o tráfico de mulheres adultas e adolescentes. No entanto, ele regulamenta uma economia que produz um grande número de trabalhadores homens, sul-asiáticos, endividados ao ponto de se submeterem à servidão, e produz diariamente a fuga de empregadas domésticas. O nível de dependência dessa mão de obra concentrada, a desumanização generalizada das pessoas re-unidas e a total dependência do modelo de Singapura em relação a essa mão de obra transformam o *um* da educação total em *dois*. Não tanto porque esses trabalhadores migrantes estejam desalinhados em relação às suas nações e aos seus Estados, mas porque Singapura está desalinhada consigo mesma. Seu modelo é perverso. O país se apresenta como um modelo de desenvolvimento para todo o sudeste asiático, mas se apresenta a si mesmo como uma perversão.

O desarranjo dado

O que não pertence e nunca poderá pertencer a essa classe trabalhadora é um modelo que exibe o pior dessas histórias indissociáveis entre si — a do modelo pré-colonial que eliminou povos não-estatais por meio da violência e que o faz, atualmente, por meio de dívidas, de fraudes e do desenvolvimento; e a do modelo colonial do racismo europeu. Esse último faz com que essas pessoas trabalhadoras nunca sejam consideradas cidadãs em potencial de Singapura, pois provavelmente teriam se tornado sujeito na colheita forçada de arroz nos Estados escravagistas pré-coloniais. É uma re-união sem perspectiva de cidadania. Os regimes coloniais contaminaram a região com uma forma de racismo que permite, aos regimes pós-coloniais, escolher o pior dos dois mundos. Esse é o modelo atual de Singapura. Não é um mercado livre, mas a concentração massiva de mão de obra não-livre. Não surpreende, então, que ele possa ser exaltado, vendido, mas não copiado. Que outro Estado-nação poderia reunir e excluir com tamanha ferocidade sem provocar a ira de sua própria população empobrecida? Nenhum. Na verdade, nem mesmo Singapura.

Do nosso ponto de vista, que é a recusa de um ponto de vista tornada mais plenamente operante pela educação parcial, essa última pergunta sobre o modelo de Singapura, assim como sua realidade em geral, não tem nada a ver com a gente, eles que se resolvam. O que se derrama do interior da perversa divisão em dois desse modelo, dessa educação total, são as partes com as quais podemos nos importar. Atienza e Bhuta não nos instruem para fins de individuação estética. Suas obras não podem ser reformadas. Sua parcialidade está ao nosso lado no antagonismo à reforma e à instrução. O mar, o ar, os espíritos que carregam esses seres reunidos por Singapura em um modelo que não é deles, tudo isso se derrama na forma de uma crítica irreconciliável da vida estatal, da cidadania, do corpo individual. Sua presença no Estado é uma refutação do Estado como forma universal, como educação total. No rearranjo não coercitivo dos sentidos — para dar uma guinada com a expressão de Spivak —, essas obras nos permitem perguntar quais perversões podem já estar aqui e agora.[72] Como no caso dessas pessoas em residência temporária, que desarranjam seus sentidos para as outras, que se oferecem para nos perverter. Sem o Estado para ordená-las de modo que se tornem cidadãs, seus sentidos despossuídos formam uma educação já pronta e sem base de todo um outro tipo — a que consiste em nos voltarmos para nossas versões parciais.

---

[72] Gayatri Chakravorty SPIVAK, "Righting wrongs", em *South Atlantic Quarterly*, v. 103 (2-3), 2004, p. 523-81.

RECESSO
(servir à dívida)

Primeira camada

Com a emancipação gradual, no interminável arco da alforria, analisa do brilhantemente por Patricia Ann Lott, você se torna responsável por sua financeirização.[73] Você se torna um indivíduo responsável, descontado, desvalorizado, envalorado. A história negra é a teoria da exaustão do sujeito. A história negra é o esgotamento do sujeito. Da não-perspectiva dessa festa arrombada que sucede o evento, a emancipação gradual é a condição interminavelmente terminal do sujeito. O oposto da liberdade é a liberdade. O Búfalo Marrom[74] nos ensina que a emancipação gradual é o estar-acorrentado a essa luta. A emancipação gradual não está isolada nos estados do norte, como uma exceção da época anterior à guerra; tampouco é o laço ou vínculo exclusivamente próprio das pessoas escravizadas, de suas vidas ou sobrevidas. Hartman nos ensina que essa é a regra geral que estrutura a liberdade humana como sujeição. Isso tem a ver com o que Frederick Douglass começa a se referir sob a rubrica de "peculiaridade da *plantation*". Mas não se trata apenas de servidão residual ou afeto servil; é certa (auto)consciência com relação a esse afeto que acaba sendo a essência da animalidade política. Poderíamos falar disso como uma espécie de vergonha que se pretende superior ao comportamento que a induz. A vergonha é o que resulta da alforria.

---

73   Tivemos o privilégio de escutar a professora Lott discutir a emancipação gradual em uma mesa redonda que ela organizou na Universidade Brown, no dia 22 de abril de 2015.
74   N. da T.: Referência ao livro *Autobiography of a Brown Buffalo* (Nova Iorque, Vintage, 1972), de Zeta Acosta.

É a imposição do crédito, da exigência de pagar uma dívida com a antissocialidade da sociedade, uma exigência internalizada como "liberdade". A alforria, em todos os sentidos, nunca é suficiente. Seu cálculo perde o significado e a exatidão. Temos que desviar o olhar ou errar o olhar.

A abstração geral é como o metrô de superfície que se torna clandestino no subterrâneo. O desapego poético é transporte público — uma força social, ou uma campanha popular, ou uma expedição densamente povoada. Não é uma equipe, mas é uma espécie de aglomeração, um enxame inapropriável que se diverte de forma excêntrica e inapropriada, disperso como uma série infinita de intervalos em uma paixão infinita. O abandono no abandono não pode ser lido de nenhuma outra forma. Se você encalhou e não pode voltar para casa, ou não pode sair, então você tem que ir cada vez mais longe, cada vez mais para fora. Se você caiu e não consegue se levantar, tudo o que pode fazer é descer até perfurar o fundo do mundo despedaçado e suas infinitas crises dentro e fora da regulação. Então você se aterra, sabendo que é necessário, mas insuficiente, até a exaustão; sem mundo nem tempo suficientes, a terra está presente e já se foi. A ascensão vem para quem cava, sem uma posição global, em uma descida anapropriceptiva, uma insurgência comum que você torce e grita, na forma como você permanece, na forma como se mantém no lugar. Permanecer por *ali*, em um ensaio constante de um se lançar dali para o outro plano, assim como para sua outra superfície, é colocar em questão não apenas este ou aquele conceito deste ou daquele objeto; é, antes, colocar o conceito como tal sob uma intensa tensão generativa e degenerativa. O estudo negro é exatamente essa força extraconceitual ou anaconceitual, propulsão contranegativa escrita em duplicata, na mesma folha, cortada ao longo de uma linha irregular, serrilhada, sinuosa, uma dança quirográfica até o instrumento e através dele, um solo tão múltiplo, um instrumento tão profunda e habitualmente preparado, uma servidão contratual tão comumente financiada, uma abstração tão dispersivamente disseminada que até mesmo a financeirização vacila. Ele não pode ser assegurado nem garantido. É como se tivesse sido tocado com tanta força que a afinação se tornou outra, como se a afinação fosse iluminada, como um contrato de destruição e reconstrução que só pode ser cumprido em algo mais e menos do que a performance. Tudo está escrito junto, né? Antecipamos e sobrevivemos ao fato de nosso estraçalhamento.

Ler *Bebê da mamãe, talvez do papai: uma gramática estadunidense* ao lado de *The crisis of the negro intellectual: a post-date*, de Spillers, é saber e amar o seguinte: o fato de que o estudo negro é (sobre) a produção de conceitos apenas na medida em que é algo como uma diferenciação gerativa pré-conceitual ou pós-conceitual de conceitos (uma espécie de habitação excessiva do método de divisão e reunião meta- ou anastática material do conceito *na carne*); é um caminho, feito de um beco sem saída, através do campo conceitual, não porque o conceitual seja originário, mas porque o conceitual fundamenta a resposta regulatória à coisa anaconceitual que não tem nome. Quando Spillers diz que a mulher negra teria que ter sido inventada caso não existisse (algo que também se move em seu modo de ir contínua e sutilmente contra e a favor de Fanon), será que ela estava dizendo que a mulher negra — como mercadoria, instrumento, ferramenta, máquina — é uma estrela? Essa é a mais terrível das facas possíveis de dois gumes: ser uma cripta e uma mensagem criptografada, (des)corporificar o conceito como carne subconceitual. Assim, dizemos que o estudo negro é a violência no e contra o conceito, que é, por assim dizer, anterior ao conceito. É a vida desprivilegiada dessa violência, divina por ser tão baixa, dada em uma metaeconomia da dádiva e da entrega desordenada. O estudo negro é um ministério de profanação, uma casa pública de devoção terrena. O estudo negro é o fruto da árvore de serviço. O estudo negro está fora da minha estrela. O estudo negro é feito das estrelas caídas.

Quando J. Kameron Carter aborda a questão relativa aos "termos divinos" que sustentam a soberania, ele a desloca e nos desloca junto, de modo que começamos a pensar também nos "termos humanos" que sustentam igualmente a soberania.[75] Ele trabalha com um tipo de inconstância cosmológica persistente, com uma energia escura que antecipa o desfixamento das estrelas que se segue, permitindo-nos perguntar por que o homem se tornou Deus, como se essa questão fosse anterior à de por que Deus se tornou homem; agora temos que perguntar como é possível que se tornar Deus seja equivalente ao que Gayle Salamon chama de *"assumir um corpo"*.[76] O que é assumir, conceituar, pegar e tomar para si um corpo? O que significa o corpo e o *eu* assumirem um ao outro e tomarem um ao outro no prefácio em série da extração de cada um, um no outro? O que é que permanece para além desse endereçamento, dessa incursão, dessa vulnerabilidade agressiva, desse assentamento brutalmente projetivo/protetivo que é a soberania em meio a sua difusão? Enquanto isso, o motim, a greve geral, o trabalho sem remorso de não-coisas e ninguéns, a comédia romântica nos comuns, seu desvio e disputa antinômicos, a propagação dissoluta da vida, sua generosidade dispersiva, seu borrão consubstancial, seu desvanecimento transubstancial — nada disso pode ser desvanecido, exigindo que falemos, talvez de forma apositiva, de alguma pompa insubstancial do anassubstancial. Será que a substância e a soberania estão tão ligadas uma à outra (sendo a substância uma questão irreal de *ter* massa e *ocupar* espaço no tempo, na linha do tempo) que teremos de imaginar uma fisicalidade mais impropriamente surreal? Não é antimatéria, mas ante- e pós-matéria. Talvez a carne seja a tia da matéria, a mamãe brincalhona da matéria, que sobrevive ao ter e ao ocupar. Assim, o que está em jogo é a necessidade

---

75 J. Kameron CARTER, "Paratheological blackness" em *The South Atlantic Quarterly*, v. 112 (4), 2013, p. 589-611.
76 Gayle SALAMON, *Assuming a body: transgender and rhetorics of materiality* (Nova Iorque, Columbia University Press, 2010).

de uma análise mais enfática da carne como algo diferente do corpo solitário, retido ou reduzido; como aquilo que é, portanto, oposto ao corpo. Queremos falar (de) (por meio de) (como) carne em seus próprios termos; mas a carne não tem termos, embora os termos que lhe são impostos se tornem sua preocupação interminável com a comoção cenobita.

Segunda camada (partes 1 & 2)

Como algumas pessoas têm perguntado sobre o conceito de subcomuns, decidimos tentar falar um pouco sobre os subcomuns do conceito. O estudo negro se move contra o domínio do conceito como se fosse uma questão de vida ou morte. Mas o mais importante é que o estudo negro significa que você serve seus conceitos sem mestres ou maestria. E isso quer dizer que a ruptura da sujeição e da objeção nunca é encerrada, curada, estabelecida de maneira permanente para que o saque e a expropriação se tornem possíveis. É por isso que aqueles que dominam os conceitos odeiam tanto o estudo negro, no que parece ser uma resposta desproporcionalmente violenta ao seu serviço. Eles não suportam o fato de que servir algo sem ter um mestre é uma forma totalmente aberta de amor.

Uma vez, uma pessoa disse que estava lendo um romance de Toni Morrison e que ficou impressionada com o fato de as vidas, as meras experiências das personagens, lembrarem o conceito de preensão de Alfred North Whitehead. Reconhecer que Whitehead representa qualquer teórico que você queira é iniciar a elaboração de um roteiro. Então, aqui vamos nós, na antessala do conceito, fora de alcance, tentando nos recompor, esperando nossa objetificação, esperando nos tornarmos um outro para um outro. De novo e de novo, no luxo carcerário, talvez em uma galeria, ou no clube da faculdade, ou no estúdio de alguém, onde a autenticação está sempre do outro lado, onde os objetos estão sempre recuando contra a coisa subcomum, como se a câmara os inclinasse para longe do que supostamente está por trás da cortina que eles estavam quase acariciando; de novo e de novo, resistimos contra essa incapacidade de ter uma experiência. Os outros em potencial querem algum corpo, precisam de um corpo para que possam ser Alguém. Em *loop*, exercitando nossa empatia, oscilando entre a precariedade e a segurança, estamos preocupados com o que significa estar preocupado com o sentido de Alguém dizer que você não passa de mera experiência. Enquanto isso, quem quer abraçar a experiencialidade subcomum que se desdobra da recusa do ter? Ninguém. O estudo negro — a atividade fugitiva de se mascarar como mera, pura experiência — é o empirismo radical de ninguém, mantido na questão acerca do sentido desse viver por trás de vidas que supostamente precisam de explicação, carecem de conceitualização, buscam o autocontrole. A vivência da mera experiência é terrível na riqueza de sua criação.

Deleuze diz que ainda não sabemos o que um corpo pode. Será que podemos imaginar o que não sabemos que a carne pode? Porque a carne não fará, ela faz. A carne sente o extra enquanto o capital "inventa", com o comércio transatlântico de pessoas escravizadas, uma coletivização de "corpos" destruídos e trabalhadores. Tal invenção, essa péssima descoberta sociológica, não pode saber que a carne estava trabalhando, sentindo, antes que o capital e seus conceitos chegassem lá. O capital quer dominar esse mistério, mas o incalculável é inestimável, não importa o quanto você o conte, não importa quantas vezes você defina um preço para ele, não importa quão regular e regulativamente você o encarcere ou o destrua. Ao mesmo tempo, a responsabilidade que nos é imposta, nossa incorporação ao regime de crédito, em uma injunção absoluta e brutal do perdão de dívidas passadas, é imensurável e deve ser paga infinitamente. Eles atribuem um valor ao inestimável; eles lhe dão os seus termos. E, *como o argumento pelas reparações foi apresentado contra nós*, temos a obrigação de pagar esses termos — termos que não podem corresponder ao nosso valor porque somos inestimáveis, mas que, ao invés disso, obedecem a uma conceitualização do inestimável (que é tudo o que o valor sempre é), dada em e como domínio, como tentativa de capturar o mistério, de capitalizar a servidão contratual, de roubar a dívida que devemos servir. Harriet Jacobs nos ensina que, sendo inestimáveis, nunca poderemos pagar pelo que somos. No entanto, eles nos obrigam a pagar. Pagamos incessantemente o que não pode ser pago. Pagamos e pagamos e pagamos, mas não para ter alguma coisa. Até mesmo nossas mães, nossas crianças, não são nossas. Nunca chegamos a um acordo, e isso é terrivelmente belo demais para ser posto em palavras. Nosso estar-em-dívida é tudo o que temos, e tudo o que temos é o que devemos "aos nossos e às nossas". É o que distribuímos — e sentimos — como sensação, no desafio que fazemos ao pagamento, ao crédito e ao domínio, até que um após o outro percam o sentido, até que não sejam absolutamente nada, até que um após o outro sejam ninguém. Esse estar-em-dívida é o que vivemos, é a vida que fazemos como algo inestimável. O mestre impossível e impossível-de-satisfazer deslumbra-se com ele, gostaria de desvendá-lo, quer ter acesso total, mas o que ele faz na ausência desse acesso, que terá sido suportado como um confinamento, é conceituar esse estar-em-dívida, atribuir-lhe um valor, impor-lhe termos que se destinam a abordar, explicar e regular o inestimável, o incalculável, ao mesmo tempo que o submetem ao terreno abandonado do crédito, às profundezas externas da usura, ao deserto, ao lamaçal, à *plantation*, à prisão do eternamente pagável, ao jogo entre segregação e perseguição no genocídio que a alforria e a ampliação sub-repticiamente intensificam.

É assim que devemos pagar nossa dívida com a sociedade: Mestre, este é quem você é; Mestre, este é lugar onde você está; Mestre, este é o momento em que você está. Ele está sempre nos pedindo para dizer quem ele é; esse filho da puta não nos deixa em paz. Nós lhe pagamos sua identidade, seu lugar, seu tempo, e tudo o que ele pode fazer é se perguntar, ferozmente. Vorazmente, ele quer encerrar a questão. Como a acumulação incessante é um substituto ruim, ele quer fechar esse livro que não para de falar. Ele não pode continuar pensando que o livro fala com ele por meio de nós. Ele quer pensar que o livro vai afirmar com certeza. Temos que continuar ensaiando o que o livro diz; ele nunca dirá a palavra final. Soberano cabeçudo. Credor predatório. Poeta itinerante de navios. Cientista louco. Grande capitão tubarão branco. A tortura e o milagre de servir sem um mestre, de fazer isso olhando nos olhos feiosos do domínio — Olaudah Equiano viveu isso antes que Georg Wilhelm Friedrich Hegel pudesse pensar sobre.

Robinson nos ensina que o estudo negro necessariamente precede os conceitos aos quais serve e, ao mesmo tempo, tem de esperar por eles e pelos conceitos que tentam dominá-lo, que só virão bem depois dele, e continuarão vindo com toda a força possível. Considere, como exemplo mais fatídico, o erro de Foucault, embora sejam outras pessoas que transformem esse erro em uma aposta. Ele escreve — inaugurando seu interesse pelo biopoder e, por extensão, pela governamentalidade — que "o ajustamento da acumulação dos homens à do capital, a articulação do crescimento dos grupos humanos à expansão das forças produtivas e a repartição diferencial do lucro, foram, em parte, tornados possíveis pelo exercício do bio-poder com suas formas e procedimentos múltiplos".[77] Como sabemos, Foucault localiza erroneamente essa observação na Europa da metade do século XVIII. Ele faz isso em parte porque o grande arqueólogo crítico do homem falha na hora de fazer a distinção necessária entre homem e humano, como Wynter nos ensina a fazer, de modo que ele só pode ver certa "acumulação dos homens". Como resultado, para boa parte da comunidade acadêmica, o mistério — perdido

---

[77] N. da T.: Michel FOUCAULT, *História da sexualidade I: a vontade de saber*, trad. Maria Thereza da Costa Albuquerque (Rio de Janeiro, Graal, 1988), p. 133.

ao ser devidamente submetido ao entendimento — é confundido com uma figura que é acumulada no interior de cofres feitos de corpos despedaçados que o domínio produz. Dizem que o conceito morto, preso em seu próprio resíduo disperso, emite uma espécie de luz. Mas o estudo negro já está tão no escuro que só pode ser valorizado, portanto, (des)lido, como algo sem valor — fora do tempo, fora dos eixos, fora daqui. Sua função é impossível e impertinente, e essa é a condição de todo estudo subcomum hoje em dia, de toda carne fugitiva no serviço comunitário.

O modo como o estudo negro cronicamente ganha a vida é servindo a uma dívida impagável sem exercer um domínio. Esse segredo insondável e incalculável, que não pode ser encerrado pelo domínio, está miraculosamente, maravilhosamente, *aberto*. O que o livro diz é o que cantamos para todo mundo ouvir. O estudo negro é o acesso aberto ao inacessível, que produz uma brecha na explicação, que não pode deixar de resistir e exceder, sempre fazendo o excedente do qual até mesmo o capital precisa para viver. O capital, à moda batailleana, tentará, no entanto, calcular, expropriar e incinerar esse excesso. Assim, a financeirização gratuita, seja ela imposta a corpos negros (mortos) ou a nações negras (fracassadas), continua e continuará até que reivindiquemos a dívida que segue sem fim, cantando que não há corpos negros, não há nações negras. Quando não há nada para governar, nada para garantir, há a negridade. Temos que nos conformar com isso. É isso que temos de esperar. É a isso que temos de servir. É assim que nada vai poder nos parar.

Ele estava falando a partir do livro e nós estávamos pensando que essa virada da escravidão para a religião só nos dá, na melhor das hipóteses, um tipo de serviço voluntário e, com isso, será que não estaríamos no reino da sociedade civil ou da liberdade religiosa? Mas ele estava falando a partir do livro, com ela, remotamente, e a virada se tornou involuntária, não mais se apoiando na liberdade do sujeito ao qual o sujeito está acorrentado. Estávamos pensando, então, que talvez o que acontece conosco — com as pessoas marcadas pela escravidão e que reivindicam essa despossessão, na qual a dívida impagável é imperdoável e perdoada, na qual a dívida pagável que nunca pode ser paga é conhecida como liberdade, na qual a dívida é negra e o estar-em-dívida é a negridade — é que descobrimos, no serviço, que não pode haver voluntariedade. Nesse caso, estávamos pensando, a ilusão do serviço voluntário, ou do comparecimento, ou da ajuda, ou de ser um acólito, não apenas não pode permanecer intacta, mas, ao se romper, visita seus praticantes com a mais terrível imposição do involuntário.

Em seguida, começaram a cantar em línguas. A dívida da racialização está sempre ao nosso redor e, no entanto, como a racialização, nunca pode ser resumida, contada ou assimilada a um (número). O crédito grego não é o crédito jamaicano nem o crédito porto-riquenho (basta ver como nenhum dos dois últimos foram mencionados em termos de suas tradições de esquerda, embora o que o Fundo Monetário Internacional tenha feito com Michael Manley faça Angela Merkel parecer uma santa). Mas o crédito racializado (e não há outro tipo desde o capitalismo) é uma reação a um tipo particularmente perturbador de abolição que busca uma velha-nova dívida, que precisa de ajuda mútua, que é dada para atender, que não serve à sociedade, mas socializa o serviço. A nota que pode ser paga, e que deve ser paga, persegue a vida, prende-a em um dueto exausto e vorazmente hipotecado, mal intitulado "vida e dívida", uma fórmula cujo ritmo engana na medida em que a dívida da morte se volta sempre — ao viver, ao continuar vivendo, como sua série misteriosa — ao domínio. Os mortos querem o crédito pela dívida boa, mas a dívida ruim que devemos aos meios de vida, e não aos becos sem saída, cresce ao receber o cuidado no serviço. Espinosa poderia dizer que temos algo alegre aqui.

A palavra "escravo", do latim *servus*, não tem como não nos fazer pensar. É por isso que o serviço não pode ser voluntário, que ele é sempre dado como perturbação da própria ideia de voluntariedade. Existe uma maneira de pensar sobre o serviço em relação não tanto à escravidão, mas à fugitividade? É preciso lembrar que escravo significa fugitivo, que o essencial para a pessoa escravizada, em e como um conjunto de práticas de vida, é a fugitividade — algo que a oficina de Orlando Patterson não conseguiria entender. O fato de que a condição da pessoa escravizada proíbe a voluntariedade acaba sendo compatível com o fato de que essa condição, que é a própria ideia do constante desfazimento da pessoa escravizada, é que essa pessoa já é sempre fugitiva. Ela está constantemente escapando de ser constantemente desfeita. O que poderia ser, então, estar a serviço, ou estar em dívida com essa fuga constante, que para nós assume a forma da sensação, ou se manifesta como a geração constante a partir dessa sensação, de formas dentro e fora do que é informal? Servimos à sensação geral, que é tão involuntária quanto a respiração, como um campo sincopado de batimentos cardíacos, dentro e ao longo de uma sequência dura e interminável de porradas.

Coleta incessante, acumulação sem fim. Ainda estamos na fazenda, mas de forma angulada, angolanizada, por baixo da Louisiana horripilante, inconsciente, conscientemente monótona, delirante, mas apropriadamente divertida, de Tim McGraw. Nós pagamos constantemente. Passamos por maus bocados e sabemos disso. Nós sentimos isso. De alguma forma, alguma coisa boa continua saindo disso, como uma pessoa em fuga, fora do tempo, fora dos eixos, fora daqui. A merda é terrível. A dívida boa, que é constantemente paga, que pode ser paga, mas nunca quitada, se acumula e multiplica infinitamente. Essa é a hiperfinanceirização da pessoa negra em vida, a reprodução irracional, ilegítima e jeffersoniana do capital. A cada novo Hemings, ele desmentia seu próprio argumento contra Alexander Hamilton. A *plantation* é o Primeiro Banco dos Estados Unidos. A *plantation* é o Sistema de Reserva Federal. A dívida boa que nunca é quitada se opõe à dívida ruim que nunca é paga, apenas parcialmente perdoada e apenas no nome, gestualmente, aposicionalmente, tragicomicamente, na austeridade rica e impassível de nossa recusa à austeridade. Estamos fazendo um churrasco no parque, assando essas belas castanhas por toda a ágora.

E se o que é ser europeu for simplesmente ocupar a posição de credor em relação ao que é imposto à negridade como corporificação conceitual da financeirização, da capitalização sem fim? Alguns gregos — os verdadeiros herdeiros autoritários de Aristóteles — podem querer permanecer na Europa, sendo os restos da Europa, suas borras. Afinal, o que restou da Europa ainda terá tido a honra de ser chamado de essência da Europa, com todos os seus tesouros construídos por pessoas escravizadas espalhados livremente pelos museus de todas as grandes capitais. A Europa não pode deixar em paz nem mesmo o que ela deixou e ainda deixa para trás. Enquanto isso, o novo campo métoikico,[78] o rastro inerradicável e não-documentado da subcidadania está nas ruas a noite toda estudando e praticando uma nova dialética da riqueza e da pobreza, para assim minar o monopólio que o credor exerce sobre a capacidade de viver para além dos meios de vida. Será que podemos desvincular o servir à dívida, ou servir em dívida, da exigência brutal da economia de crédito para que paguemos tudo no tempo certo, no tempo orgulhoso, no tempo médio (de Greenwich), o tempo todo, na brutal e supostamente interminável "progressão" dessa vulgaridade?

Terceira camada

Assim, chegamos, mais uma vez com Carter, à performatividade político-eclesiástica da ingestão. Esta não é uma *Meditação sobre a Redenção Humana*[79]. Ei, Alguém, assumir

---

[78] N. da T.: No inglês, "metoikic", neologismo criado a partir de "métoikos", termo usado em Atenas da antiguidade para categorizar as pessoas residentes sem cidadania e de origem estrangeira.

[79] N. da E.: Texto escrito por Anselmo da Cantuária ou Anselmo Aosta entre 1099 e 1100 e que traz algumas das teses presentes no seu *Cur Deus Homo* relativas à necessidade de Deus ter se feito homem, a razoabilidade da encarnação e sua importância na redenção (salvação).

um corpo é como exumar algum corpo, só que de forma sanguinolenta. Pegue e coma. Este não é o meu corpo. A presença surreal é uma questão de viver em dívida.

A coisa mais fodida de todas as coisas fodidas sobre a escravidão, a terrível peculiaridade da instituição como tal, é que ela inclui — e não como um arco progressivo, e sim como um conjunto agressivo e constantemente copresente — esse jogo constante entre a carne animada da classe trabalhadora, a abstração conceitual dessa e a partir dessa carne para formar a ideia de um corpo dotado de poder de trabalho, e a abstração adicional desse corpo como um instrumento financeiro. Na escravidão, já tinha tudo isso acontecendo, o tempo todo. Trata-se, mais precisa e enfaticamente, da redução do corpo à carne, como descreve Spillers, *e* a imposição do corpo e/em sua conceitualização sobre a carne, como sugere Spillers, que vem — por meio de uma espécie de horrível milagre do atraso — tanto depois quanto antes dessa redução. A imposição do corpo como/em sua conceituação vem antes e depois da carne, *mas nunca primeiro*. A conceitualização do corpo é uma resposta reguladora e regulatória à carne, a uma ecologia materna exausta e exaustiva que é submetida a uma im/possibilidade da mãe, mas à qual ela nunca se submete. A mãe negra é a própria forma do estudo negro. A maternidade negra é o estudo negro, como carne, como força, como sensação, mas não como figura. Ela é odiada porque vive uma forma de vida contrária a todas as estatísticas fodidas de um serviço sem mestre, sem maestria. Ao viver o estudo negro, como subcomum do próprio serviço, ela não é ela, embora carregue tudo, como um toque entre irmãs que sabem o que é servir, ministrar, curar.

E a igreja é um projeto, não um lugar, como Carter diz ao se perguntar sobre o canto de Ruby Sales. Imediatamente começamos a orar por seu deslocamento justo e necessário. Seremos movidos, evidentemente, à medida

A tradução em português da *Meditação sobre a Redenção Humana* de que dispomos é de Diego Fragoso Pereira, publicada na revista *Contemplação*, (21), 2020, p. 216-223.

que as coletividades experimentais se fragmentam no interesse de nossa totalidade terrena e inconsistente. O fato de que ninguém pode nos parar está ligado ao fim de tudo, em direção ao qual as políticas públicas e o aprimoramento nos empurram com fúria insensível e logística. Nossa clandestinidade na dejecção é repetida com frequência. Os conjuntos experimentais são onipresentes em seu constante desaparecimento. Como diz Robin Kelley, o movimento pelos Direitos Civis não foi um movimento de massa; foi um monte de pequenas paróquias especulativas que, às vezes, se fundiam em uma catedral não-construída ou, ainda mais profundamente, na invenção contínua de certos hinos anacarismáticos e anatemáticos básicos. A questão sempre foi muito mais sobre a quarta-feira do que sobre o domingo, e é por isso que eles enviam os drones na quarta-feira. E se quem hoje chamamos de intelectual ou artista se esfiapar na curadoria, ministros leigos na inadministração, no serviço, na observância de certas práticas cerimoniais reencontradas na perdição (como Wynter fala, em *Maskerade*, sobre o Jonkunnu), e que constituem, geram e preservam (em constante dispêndio e diferenciação) nosso reservatório insoberano de matéria e energia social?[80] Então, isso seria mais + menos do que isso, fundamentando anarquicamente a diferença entre o governo pela obediência e a obediência ao governo em uma instrumentalidade mútua e submonástica, ali onde amamos nossa carne como Baby Suggs nos diz para fazer. Então, você se aterra usando o que Karl Marx diz que é a mercadoria. É preciso seguir adiante indefinidamente com isso, para ver se é possível salvar a mercadoria (o benefício, a conveniência, nossa reunião diferencial, a modalidade de nosso emaranhamento ativo e diferencial) das hierarquias de troca que a contaminam. Essas formas são vis porque se movem dentro da atribuição

---

80   Sylvia WYNTER, "Maskerade: a 'Jonkunnu' musical play", em Yvonne BREWSTER (org.), *Mixed company: three early jamaican plays* (London, Oberon Books, 2012).

de valor. Haveria uma mercadoria de valor inestimável? Claro que sim. Não é possível separar a governança do serviço, a menos que você redefina radicalmente o que é servir, cuidar, curar, reunir.

É como se um fantasma estivesse atrás de você, e uma revolta te cavalgasse em quase repouso, no arrastar lento do frenesi, ao longo de linhas contínuas de mal-entendidos — evitando ou deixando passar despercebido o entendimento, em uma espécie de abrigo na espera, em uma cabana de salgueiro-chorão, sem você entender nada. A lentidão na aceleração te deixa em um estado de apreensão, anapercepção, esquecimento, como se você fosse um sino, uma velocidade associativa da ressonância em mãos, o sedimento experimental e sentimental do conceito. A compreensão lenta desvia (d)as investidas do entendimento. Por meio de gotas de violência corrosiva, a deliberação perigosamente veloz da água tanto bate até que forma o recesso daquilo que ela nos obriga a ouvir. O que se encaixa no espaço em branco forma outra margem. Uma modéstia, uma castidade que vem do despedaçamento de um inglês puro que vem de um livro despedaçado. Pré-desvio, pós-festa, com espaço deixado para a discórdia, no discurso espiralado da discórdia, esfiapado como o advento e a servidão contratual e a indentação ceciliana do soneto, uma sonata, mais e menos, para celebrar seu feriado religioso, sua missa, seu serviço público.

CONTRA A GESTÃO

masculinidade preguiçosa

> A máquina de trabalho combinada [...] é tanto mais perfeita quanto mais contínuo for seu processo total.
> — *Karl Marx*

> Acabamos decidindo filmar as duas versões. Mas acabei fazendo só do meu jeito mesmo.[81]
> — *Melvin Van Peebles*

A Capstone

Havia uma disciplina chamada *Capstone* na Faculdade de Administração de Singapura. Era um curso de fim de graduação, para o quarto ano. A turma era composta de estudantes de administração, contabilidade, economia e, em menor número, ciências sociais. O curso introduzia a turma ao pensamento nas humanidades, mas, de maneira um tanto paradoxal, apenas no último ano. A ideia tomada

---

81 N. da T.: Van Peebles, aqui, fala sobre a produção do filme *Watermelon man* [A noite em que o Sol brilhou], em que Jeff Gerber, um vendedor de seguros branco — e racista —, acorda, num terrivelmente belo dia, negro por conta de uma metamorfose. A primeira versão do roteiro do filme, escrita por Herman Raucher e aprovada pela Columbia Pictures, terminava a história com o protagonista voltando a ser branco; na verdade, descobrindo que apenas vivera um longo pesadelo. Van Peebles, contratado porque a Columbia queria um diretor negro, apresentou uma alternativa em que Jeff permanecia negro e aceitava sua negridade. Por conta das divergências, um acordo foi feito para que as duas versões fossem filmadas, mas Van Peebles filmou apenas a sua.

como premissa era a de que pensar com esses textos daria a oportunidade para que aquelas pessoas refletissem sobre seus quatro anos na universidade, para que pensassem nos caminhos que logo iriam trilhar. A ementa incluía figuras como Marx, Freud e Fanon, junto de pensadores e artistas de nosso tempo como Kuo Pao Kun, de Singapura, ou Arundhati Roy, da Índia. Era tudo novidade para a turma, mas o pessoal parecia curtir.

De fato, no final do curso, nossa experiência tinha sido tão incrível que era tentador dar notas à turma inteira que refletissem seu entusiasmo e esforço. Porém, isso não podia acontecer. O instrutor se deparava com uma restrição, a "sugestão" de uma forma de distribuir notas que, na verdade, obrigava a adoção de uma curva gaussiana.[82] Por isso, a única coisa a se fazer era ensinar a história dessa forma de avaliação às pessoas que estavam prestes a ser submetidas a ela. Na prática, pela imposição da famigerada curva, docentes podiam apenas, no máximo, dar a nota máxima para 35% da turma. Alguém poderia até argumentar que, sendo estudantes de último ano, essas pessoas teriam alcançado um nível de competência que justificaria uma quantidade maior de notas máximas, e que isso refletiria o esforço bem-sucedido feito ao longo de quatro anos para educá-las. No entanto, isso era irrelevante. A ideia era que estudantes nunca seriam competentes. Sempre haveria espaço para o aprimoramento — um aprimoramento contínuo, aliás. Mas também não era bem assim. Há casos em que, de fato, estudantes têm sua competência reconhecida. Quando essas pessoas são apresentadas aos seus empregadores, são apresentadas como altamente competentes. E quando são

---

[82] N. da T.: Curva gaussiana ou curva normal. No inglês, "bell curve". Em escolas e universidades, é um método de distribuição de notas em que estas formam, graficamente, um sino; a maioria das notas (as medianas) se encontra no meio e a minoria (as melhores e as piores) nas extremidades. Assim, cria-se uma imagem da turma como se fosse sempre constituída de três tipos de estudantes, categorizados de acordo com sua performance e, portanto, o desenvolvimento de suas capacidades, mesmo quando a distribuição gaussiana é forçada pelos avaliadores, mesmo quando é feito por meio de um algoritmo, como testemunhou Stefano em Singapura. Assim, é mais do que um método de distribuição; revela toda uma forma de conceber a educação, de produzir um sentido meritocrático e distorcido de educação.

aprovadas para entrar na universidade, são aceitas como as melhores e mais brilhantes. São reais esses momentos. Só que também é real o momento da atribuição de notas. Essa oscilação – entre a celebração e a avaliação – é contínua na carreira universitária. Ela forma o meio em que se dá a vida cotidiana na universidade. Estudantes vivem com todos esses pôsteres ao seu redor mostrando outras pessoas que conquistaram de tudo – fotos de estudantes que conseguiram bons empregos em empresas de contabilidade, e que seguiram suas carreiras paralelas no ciclismo ou tocando bateria; ou de estudantes nadando com golfinhos no tempo livre de algum estágio cobiçado na área de serviços financeiros. Essa exaltação é algo que o próprio corpo discente deve abraçar e incorporar. Cursos sobre Liderança, Negócios, e mesmo o *Capstone*, são feitos para alimentar esse *eu* elevado.

No entanto, isso é apenas parte do que a Faculdade de Administração considera sua "proposta de valor". Estudantes devem também se submeter a uma avaliação constante de seu valor. Essas pessoas devem ser medidas e qualificadas de maneira competitiva, concorrendo entre si e contra seus *eus* do futuro. E, por mais que elas entrem nessa competição todas confiantes de que serão nomeadas como as mais talentosas de Singapura, há algo inevitavelmente degradante nas avaliações pelas quais passam, na atribuição de valores para cada uma delas, na valoração à qual são submetidas. Seus esforços são transformados em números, os números são agregados e ranqueados e, como todo mundo que já recebeu um pedido de revisão de nota sabe, o resultado disso será uma mistura neurótica de *hýbris* e constrangimento. Só que não é de fato um resultado. Na verdade, é uma proposta de valor. É a promessa de um valor futuro, e o valor do valor só existe em meio a uma escassez artificial imposta e posta em prática pela distribuição gaussiana e sua norma meritocrática. Além disso, essa proposta de valor permanece sempre não comprovada, sempre inacabada, portanto, é sempre uma proposta imprópria, até mesmo indecente. O que está sendo oferecido são estudantes que passam tanto por uma elevação quanto por uma degradação e que, mais do que tudo, são competentes em sua oscilação entre os extremos. São pessoas capazes de liderar e servir. Elas corporificam a expressão do mundo dos negócios "Proposta Única de Vendas" — PUV. Trata-se da oferta, para quem compra, da oportunidade de fazer uma aquisição singular, ainda que todo mundo possa fazer o mesmo. Mas essa compra bem pouco singular vem com a capacidade de revisar o preço de maneira constante.

Normalmente, na *Capstone*, instrutores e estudantes podiam até sentir que o curso estava indo bem, que estavam criando novas formas de pensar sobre os textos e filmes ou sobre sua situação comum. Mas, quando chega o momento da avaliação, a universidade força a individuação desse sentimento, ou melhor, força essa individuação por meio da divisão em grupos: estudantes nota dez, nota cinco etc. E o problema não é só o fato de as pessoas serem forçadas a encaixar nesses moldes. Estudantes querem essas notas — as boas notas — porque essa valoração significa um nível de acesso ao seu lado mais elevado, como supostamente foi apresentado em sala de aula. É claro, esse lado só se mostra no e como o complemento degradado da nota, a versão individuada, reduzida do que todo mundo teve em comum, algo que é acessado por meio do desejo de acesso. A questão não é que o acesso em si seja mera subserviência ou submissão às demandas logísticas. Ele tem a ver, precisamente, com essa oscilação barganhada, uma entrega à valoração para fins de desvalorização, à promessa de uma abundância de acesso. A instrução voltada à criatividade e à criticidade estava ali a serviço mesmo desse duplo convite.

Instrutores se submetem à universidade qualificando e desqualificando ao longo da curva, dando consentimento à reivindicação de acesso ao que está debaixo da superfície. O corpo discente, por sua vez, se submete à empresa, desejando a (des)qualificação que o transforma em boas propostas de valor, ganhando acesso a esse tipo de coisa em uma troca desigual, em que oferecem acesso à criatividade e à criticidade recém-adquiridas, à competência recém-conquistada em liderar e servir. Algo partilhado em sala de aula, não importa o quê, faz disso tudo possível. Se esse algo foi necessariamente deformado no endireitamento requerido para o acesso, isso não quer dizer que estudantes — que é tudo que instrutores teriam pensado que *essas pessoas* eram e podiam ser — não deveriam tentar tomá-lo de volta.

O algoritmo

Quando instrutores tentavam atribuir um excesso de notas altas, o escritório da reitoria enviava uma "solicitação" de "moderação". Mas não era preciso ter qualquer trabalho para atender a esse pedido. Bastava entrar no sistema e clicar na aba "moderar notas". O algoritmo fazia o resto. Não é a primeira vez, e certamente não será a última, que essas pessoas serão avaliadas por um algoritmo. No ato de dar e aceitar as notas, instrutores e estudantes concordam em fracionar o que foi partilhado na sala de aula em porções menores. Concordam em dividir, em reduzir tudo aos incentivos de criatividade e criticidade, aos esforços para alcançar singularidade e autenticidade. A turma foi individualizada, enumerada, desmaterializada, submetida a paradoxos da teoria de conjuntos. As pessoas com as notas mais altas darão um passo adiante, sendo elevadas, enquanto o resto será exortado a melhorar, a reagir afirmando sua subjetividade para conseguir uma nota melhor na próxima. Quanto mais contribuírem com a individuação da turma, quanto mais for possível identificar — de maneira individual — as pessoas com o que rolou coletivamente no curso, melhores serão as notas. Essa *reação subjetiva* é provocada pela medição contínua. Essa reação é uma volta, um recuo. E é algo que tem sido submetido à aceleração [*speed-up*], que ocorre quando o algoritmo é posto para trabalhar, quando o capitalismo logístico entra em ação, quando o aprimoramento contínuo e a gestão de qualidade total acionam a oscilação entre celebração e avaliação, entre elevação e constrangimento. A demanda repetida por acesso, o contínuo roubo de nossos meios, que se dá de maneira mais enfática quando eles são transformados em fins fantasmáticos, requer a reafirmação constante de nossa individualidade, em especial porque é essa individualidade que vendemos para que suas partes ainda em funcionamento sejam reutilizadas. Ou seja, é nossa personalidade ou o que supomos ser nossa subjetividade que é vendida para ser acessada de quantas maneiras for possível. A reação subjetiva é a única forma de receber algum pagamento. Em termos clássicos, o revezamento na reação subjetiva entre elevação e constrangimento opera em confronto com o fato de que as verdades mais altas que a mente deseja devem ser entregues por meio das faculdades mais básicas, as da sensibilidade. O conceito de corpo é pensado como mediador, organizando a experiência sensual em unidades que possam ser contadas, ter uma média extraída delas, higienizadas. Algo dessa reação subjetiva clássica/burguesa pode operar de modo reconhecível no instrutor e na estudante, mas, em geral, essas pessoas estão apenas tentando se manter no controle, tentando se juntar e produzir diferença no enxame diverso do conforto, em face e pelas costas das demandas logísticas.

Essa produção da reação subjetiva é a desmaterialização e a individuação da logisticalidade, *algo efetivado pela logística*. Nossos esforços críticos e criativos na sala de aula, assim como nossa distribuição de notas, são parte dessa desmaterialização e se submetem às demandas logísticas, não porque essas coisas não começam bem, mas porque não terminam nada bem. *Elas terminam com meios degradados*. Uma desmaterialização dessas tem suas raízes profundas na tradição ocidental da postulação de um sujeito e de sua mente. Mas, em nossos dias, ela se encontra em operação de maneira mais frenética e (in)visível no capitalismo logístico, alimentada pelo algoritmo. A logística de hoje nos mobiliza e dispõe em rede como nunca antes. Ela nos afirma enquanto meios como nunca antes. Ela libera acesso em todo lugar e em todas as coisas. Ao mesmo tempo, degrada esses meios e o acesso ao conduzir tudo a uma finalidade única mediante a valoração. Essa finalidade é o mais-valor: roubado, acumulado, regulamentado. Ao explorar nossos meios inestimáveis para tal, a logística também confronta o que chamamos logisticalidade, nossa capacidade de nos tornarmos meios para eles mesmos, na incompletude destituída de *eu*, não-mapeada, ilógica. De fato, podemos interpretar a ascensão da logística e da reação subjetiva que por ela é incentivada e instruída como uma série de tentativas de regulamentar nossa logisticalidade. Esta última, por sua vez, é mais do que uma contralogística, um ir contra a logística. É o meio de nossa movimentação, nosso movimento como meio. A logística visa impor uma posição, uma direção, um fluxo ao nosso movimento, movimento browniano, nossa caminhada aleatória, nossa errância vagabunda, tudo isso para nos prender àquela oscilação, àquele andar neurótico de um lado para o outro. A logística quer nos posicionar, quer que tomemos uma posição, para que possamos fortalecer e colonizar. Ainda assim, ela própria nos mantém em movimento mesmo que de sua maneira degradada. É assim que o algoritmo nos põe para trabalhar.

Gestão de operações

Estudantes da *Capstone* estavam no lugar certo para tentar estudar esse trabalho do algoritmo. A turma leu Marx falando sobre alienação, e depois sobre os sentidos — sobre como eles podem se tornar teoréticos em sua práxis. Leu Marx falando sobre como a natureza perde sua mera utilidade ao se tornar algo de uso humano, ao se tornar inteiramente um meio. A logística, no entanto, exige que utilizemos nossos meios ao invés de os praticar (sensualmente, cuidadosamente), de praticar como eles. Nossos sentidos têm sido, desde muito tempo, entendidos como meios para o conhecimento, poucas vezes como meios sociais sem fins — o que não significa tomá-los como fins em si mesmos, mas, ao invés disso, como meios em sua destituição de si; não como produtores de teoria que operam por conta própria, mas como participantes de um rito que não é propriedade de ninguém, que é partilhado em uma jurisgeneratividade. Esta tem seu fazer e desfazer dados em um modo geral de despesa que se situa do outro lado da filosofia contida no direito. Por um lado, a logística intensifica as oportunidades de vivermos uma vida sensual coletiva que é imediatamente material em seus meios, sendo ela mesma o seu próprio meio. Mas, por outro, ela quer desmaterializar nossos meios, abstraí-los e submetê-los a conceitos — o conceito de valoração, o conceito de lucro.

De forma mais imediata, a logística quer submeter nossos meios ao conceito de fluxo. A turma podia muito bem ter estudado Marx para encontrar esse *insight* também. Ele previu que o "fluxo contínuo" na produção capitalista se tornaria, cada vez mais, o foco dos esforços para aumentar a produtividade, que contribuiria cada vez mais para o lucro. Porém, ainda que a *Capstone* não tenha estudado essas previsões, Marx foi tomado e desmaterializado, na faculdade de administração, pela disciplina de gestão de operações. Olhando para essa gestão de uma maneira que ela não veria a si mesma, podemos dizer que se trata de uma ciência capitalista que estuda a relação entre capital variável e constante *em movimento*. Essa disciplina se entende como ciência da produção fabril, em especial da linha de montagem, e de maneira ainda mais específica do que poderíamos chamar — repetindo Marx e, de um jeito diferente, Raymond Williams — "o fluxo da linha". Com isso, queremos falar do fato de que, na gestão de operações, a atenção não se volta para trabalhadores e máquinas, nem mesmo para a relação entre essas coisas. Enquanto outras ciências administrativas focam no capital variável, como no estudo do comportamento organizacional, ou no capital constante, como na contabilidade, o que caracteriza a gestão de operações é a atenção a certo tipo de movimento. Não à linha de montagem, mas ao movimento dela no fluxo. A gestão de operações foca em trabalhadores e máquinas na medida que aparecem nesse fluxo da linha de montagem para *fazer* com que ele *flua*. Dito de outro modo, o fluxo da linha faz a mediação da relação entre trabalhadores e máquinas, e determina — em vez de ser determinada por — as proporções de capital variável e constante.

Para a gestão de operações, a relação entre humano e máquina nada significa por si só. Os gerentes não se importam. Já a relação entre humano/máquina e o fluxo da linha, em especial o movimento desse fluxo, é tudo. Ou seja, a atenção ao processo e, o que é mais recente, ao aprimoramento contínuo desse processo é o objeto real de estudo na gestão de operações. Esta organiza o trabalho morto e o trabalho vivo não apenas no fluxo da linha, mas os direciona visando a qualidade desse fluxo, focando no processo e não na mercadoria. Não se julga uma máquina ou uma pessoa de maneira independente, apenas pelo modo como estão a serviço do fluxo, na submissão ao processo. O aumento de qualidade na gestão, apesar de sua retórica, não tem a ver com mercadorias, mas com processos. A mercadoria — em especial a que Marx nos ensina que é a primeira de todas, a saber, *a classe trabalhadora*, que, sob regimes posteriores de gestão de operações, será forçada à mesma reação subjetiva que sobrecarrega e sobredetermina a turma da *Capstone* — de fato é irrelevante. Com o aprimoramento contínuo, ficará mais claro do que nunca que a classe trabalhadora — como todas as outras mercadorias, como todas as outras coisas — será desonrada e descartada pelo bem do fluxo. A mercadoria, a coisa e a pessoa que trabalha não são nem meios nem fins. O fim é o lucro e o meio é o fluxo contínuo. O produto, a coisa, a mercadoria falante, e mesmo o poder ou valor ou significado que carrega, não passa de um complemento desse processo.

Em sua franca indiferença com relação à classe trabalhadora, à máquina, e mesmo ao produto, a gestão de operações se situa à parte dos discursos de outras práticas administrativas. Não queremos dizer com isso que essa gestão é de alguma forma mais honesta no que diz respeito às relações de trabalho capitalistas, mas que ela oferece um ponto de vista a partir do qual podemos vislumbrar uma indiferença maior, que pode muito bem alimentar a fantasia de um mundo sem trabalho, sem fricção, livre. Vemos algo bem diferente no fato de que a gestão de recursos humanos ou o behaviorismo organizacional devem investir no que poderíamos chamar de capital humano, não importa se esse investimento seja parecido com o incentivo que, na sala de aula, damos a estudantes para que se expressem — em outras palavras, parte essencial de uma desmaterialização que faz o fluxo trabalhar e o trabalho fluir. No entanto, mesmo essas outras disciplinas carregam a máscara desse fluxo. Na disciplina de estratégia administrativa, o líder é exaltado, enquanto sua cara-metade — a disciplina de tomada de decisões — implanta algoritmos que expõem a liderança como reação subjetiva ao fluxo. A gestão de operações se diferencia apenas no sentido de que ela surgiu sem mediações desse tipo.

Qualidade

O surgimento da gestão de operações — como é o caso em todas as outras disciplinas da administração — remete à luta de classes, embora a história popular de sua origem esconda esse princípio inaugural. De acordo com essa narrativa, recitada em manuais didáticos e no jornalismo das publicações da área, a ameaça crescente da "competitividade" japonesa e o que viria a ser chamado de "toyotismo" levaram as mentes americanas a focar na importância da qualidade e da consistência de bens altamente duráveis. Esse aumento de "qualidade" na Ásia, de forma bem implausível, é atribuído a consultores de negócios dos Estados Unidos. Essa história popular é tão ridícula que até mesmo historiadores da administração, nada dados ao dissenso radical, são incapazes de tolerá-la. Apesar disso, ano após ano, desde 1951, o Prêmio Deming, que reconhece contribuições extraordinárias no campo da Gestão da Qualidade Total, continua sendo entregue com tão pouca ironia quanto o Nobel da Paz, e com recompensas ainda maiores. O prêmio reconhece tanto organizações como indivíduos por seus esforços na chamada Gestão da Qualidade Total, que era apenas "qualidade" na época em que ele surgiu. A própria criação do prêmio foi parte essencial dos esforços de consultores de negócios importados dos EUA, liderados pelo próprio W. Edwards Deming, na promoção do controle de qualidade dos negócios japoneses pós-guerra. A narrativa usual tem seu início com esses consultores. Diz-se que eles foram capazes de abrir caminho através da cultura coletivista japonesa no momento mesmo em que as relações industriais pós-guerra nos EUA eram caracterizadas, como dizem, por um coletivismo parecido, herdado do New Deal, e isso por conta de seus compromissos com a negociação coletiva e os acordos de produtividade. No começo da década de 1950, Deming e seus colegas introduziram técnicas de gestão de qualidade no Japão cujo objetivo era criar trabalhadores *individuais* responsáveis pelo bom funcionamento de suas partes na linha de montagem — em outras palavras, pelo fluxo da linha. Havia dois componentes nessa responsabilidade. O primeiro era a redução de erros que viessem a afetar a qualidade do produto. Para isso, era preciso responsabilizar pessoas individualmente por esses erros. O segundo era o aprimoramento ou a aceleração do fluxo. O que a gestão de qualidade tentava fazer era individualizar a aceleração, tornando-a uma responsabilidade individual. Boa parte disso viria com a descoletivização da resistência à aceleração. O resultado foi capturar os trabalhadores na oscilação entre se submeter à linha, ao fluxo, e afirmar sua individuação como forma de controle de qualidade. O fluxo seguiu sendo uma força para além do controle deles, porém, ao invés de responder com uma força igualmente coletiva, eles passaram a ser individualmente responsáveis por sua resposta, o que produzia otimização e submissão ao mesmo tempo.

Apesar da pressão de Deming e outros supervisores americanos sobre trabalhadores japoneses, a produtividade no país, ao contrário do que diz a narrativa, não melhorou em nada nos anos seguintes. No entanto, o experimento ter fracassado como ferramenta de produtividade não quer dizer que falhou como ferramenta de gestão, empregada em um momento de intensificação das greves e da solidariedade entre trabalhadores que caracterizou o Japão da década de 1950. Enquanto isso, os americanos, que ainda gerenciavam o país de forma indireta, optavam pela estratégia industrial consolidada nos EUA: intervenção estatal e distorção do mercado. Primeiro, exigiram que todos os seus Estados-clientes asiáticos, herdados dos britânicos, dos franceses e dos holandeses, passassem a dar um tratamento preferencial aos importados japoneses, mesmo que isso prejudicasse os produtos americanos. Depois, com o início da guerra na Coréia, os americanos puseram a indústria japonesa cada vez mais em um regime de guerra, atendendo, assim, a demanda de sua beligerância imperial. Como consequência, a economia japonesa decolou na direção de seu milagre pós-guerra e, com a mesma distorção aplicada depois, por meio da Guerra do Vietnã, acabou se tornando uma lenda. Deming e companhia não tiveram nada comprovadamente a ver com esse milagre. Apenas estavam no lugar certo e na hora certa quando os negócios americanos precisaram de sua própria "solução de produtividade".

Se o aumento da produtividade industrial no Japão é essencialmente fictício, o mesmo vale para a ascensão da qualidade. As crises do petróleo em 1973 e 79 — parte de uma complexa luta de classes nas regiões produtoras de petróleo, como nos ensina o coletivo Midnight Notes — não coincidem com essa qualidade mais alta, mais confiável, dos bens duráveis japoneses que, supostamente, foram resultado de um milagre de gestão, mas com os carros mais baratos e mais eficientes no consumo de combustíveis. Esses carros surgiram em meio a outra luta de classes, não sem relação com a que ocorria nos campos petrolíferos. Aqui podemos retomar o fio da gestão de operações, em particular o do "controle de qualidade" e seu caráter dissimulado de arma de classe. Pois, apesar de não haver evidências de que a gestão total de qualidade tenha sido de alguma forma responsável pelo milagre japonês, ela foi uma ferramenta útil para disciplinar a insurgência coletivista de trabalhadores no Japão. Além disso, na década de 1970, com o colapso definitivo dos acordos de produtividade nos EUA, em meio às greves selvagens e ao surgimento de organizações como a Liga dos Trabalhadores Negros Revolucionários na indústria automotiva de Detroit, gestores americanos estavam procurando por uma nova forma de controle. É aqui que, enfim, a fracassada teoria de Deming e companhia — polida pelo crescimento, por razões muito diferentes, da competição com as indústrias de carros, eletrônicos e máquinas japonesas — teve seu momento de glória.

Kaizen na América

Kaizen significa "aprimoramento" em japonês e chinês. O termo, usado na gestão de operações nas fábricas de carros japonesas, designava não apenas o aprimoramento, mas o aprimoramento contínuo, incessante, como responsabilidade de cada pessoa trabalhando no fluxo. Com o advento da "filosofia" *kaizen*, surge também o conceito de otimização desse fluxo como forma de disciplinar trabalhadores. E a otimização da disciplina se dá precisamente na impossibilidade de otimização do fluxo — nunca sendo bom o suficiente, pode-se submeter trabalhadores, de maneira constante, a esse déficit, corporificado e internalizado em uma mecânica interminável de valoração e avaliação. Como afirma Masaaki Imai, responsável pela popularização do termo no mundo anglófono, "kaizen significa o aprimoramento contínuo por todos, todos os dias, em todo lugar". A ascensão do *kaizen* significava não mais seguir em busca do que Frederick Taylor chamava de "a melhor maneira de todas". Toda medida — que nos mostrava que tínhamos encontrado essa maneira e finalizado o trabalho — seria substituída pela métrica, alimentada pelo algoritmo. Com o *kaizen*, seria possível dizer que a valoração passou do produto para o processo. Um produto tem um valor passível de medição em um mercado de formação de preços. Um processo tem um valor que pode ser lido apenas de modo temporário. Esse valor é contingente, fazendo dele próprio, dessa forma, um processo. É por isso que um produto financeiro pode ser chamado, com maior precisão, de processo financeiro — seu valor depende de uma métrica em curso, ou melhor, seu valor nunca se estabiliza por conta dessa métrica, por conta do aprimoramento contínuo e da aceleração da métrica. A métrica, aqui, é um tipo de mecânica pós-clássica, e seu distanciamento de toda questão fundamental sobre a *natureza do valor* faz dela um instrumento acriticamente poderoso para a política econômica clássica e sua metafísica subjacente do valor. Essa métrica quântica também se baseia, em parte, em um princípio de incerteza nomeado "eficiência". Nada pode ser considerado eficiente sem que se questione sua eficiência. A gestão de operações volta sua atenção para longe da eficiência medida pelo lucro que a mercadoria oferece, e foca na eficiência do processo, eficiência como processo, medida apenas de forma momentânea. O aprimoramento contínuo significa que toda eficiência se torna ineficiente assim que alguém a mede. De maneira gradual, a medição se torna ela mesma ineficiente e é substituída por métricas, uma medição relativa que faz do fluxo uma referência para poder especular sobre ele, usando o algoritmo. O objetivo é que a linha de fluxo supere a si mesma em termos de performance; ou, dito de outra forma, com a aplicação do *kaizen*, o objetivo é e varia de acordo com a própria especulação sobre o fluxo, e não sobre sua produtividade.

É claro, há muito tempo tem existido um impulso nas empresas capitalistas voltado ao mais-valor relativo, e há mais tempo ainda tem ocorrido uma pressão por eficiência por meio da competição capitalista. Mas, com o *kaizen*, a atenção ao fluxo da linha em sua autonomia se torna soberana, e a eficiência é separada de qualquer forma de competição passível de medição, de quaisquer mecanismos de mercado. O aprimoramento contínuo torna as finanças especulativas possíveis. *Kaizen* não apenas é anterior à entrada contemporânea das finanças especulativas nas fábricas, como também, de modo crucial, foi um meio de conectar essas finanças à (mecânica clássica da) produtividade da linha de montagem. Agora, o próprio fluxo da linha representa um potencial. A linha de montagem ou, melhor dizendo, seu fluxo, se tornou especulativo. A contabilidade se desloca para incluir métricas voltadas a essa linha especulativa, e as finanças entram com toda a força. Tudo é vendido (e alugado de volta), exceto a especulação do fluxo. As empresas (e, posteriormente, até mesmo os bancos) se tornaram ocas nesse processo, mas não inteiramente vazias. Não se trata, como se diz às vezes, de as empresas se tornarem vítimas da financeirização. Pelo contrário, o *kaizen* torna a especulação financeira possível. O que resta na empresa depois da financeirização é a especulação em cima do fluxo. Os termos usados para essa especulação foram "competências organizacionais essenciais" ou então a infame "vantagem competitiva", e, em nossos dias, temos "proposta de valor". Todos esses conceitos da administração surgiram para assinalar que a equipe administrativa de uma empresa tem um método para aprimorar o fluxo da linha de montagem, em qualquer tipo de montagem, para extrair mais valor da classe trabalhadora ao intensificar o acesso a ela. O motivo para o investimento nas recém-criadas empresas baseadas em recursos não é o fato de elas possuírem certos ativos, ou produzirem certas mercadorias, mas de que elas, assim como sua administração, demonstram uma capacidade de aprimorar o fluxo da linha de maneira contínua, e isso mediante o acesso mais profundo às pessoas que nela trabalham, seja por meio de tecnologias, seja por meio de uma cultura do trabalho que alcança cada aspecto de suas vidas. Com o *kaizen*, os próprios meios de produção entram, como resultado disso, no reino da especulação. Hoje, essa lógica culmina nas empresas de capital privado que, com toda indiferença, compram, desmontam e remontam não os negócios, mas os *processos empresariais*, ou pelo menos é o que dizem.

Qualidade e brutalidade

Essa é apenas uma parte da história. Isso porque, é claro, o aprimoramento sempre foi especulativo, e a especulação — apesar da retórica de nossos tempos — sempre disse respeito, não importa quão sorrateiramente, às possibilidades de baratear o trabalho ou acelerar as máquinas, fosse a capacidade de um fazendeiro aprimorar sua terra ou a capacidade da mulher escravizada em exceder sua indenização. É nesse contexto que falamos do usufruto como a reunião de dois tipos de aprimoramento — o do *eu* e o da propriedade no século dezoito e no começo do dezenove. Quando Hegel fala do usufruto, nos *Princípios da Filosofia do Direito*, como um encontro de duas vontades na mesma propriedade, ele acaba de concluir sua discussão sobre a escravidão; assim, embora ele discuta o usufruto sem mencionar a propriedade humana, é impossível ler essa passagem sem tomá-la como sendo não apenas essencial para o entendimento que ele tem da relação necessária entre a lei e o Estado moderno, mas também como algo que emana de uma relação igualmente necessária entre o problema do aprimoramento e a dialética do senhor e do escravo, que estrutura e condiciona *A fenomenologia do espírito*. Nem a filosofia moderna, nem o sujeito moderno, nem o Estado moderno podem se livrar desse jogo entre servidão e aprimoramento. O usufruto não é só trabalhar a terra de outra pessoa, mas trabalhar um outro, algo que se faz para e no interior de um *eu* que passa, por conta disso, a ser trabalhado enquanto trabalha. E as vontades em conflito na questão do aprimoramento são impulsionadas pelo acúmulo racial e sexual do capitalismo, assim como por suas demonstrações de uma vontade que emite a si mesma formando um vínculo. Portanto, o usufruto implica a inserção da vontade que aprimora a si na coisa e a afirmação violadora de uma vontade necessariamente debilitada como algo intrínseco a essa coisa. Nesse sentido, uma pessoa pode ser transformada em coisa apenas na medida em que ela é, antes de tudo, uma pessoa. A humanidade das pessoas escravizadas não é apenas necessariamente violada nesse processo; ela é, como Hartman nos ensina, simplesmente necessária. A desumanização segue a humanização, não é simplesmente algo que nega a humanidade no fluxo de brutalidade que arrasta o homem em direção ao seu destino político-econômico.

O próprio usufruto nunca pode chegar ao seu fim, sempre havendo mais uma propriedade ou corpo onde seria necessário inserir uma vontade supostamente autônoma, capaz de aprimoramento de si, a fim de aprimorar a coisa. Essa especulação sobre a linha que resulta do *kaizen* — a descoletivização e a individuação brutal da linha, que é, ao mesmo tempo, uma demanda sociopatológica de acesso às pessoas individuadas no trabalho — tem sua origem nas fazendas de trabalho escravo que produziam algodão nos Estados Unidos e açúcar nas Índias Ocidentais e na América do Sul, como mostra, com clareza, a historiografia negra da escravidão. Turmas [*gangs*] de pessoas escravizadas eram espalhadas ao longo de uma linha de plantações de algodão ou de cana de açúcar e forçadas a se aprimorar de modo contínuo; qualquer cooperação entre elas era punida de forma brutal, e punida de maneira ainda mais severa do que o seria o fracasso no aprimoramento, precisamente pelo fato de que a cooperação provoca uma disrupção da aritmética simplista e individuante que fornece a base até mesmo para as métricas mais sofisticadas e exóticas do ponto de vista matemático. Nos campos, não havia uma reação subjetiva em jogo, em especial porque era recusada pelas pessoas escravizadas, mesmo sem nunca ter sido oferecida. De fato, eventualmente, as pessoas que reivindicavam a nadidade, em oposição às que se preocupam demais com a voluntariedade foram forçadas a uma individualidade sobrecarregada.[83] Resta a ironia brutal: o fato de que a reação subjetiva, o acesso conquistado a duras penas ao ser-acessado quando a libertação toma um sentido liberal, é uma recusa da abertura que a gestão e a administração roubam e preenchem por nossa conta e risco. Essa abertura, essa nadidade, essa vulnerabilidade, essa afetabilidade, essa acessibilidade inacessível que partilhamos — isso é tudo o que temos.

Logística

O império do algodão e do açúcar não apenas abrigou esses primeiros experimentos diabólicos na quebra da coletividade na linha e na inserção e afirmação de vontades, mas também nos deu um vislumbre antecipado do que seria uma cadeia integrada de abastecimento global. Consideremos a criação e o deslocamento ou embarcamento das pessoas escravizadas para o Sul e para o Oeste a partir das plantações em Tidewater ou Piedmont, ou para o interior partindo do Caribe ou da costa do Pacífico colombiano, com o intuito de avançar o trabalho rural por meio da especulação sobre o trabalho imposto mediante tortura e métrica; e os fardos de algodão e os barris de melaço postos em navios em Nova Orleans ou Bridgetown, cobertos por seguradoras em Londres, enviados para o mercado atacadista de Liverpool ou

---

83 N. da T.: Referência ao livro de Saidiya Hartman, *Scenes of subjection*. O termo "individualidade sobrecarregada" (*burdened individuality*) é criado para falar da indissociabilidade entre a liberdade que veio com a abolição da escravidão e uma outra liberdade, um ser livre de recursos, livre para se vender, para entrar no mercado de trabalho assalariado já carregando uma dívida. A formação do indivíduo a partir dessa dupla liberdade forçaria uma espécie de fardo econômico, moral e existencial para a população negra nos EUA, algo a ser carregado, como diria Denise, na forma de uma dívida impagável.

para as destilarias em Massachusetts; tudo isso são conexões em uma cadeia de valor global criada por banqueiros, donos de *plantations* e traficantes de pessoas escravizadas. Mas é apenas em nossos dias que essa cadeia de abastecimento se torna plenamente integrada com o fluxo da linha *no interior* das fábricas. Mais ou menos no mesmo período em que a gestão de operações alcança o entendimento do *kaizen* e da valoração do fluxo da linha nele mesmo — ela também repensava a linearidade e a finitude da linha. É nesse ponto que uma nova subdisciplina da gestão de operações se estabelece de maneira firme como disciplina acadêmica rigorosa nas faculdades de administração: a logística. É claro, ela já existia como prática desde o tempo em que cercos, inovações e fortalezas se tornaram assuntos militares. Comida, água, armas e pessoas tinham de ser transportadas e conservadas para que qualquer estratégia de guerra se sustentasse. O tráfico africano e transatlântico de pessoas escravizadas representou a grande e monstruosa introdução da logística de massa para fins comerciais e não militares ou estatais. Ele se tornou o laboratório macabro para experimentos de acesso aos meios singulares de trabalho e sexo, manufatura de mundo e subjetivação. Muito se seguiria disso, incluindo projetos de infraestrutura para circulação de pessoas, bens e informações, e também, claro, para mais deslocamentos, peonagem e migrações em massa na imposição brutal mobilizada contra povos indígenas, assim como a própria ideia e prática de uma indigeneidade da lei do genocídio e do geocídio. Toda essa logística não somente carrega a marca registrada do "continente de origem" no tráfico de pessoas escravizadas, mas, com o usufruto, o aprimoramento do fluxo se tornaria indistinguível da racialização. A brancura, como origem da racialização e seu resíduo, em que o acesso é imposição e submissão na proteção e na determinação de si — ao invés de uma prática da incompletude —, é o aprimoramento de si do fluxo. A negridade se torna o que já era antes: a interrupção prévia, a sabotagem porvir, a incapacidade de expirar no fluxo como a capacidade de fazer da respiração um meio, em nome da ampliação dos meios.

Pouco surpreende, então, o fato de que, quando a ideia moderna de economia faz sua aparição, como nos ensina Timothy Mitchell, a disciplina entre em cena acorrentada a uma ciência racial. Ele nos lembra de como o economista americano Irving Fisher, aquele que inaugurou a disciplina ao construir o primeiro modelo de sua "economia" independente, não era acidentalmente racista e eugenista, mas necessariamente. A teoria de Fisher era de que a economia seria o estudo do dinheiro e do que chamamos agora de capital humano. Ambos poderiam ser aprimorados (e, portanto, alvo de especulação), mas a "degeneração racial" significava, para ele, que algumas pessoas não tinham uma compreensão do futuro. As raças degeneradas não tinham, portanto, desejo ou capacidade de se aprimorar. Elas teriam de ter sua utilidade maximizada por outras pessoas, por meio do usufruto.

Capitalismo logístico

Quando a gestão de operações se junta à economia como ciência do aprimoramento e da especulação, a conteinerização, as cadeias expandidas de valor da produção global e os mercados transformam o estudo desse fluxo em uma obsessão central com o *quem* e o *que* gera e degenera. O resultado disso é que a gestão de operações passa a ver o que estava se movendo *para dentro e para fora* da fábrica como extensão do fluxo da linha presente em seu *interior*. Prestar atenção a essas extensões pode servir para aprimorar o fluxo dentro da fábrica. A logística, a logística reversa, a comunidade de usuários e o marketing de relacionamento são vistos atualmente como partes de um processo contínuo que pode ser continuamente aprimorado antes que os *inputs* cheguem à fábrica, por todo o período em que são transformados na fábrica, e depois que saem da fábrica como *outputs*. Essas extensões servem para o aprimoramento do processo ao se levar em consideração o modo como o movimento e a condição de matérias-primas, ou o uso, a reinvenção e o *feedback* de consumidores podem levar a um aprimoramento contínuo adicional da linha. Em outros termos, a gestão de operações se enxerga como responsável por todos os circuitos do capital e não apenas pela produção. O fluxo transborda para além das portas da fábrica e inunda o mundo, submergindo seus corpos políticos.

Esse gerenciamento e essa integração vertical para frente e para trás da cadeia de valor foram alcançados por meio da métrica e do algoritmo. A logística tem sido, há bastante tempo, um campo para experimentações algorítmicas focadas no chamado "problema do caixeiro-viajante", que se ocupa da determinação da rota mais eficiente, e do "problema do viajante canadense", que se ocupa das adaptações mais eficientes ao longo da rota. O que teóricos da logística tentaram encontrar no algoritmo foi o recálculo contínuo — métrica, e não medida. A evolução do algoritmo na logística tende em direção à eliminação do "agente controlador" — trabalho vivo — e, com isso, à eliminação do "tempo humano", como se gosta de falar na literatura logística. Nas fantasias da teoria da logística, insinuadas no discurso sobre a "internet das coisas", em que uma desumanização generalizada — antecipada pela humanização — é imaginada, as coisas desenvolvem uma plasticidade em resposta às mudanças no ambiente, transformando a si mesmas sem intervenção do trabalho vivo. Tanto os desenvolvimentos materiais da logística quanto as intervenções imateriais da teoria da logística geram consequências para as elaborações — mais ou menos conscientes — filosóficas e científicas que têm suas condições de possibilidade enquadradas pelo algoritmo metódico em operação e pelo trabalho metodológico do algoritmo no pensamento.

Lá pela década de 1980 — quando a logística e as métricas de performance expandem e dispersam os interesses da fábrica, conectando o fluxo de sua linha de produção para além das fronteiras nebulosas entre *input* e *output* —, a gestão de operações já havia "abandonado a fábrica" e levado o *kaizen* junto. E, o que é mais importante, a gestão de operações e a logística contribuíram para que a administração empresarial enxergasse o modo como a linha podia fluir e transbordar para tudo quanto é canto. Desafiando a regulação e a contenção que a linearidade estrita implica, a linha de montagem não desapareceu, mas se tornou onipresente. Hoje em dia, é um plano de fluxo, uma planície de inundação, uma dispersão inédita de imposições soberanas e das reações subjetivas que as acompanham de maneira colateral. Uma comunicabilidade generalizada e incalculável é virtualizada como comunicação total, conectividade total. Esse é o esforço algorítmico do capital para desmaterializar, conceituar e regular um comunismo essencial, essencialmente sensual; essa é a determinação que o capital tem de conquistar o acesso total aos meios de viver para além dos meios. O que está em jogo é a dupla operação da degradação dos meios que o algoritmo busca e busca regular.

Trabalho sináptico

Esses dois deslocamentos na gestão de operações — a logística e o *kaizen* —, tomados juntos como um fenômeno contemporâneo, e em suas longas, entrelaçadas trajetórias históricas, levam a um entendimento distinto acerca do que é extraído hoje do trabalho. Em lugar de exibir o poder do trabalho individual, trabalhadores devem manifestar um trabalho sináptico, uma capacidade de composição dada no ter-sido-entrado, por assim dizer, no fluxo da montagem sob comando. E o comando é dado com cada mensagem de e-mail, com cada texto ou post. As pessoas são instanciadas e convocadas como dados e como unidade sintática ao mesmo tempo. Esse é o capitalismo logístico. Nele, o que recebe valor é o trabalho direcionado ao aprimoramento do fluxo, que flui para toda parte e sobre todo mundo. Trabalhadores — se é que esse é o termo correto para as pessoas convocadas para a montagem ou solicitadas a operacionalizar essas linhas infinitas e não-lineares de montagem — devem conectar o fluxo enquanto o aprimoram, passar adiante os dados enquanto os melhoram, aumentam e corporificam, entrar em uma zona afetiva dada enquanto oferecem passagem para uma nova zona, ler o que lhes é enviado enquanto também comentam o que enviam. A linguagem da gestão de operações é a linguagem do trabalho sináptico em operação. Seus termos se tornaram os termos de nosso senso comum: tempo de provisionamento, flexibilidade, disponibilidade, recursos, agendamento, alocação de recursos. O trabalho sináptico se conecta em todo lugar, traduz absolutamente tudo, e temos que inventar nossa própria "teoria das filas" para o fluxo de linhas que correm em toda direção, como um oceano. As próprias pessoas trabalhadoras se tornam responsáveis pelas formas de condicionamento que transmitem e conservam sua capacidade de prestar contas. A importância da mercadoria pouco importa quando comparada à da qualidade do fluxo ao longo do qual ela viaja, que é a infraestrutura produzida e tornada melhor e mais resiliente pela classe trabalhadora.

O que é produzido é uma linha cuja dispersão como fluxo é também seu estreitamento e encarceramento, enquanto fantasias métricas sobre o aprimoramento contínuo do fluxo são impostas em uma demanda generalizada que sufoca, constrange e individua a especulação. Nesses momentos de asfixiamento policiado, trabalhadores correm o risco de se tornar o que o trabalho nunca foi antes: submisso e inanimado. De fato, por meio da individuação, a formação subjetiva e a construção de identidade *são* essa submissão especulativa, em que o sujeito individual tende ao seu próprio desaparecimento em um heroísmo que serve apenas à rede. Tal especulação leva, de maneira inevitável, à fantasia última: e se a classe trabalhadora puder criar um fluxo (transbordante) de linha que já não tem mais necessidade dela? E se criássemos um fluxo que aprimorasse a si mesmo?

Isso seria o equivalente a um capitalismo da autovaloração, bem-sucedido em seu impulso suicida e assassino de se livrar do trabalho. O fluxo especulativo, desdobrando-se e juntando-se a mais e mais de nós no seu ritmo de aprimoramento contínuo, nos conduz a essa fantasia, fantasia que acabamos performando — ou, de maneira mais precisa, que performamos de maneira aprimorada — na morte social.

Inovação disruptiva é o termo usado na ciência administrativa — em especial no ramo da estratégia empresarial — para designar um evento *kaizen* no campo social. Esse evento é uma virada inesperada no fluxo da linha, ou um *insight* surpreendente sobre esse fluxo que passa a ser integrado como aprimoramento. Como aponta Marina Vishmidt, de maneira astuta, no contexto da arte contemporânea, esse tipo de disrupção das linhas de montagem não distingue entre o fluxo e quem o reproduz.[84] Chamam-nos de "coisas" e nos convocam para agirmos como ágeis caixeiros canadenses cheios de vontade inovadora em um Grande Norte Branco que se tornou global. Em tudo quanto é canto sofremos uma degradação em nossa solidão comum, enquanto nos elogiam por nossa produção forçada de novas teorias da conexão. A vida social é submetida às métricas que buscam e valorizam a disrupção como aprimoramento e o aprimoramento como a única métrica, fazendo com que qualquer descanso dessa vida social — que chamamos, com Valentina Desideri, de nossa conservação militante, a fermentação de nossos desejos — fique sujeito à violência por ser tomado como algo antissocial. Assim, devemos dissimular a fim de conseguirmos renovar nossos hábitos assembleísticos para podermos respirar na amplitude de nossos meios. A vida sensual, comunal, emerge na hapticalidade das pessoas convocadas a montar esse fluxo, aquelas que dissimulam esse fluxo em sua assembleia renovada, fugindo pelo subterrâneo, em excesso e de forma

---

84 Marina VISHMIDT, *Speculation as a mode of production: forms of value subjectivity in art and capital* (London, Haymarket Books, 2019).

subcomum. Esse é o efeito incontrolavelmente improvisacional de uma comunicabilidade geral e material, comunicabilidade que recusa a virtualização que produz seus companheiros de viagem acidentais e infelizes. Essa comunicabilidade viva, poética, estabelece outras linhas que ela mesmo excede, surfando nos vagões, atravessando fora da faixa, ou ficando em casa em uma transmutação subdoméstica, ante-logística.

A negridade e o inseto

O recuo subjetivo-reativo nunca produzirá a recusa, a sabotagem e a opacidade plenas que (o fim d)o capitalismo exige. Embora seja uma reação à degradação dos meios, ela mesma, em sua individuação, é uma reação degradada. O que o trabalho sináptico de fato começa a deixar claro para nós é que cada formação subjetiva — ou cada identidade individual desmaterializada a partir da ecologia geral e generativa do trabalho social sob o capitalismo logístico — já está, desde sempre, presa a uma corrente de valor que reúne cérebro, mente, identidade e sujeito. Considere, por exemplo, como a própria corporificação da própria ideia do exemplo considerado, Gregor Samsa, um caixeiro-viajante que acorda uma manhã e descobre — seu corpo tendo sido acessado de forma tão completa pelo fluxo que ele não pode mais se mover nele, ou se passar por sua corporificação, ou aceitar sua passagem por ele, ou fomentar seu aprimoramento — que é um inseto. Nesse sentido, ele é a apoteose da resistência individual na derrota individual. Ele não pode aderir à monstruosidade da perda de seu corpo, embora essa fosse a única maneira de bloquear esse acesso, de encontrar uma saída do ou uma distância em relação ao itinerário, de evitar ser endireitado por alguém no fluxo. Sua dureza significa que ele pode se mover apenas de maneira imprópria para seus parentes, correndo a passos curtos, arrastando a monstruosidade que ele é, mas que não pode possuir ou controlar. Em vez de ser protegido por essa dureza, por esse movimento não-endireitado, a única coisa que ele pensa, assim como sua família, é que a monstruosidade que não é ele e que não é dele deve ser desmaterializada. Gregor, o sujeito, deve retornar, para viajar e vender, ou então para morrer. Agora, considere o quase-inconsiderável Jeff Gerber [*A noite em que o Sol brilhou*], um vendedor de seguros que, no caminho para o trabalho, decide correr contra o ônibus — melhorando a eficiência de sua rota por iniciativa própria — por sua vizinhança branca e suburbana. Um dia, esse moleque racista acorda negro. Ele acorda negro e perde tudo e continua vivo e reivindica seus direitos (ao blues, aos Panteras). Ele dissimula e, decidindo não seguir o fluxo, e nem resistir sozinho por meio de uma performance de dignidade frágil e individual, procura por gente como ele, renova a assembleia, participa da vida social negra. Não é que ele estivesse passando adiante, ou que estivesse passando mais do que qualquer outro branco vendendo seguros, a questão é que toda uma eternidade da passagem — cujo rugido remixado meio que soa como *¡No pasarán!* — entra em erupção por meio de suas falsas escolhas e preconceitos brutais, transbordando a faixa única de sua mente simplória, solitária.

Quando lemos Franz Kafka com nossas turmas, estamos sempre perguntando por Melvin Van Peebles. No lugar de incitar a criatividade e a criticidade na produção de um *eu* cognoscente na esteira da catástrofe, tentamos ver como o que mata Gregor é o acesso brutal e suas inserções e afirmações, e não a negação dada em carne mole, concha dura, movimento irregular, tudo isso que instancia o que Spillers chamou de uma disponibilidade empática, reivindicada, infernal. O que mantém Jeff vivo é o fato de que ele não volta atrás, mas corre em direção a um partido para a absolutamente necessária autodefesa, sua negridade — que não é sua, mas que ele reivindica — sendo, precisamente, a opacidade ante-ôntica e subontológica que o capitalismo logístico não consegue atravessar e nem deixar passar.

As pessoas para quem damos aula precisam passar de semestre, devem ser passadas adiante. E isso nos faz pensar que deve haver algo para além da passagem. Pensar na passagem sugere que a logística, que o capitalismo logístico está tentando nos endireitar de maneira constante, para que passemos adiante, para que ele passe por nós, o que talvez dê no mesmo. Temos que fazer sempre alguma coisa pelo capitalismo logístico. Temos que agir por ele, por meio dele; continuar passando precisamente porque a monstruosidade é anterior, porque a logística está sempre tentando nos manter nessa oscilação entre o endireitamento e o retorno, em uma contrassubjetividade reativa, nos prender a esses sujeitos que devemos ser e querer ser, ao invés de nos deixar mover no e como esse desvio generalizado de uma incoerência sensual, o modo de estudo em que o conhecimento de si é deserdado. A logística sabe que endireitar um desvio não significa sua eliminação, mas sua captura em uma métrica, sua alocação em um itinerário de otimização sem fim, como um movimento nervoso para frente e para trás em um segmento escalar, de modo que ele se volte ou invista contra a anarquia da desviância, fazendo, assim, com que se torne algo dotado de valor. A retidão da logística se dá desse jeito metricamente degradado. Aí reside sua capacidade assassina, sua recusa em lidar com a curvatura, sua negligência fiscalizadora; também sua tendência ao desperdício, seu contínuo perder tudo em sua inveterada captura de tudo.

Como produzir uma distorção monstruosa, um efeito chicote que se espalhe pelo fluxo? Como pode a hapticalidade trair a criticidade, aquele imperativo brutal, délfico-oracular de "conhecer a si"? Como podemos nos unir e intensificar uma greve geral contra o cálculo, contra a valoração? Uma greve assim não seria um evento, seria mais como a emergência de uma condição geral de exaustão e de uma generatividade radicalmente impura. Seria um golpe todo torto, com um bastão curvo e ondulado, arranjado no meio da fuga que é descanso negro, deposicional, aformativo. Como pode nosso estudo viver na carne como uma recusa (fora de si) da mente, no breque do fluxo? Bem, vamos redirecionar Kafka, fazê-lo passar por uma passagem de Spillers, e ver se podemos recusar a adaptação.

A monstruosidade não-reivindicada do caixeiro-viajante

Esta passagem é nosso caminho, nossa guia, nossa propulsão:

> Portanto o feminino, nessa ordem das coisas, invade a imaginação com uma plenitude de força que marca tanto uma negação quanto uma "ilegitimidade". Por causa dessa negação peculiar americana, o homem negro corporifica a única comunidade masculina, no país, que teve a oportunidade específica de aprender *quem* é a mulher dentro de si, a criança que carrega a vida contra uma aposta possivelmente fatídica, contra as possibilidades de pulverização e assassinato, incluindo o dela própria. É a herança da *mãe* que o homem afro-americano deve reconquistar como aspecto de sua pessoalidade — o poder do "sim" à "mulher" interior.
>
> Esse texto cultural distinto reconfigura, de fato, no discurso ordenado de forma histórica, certas potencialidades representacionais para as pessoas afro-americanas: 1) a maternidade como rito feminino de sangue é ultrajada, negada, ao mesmo tempo que se torna um termo fundacional para

que algo humano e social seja posto em ato; 2) uma dupla paternidade é posta em movimento, composta pelo nome e pelo corpo *banidos* do pai africano, e pela presença zombeteira do pai que escravizou. Nesse jogo paradoxal, somente a mulher permanece *na carne*, sendo mãe e despossuída de mãe ao mesmo tempo. Essa problematização do gênero a joga, a meu ver, para fora do simbolismo tradicional do gênero feminino, e nossa tarefa consiste em criar um lugar para esse outro sujeito social. Para isso, interessa menos a adesão à feminilidade generificada e mais a conquista do território *insurgente* como sujeito social mulher. No fim das contas, ao reivindicar, de fato, a monstruosidade (de uma mulher com o potencial de "nomear") que a cultura lhe impõe, "Sapphire" pode reescrever um texto radicalmente outro para o empoderamento feminino.[85]

E a seguinte nota de nosso advogado, Oscar Zeta Acosta, é nossa estação de descanso/da via-crúcis:

> Ainda é preciso que alguém responda pelas vidas sufocadas das pessoas que lutam, forçadas a seguir adiante, acorrentadas a uma guerra pela Liberdade como as escravizadas estão acorrentadas aos seus senhores. Alguém ainda vai ter que pagar pelo fato de que tive de abandonar amizades para me manter humano, inteiro, para sobreviver intacto, para levar a espécie adiante, minha própria corrida do búfalo, pelo tempo que puder.[86]

Agora, podemos ler (com) alguns trechos das cartas de Kafka à sua noiva, Felice Bauer:

> Escreverei novamente, ainda hoje, por mais que tenha de resolver um monte de coisas e escrever um conto que veio a mim enquanto estava na cama, em minha miséria, e que tem me oprimido com a intensidade mais íntima.[87]

---

85 Hortense SPILLERS, "Mama's baby, Papa's maybe: an american grammar book," em *Diacritics*, n. 17 (2), 1987, p. 64-81; ed. bras.: "Bebê da mamãe, talvez do papai: uma gramática estadunidense", em *Pensamento negro radical: antologia de ensaios* (São Paulo: Crocodilo Edições e n-1 Edições, 2021).
86 Oscar Zeta ACOSTA, *The Revolt of the Cockroach People* (Nova Iorque, Vintage, 1989).
87 Franz KAFKA, *Letters to Felice*, trad. James Stern e Elizabeth Duckworth (Nova Iorque, Shocken Books, 1973), p. 47.

Porém, o herói da história também teve um dia péssimo, e, ainda assim, trata-se apenas da última volta de seu infortúnio, que está por se tornar, no momento, algo permanente.[88]

Mas não se entristeça com isso, pois quem sabe, quanto mais escrevo, quanto mais liberto a mim mesmo, mais limpo e digno de você me torno, ainda que, sem dúvida alguma, reste muito de mim para jogar fora, e as noites nunca poderão bastar para esse empreendimento que, aliás, é altamente libidinoso.[89]

Meu conto podia certamente ficar pronto amanhã, mas terei de sair às 6 da noite; chego em Reichenberg às 10, vou para Kratzau às 7 da manhã seguinte para me apresentar ao tribunal.[90]

As cartas foram escritas em novembro de 1912, enquanto Kafka escrevia *A metamorfose*, um processo/produto (julgamento/sentença) que, uma década mais tarde, ele descreveria como uma indiscrição. Kafka se preocupa, de maneira profunda, com a logística da escrita, com o modo apropriado de entrega, e também com o cronograma apropriado para a construção ou composição do texto. *A metamorfose* teria sido mais bem escrito, ele diz, sem as interrupções, as paradas e os recomeços; se a linha pudesse ter sido mais direta. Tudo é filtrado pelas ansiedades que se mostram no imperativo de aprimoramento, de otimização. Essa história dos problemas de um caixeiro-viajante acaba surgindo de e como uma variação do problema do caixeiro-viajante — sobre o qual falaremos em exatamente um minuto. A ineficiência deixa um resíduo permanente, uma mancha, uma libidinosidade que demarca, ao mesmo tempo, o decaimento e a incompletude e uma extracompletude radical, uma monstruosidade metastática ou anteestática, uma falha octaviobutleriana que também se mostra uma doçura indescritível, uma vulnerabilidade juditebutleriana que é também

---

88 Ibid., November 23, 1912. Carta de 23 de novembro de 1912.
89 Ibid., November 24, 1912. Carta de 24 de novembro de 1912.
90 Ibid., Sunday [November 24, 1912], after lunch. Carta de Domingo, 24 de novembro de 1912 (ele escreve duas cartas no mesmo dia).

uma força incomensurável. Estamos compelidos a dizer que Kafka não pode reivindicar sua monstruosidade para si, mas queremos dizer também que sua obra faz com que a monstruosidade possa nos reivindicar para ela.

Na interseção de modos de investigação que incluem ciência da computação teórica, teoria da complexidade computacional e otimização combinatória, encontramos algo chamado problema do caixeiro-viajante. O problema é: dada uma lista de cidades e as distâncias entre cada par de cidades, qual é a menor rota possível para visitar cada uma, apenas uma vez, e retornar para a cidade de origem? A primeira formulação matemática do problema foi oferecida por W. R. Hamilton, matemático irlandês, depois refinada na década de 1930, e popularizada nos campos que mencionamos nas décadas de 50 e 60. Ele ainda rende muitos debates na matemática e nas ciências da natureza, mas, antes de sua formulação matemática, antes da formalização, era um problema para homens de negócios, formulado por e para eles, no contexto de narrativas de *Bildung* — de avaliação de si por meio de uma imagem, de aprimoramento dado em e como um tipo de capacidade de enquadramento, na interseção entre manufatura e imaginação. E é aqui, no fim das contas, que a otimização e a especiação, a gestão e a racialização convergem, e essa convergência nos é apresentada ainda em 1832, em um livro chamado *Der Handlungsreisende – wie er sein soll und was er zu thun hat, um Aufträge zu erhalten und eines glücklichen Erfolgs in seinen Geschäften gewiß zu sein – von einem alten Commis-Voyageur* (O caixeiro-viajante — como ele deve ser e o que deve fazer para receber encomendas e ter a certeza do sucesso em seus negócios — por um velho caixeiro-viajante). Aprimoramento e otimização de si implicam uma história, e nela a escada para o sucesso é também a escada para o infortúnio. A subida e a descida de Gregor são inseparáveis uma da outra e das de Kafka, no movimento que, no interior de sua escrita, vai de suas histórias para a história dele. De todo modo, oferecendo um suplemento humilde à lista de precursores de Kafka feita por Jorge Luis Borges, queremos argumentar que *A metamorfose* é a formalização kafkiana do problema do caixeiro-viajante, que emerge em uma investigação acerca do desabrigo profundo, existencial. Pois não há mais como chegar em casa a partir do momento em que se embarca em uma viagem de negócios que tem como objetivo assegurar a própria casa. Não há propriamente retorno porque a casa não está lá, e porque, de qualquer forma, quem parte nunca é quem volta, e porque, de maneira ainda mais profunda, quem parte nunca foi *um* em primeiro lugar. Não há retorno; pode-se apenas voltar a/se transformar em sua própria monstruosidade, no meio de seu constantemente ser contrariada, esse constante se voltar contra a monstruosidade sendo a própria definição, em sentido técnico, daquilo que a palavra "casa" nomeia. O problema do caixeiro-viajante é que ele não tem como voltar para casa. Um dos jeitos de descrever *A metamorfose* é dizer que nos presenteia com a necessidade e a impossibilidade de reivindicar o desabrigo, essa monstruosidade. É uma indiscrição que desvela a indiscrição geral contra a qual o aprimoramento fracassa brutalmente, violentamente.

Um outro jeito seria dizer que a monstruosidade é o aprimoramento que deu errado, não desde o início, mas antes dele. E se a ideia mesma de posse sobre o corpo é imposta, junto da própria ideia que se tem do corpo, só que, em seguida, levada embora por quem vai aprimorá-la, dar a ela um uso melhor e, assim, estabelecer uma reivindicação indiscutível de propriedade? A propriedade só pode ser provada, só pode ser demonstrada em uma transferência como essa, em que o que é possuído é estabelecido como um monstro, como a corporificação (fracassada) do desestabelecimento monstruoso. Aprimorado por ter sido degradado, surge um ente subordinado, dado na e como a especiação, que se constitui prova da ideia mesma de propriedade. Uma monstruosidade que é dada como uma generatividade mais ou menos incontrolável, como um perigo profundo, um problema metamórfico, sempre inacabado, sempre em decaimento, nunca completo, sempre simultaneamente mais e menos que um, só pode mesmo ser (des)possuída. Mas será que essa condição — que, em um primeiro momento, parece beneficiar o simultâneo ser feito/desfeito, algo ao qual podemos aspirar na medida precisa em que já está em nós — é mantida em cativeiro, de maneira imprecisa, no lugar onde a purificação é tocada pela degradação? Kafka quer ser puro e quer ser livre, mas deve sofrer a inconstância da escrita para chegar a essa condição — de uma escrita que, para sermos mais precisos, está preocupada com a inconstância, com os desvios e atrasos, uma escrita que não é sem fim, mas que, ao invés disso, é mantida, de maneira brutal, em um terminal infinito, infinitamente subdividido, ainda que limitado. Existe alguma maneira de a escrita interminável — que é, ao mesmo tempo, uma escrita fechada — encontrar e reivindicar uma abertura, que seria, por necessidade, uma ferida? Nós achamos que é essa a questão que Gilles Deleuze e Félix Guattari se colocavam por meio do conceito de *menor*, ou, mais precisamente, por meio da atividade ou força (Kafka a chamava, de maneira ambivalente, de libidinosidade) da menorização, que pode ser considerada em sua continuidade com a monstrificação e a especiação. É como ter uma maçã incorporada às suas costas. Como se você se tornasse não apenas mais e menos do que *um*, mas também se tornasse, ali onde o decaimento e a geração se encontram, um tipo de solo.[91] No interior dessa indiscrição, temos um símbolo que sugere a indiscrição geral. Como pode a otimização ser alcançada por meio de representações do não-otimizado, sendo elas mesmas produzidas sob condições profundamente não-otimizadas, por meio de métodos extremamente não-otimizados? Tem o lado B disso tudo: como pode a resistência radical à otimização ser modelada, por assim dizer, por quem tem sua monstruosidade dada no ter-se-submetido da maneira mais enfática e íntima à otimização? De forma mais precisa, a monstruosidade, aqui, torna-se benéfica para quem tem a recusa à otimização forçada como condição de sua própria existência. Tal monstruosidade seria o melhor dos não-ter-mundos possíveis.

Então, o que aconteceria se pensássemos a monstruosidade de Gregor — monstruosidade dada no problema do caixeiro-viajante, esse desalojamento específico — como uma domesticidade impossível e particular dada em/como carne negra feminina? Spillers discute a necessidade, cuja violência é mais + menos divina, de reivindicar a monstruosidade que se mostra no que ela chama de roubo ou perda do corpo, da capacidade ou do direito de, como Salamon diz, assumir um corpo, enquanto Acosta dá atenção à vida social insurgente que é dada em algo que é meio que uma recusa comum da (tentativa de) compensação por essa condição; vida que, por meio dessa recusa, deve ser pensada como perda *e* descoberta *e* revolta. A questão

---

91 Ou: pense nisso como ter uma maçã incorporada às suas costas. É como se você não apenas se tornasse mais e menos do que um, mas, também, como se, aqui, onde a expansão e a degeneração se unem, você se tornasse *hardware*.

primária que nos tem movido é: e se Gregor não era, e não era porque não podia ser, e isso por conta de sua monstruosidade; e se ele não era (o único) *um*? E se, ao invés de recusar ser uma barata, ele estava recusando ser uma barata sem um povo? Não é uma questão de identificação pela via da metáfora: tipo, e se houver outras pessoas que, por meio da especiação, perderam a capacidade de ter um corpo? A pergunta é, na verdade, e se houver uma vida social comum dada em uma modalidade diversa de reivindicações da monstruosidade, no/como protesto compartilhado, em uma demonstração prática do que passa além do visível e, por isso mesmo, também na interioridade individual? Isso nos exigiria um novo entendimento acerca das origens e condições de precipitação da monstruosidade. E se a perversão ou a perversidade de Gregor não fosse solitária e nem mesmo algo dele? E se fosse algo que, de alguma forma, se projetava para fora desse sistema fechado dado na relação entre otimização e propriedade, ou, mais precisamente, e se fosse algum tipo de farfalhar sob um lençol cobrindo o sofá, uma intimação de um tipo indigente de indigeneidade, uma monstruosidade anindígena que precede sua produção-no-aprimoramento, uma negridade incessantemente demonstrativa que não pode ser provada ou aprimorada? O que está em jogo, aqui, é a questão acerca da incompletude geral do processo, que é diferente de uma noção plenamente concebida de processo, que deve, de alguma forma, substituir e deslocar a incompletude ao fazer dela o oposto do produto e nada mais. Isso diz respeito à radicalização do processo, uma ativação de sua capacidade de se esquivar da gestão. Talvez, aqui, possamos imaginar a metamorfose em sua diferença em relação ao — ou como a radicalização do — processo; dito de outro, podemos pensar a resistência da *Verwandlung* [metamorfose] contra a *Verwaltung* [gestão]. Isso diz respeito não apenas à oficiosidade agressiva do patrão de Gregor, mas também à onipresença da gestão em sua vida, algo que a deixa desalojada e, eventualmente, invivível. No interior desse regime, a valorização que se imagina, de forma esperançosa, como libertadora, em que o processo é forçado contra e para cima do produto, não está disponível. Novamente, um produto tem um valor mensurável. Um processo tem um valor que pode ser lido apenas de modo temporário. Ele precisa de uma métrica que possa acompanhá-lo, ou seja, capturá-lo em uma união fatal com o produto dentro de uma metafísica comercial da produtividade. A gestão de operações, em sua manifestação precoce sofrida por Gregor, volta sua atenção não para a eficiência medida a partir do lucro concretizado na mercadoria, mas para a eficiência do processo, medida apenas no momento, mas de maneira constante, no gerenciamento e na integração vertical para frente e para trás das cadeias de valor, tudo isso conquistado por meio das métricas, de forma algorítmica. Mais uma vez, o que teóricos da logística queriam com o algoritmo era o recálculo contínuo, métrica e não medida; e, mais uma vez, na geração evolutiva e genética dos algoritmos, eles acreditam ter se livrado de vez do que chamam de "agente controlador" — trabalho vivo — e, além disso, do "erro humano". A eliminação da errância tem um longo histórico, tão longo quanto o da postulação do homem em sua perfeição e o do aprimoramento de quem é nada além do homem em sua degradação, tanto pressuposta como imposta.

Essa capacidade de pensar e representar a incapacidade de repelir a errância no humano, de regular e administrar a falha inumana e negra é o que nos faz querer pensar Van Peebles — e seu ante-herói Jeff Gerber — como precursor desse Kafka que apresentamos aqui, que oferece uma imagem da condição anti-heróica de Gregor como sendo, em parte, uma incapacidade de reivindicar certa monstruosidade, uma adesão no lugar de uma resistência a ou uma recusa ao acesso total. Será que existe alguma diferença entre Gregor e essa masculinidade confiante, quase raivosamente preguiçosa[92], em que um homem acorda e descobre que *não é* na medida em que é negro, cuja negridade ele tentava antes apaziguar em um regime extenuante de aprimoramento contínuo, de modo que Gerber se revela alguém que estava ali passando adiante o tempo todo? Esse negro preguiçoso — cujo aprimoramento de si parece desmoronar sob seu próprio peso, como se ele tivesse suado, de maneira literal, até desfazer toda sua maquiagem, toda sua capacidade de seguir (produzindo a si para seguir) compensando por alguma coisa, dada na e como uma *whiteface* que praticamente nos provoca com seu ousado fracasso visual — não morre sozinho num quarto que já não é mais seu, e que nunca realmente foi seu. Não, ao invés disso, ele entra na socialidade negra, indo em direção ao blues com um drink na mão. Em nossa versão de *A metamorfose*, Gregor percebe que era um monstro desde sempre, reivindicando — ou seja, radicalizando —, dessa forma, o estatuto das pessoas embarcadas, comercializadas, em uma recusa e uma suspensão geral, uma greve geral contra o cálculo. O cérebro e(m) suas sinapses é apenas mais um conceito ruim, uma conceitualização brutal da carne aprisionada — feita por meio do corpo, de sua constituição espaço-temporal e da metafísica que o acompanha, uma metafísica do *eu* individual e possessivo em uma relacionalidade em rede. O que recebe valor é

---

92   N. da T: No original, "sapphirically watermelon mannishness", literalmente: uma masculinidade safiricamente de melancia. A escolha de tradução se deve ao histórico de uma caricatura racista feita para ridicularizar as pessoas negras que, depois da abolição, passaram a plantar e a vender melancias como forma de garantir sua autonomia financeira. As imagens que passaram a circular nesse sentido associavam o gosto pela melancia a uma vida preguiçosa, negligente, antítese da ética do trabalho assalariado que foi violentamente imposta às pessoas recém-emancipadas. Quanto ao "raivosamente" no lugar de um incompreensível "safiricamente", trata-se do mesmo tipo de violência: Sapphire Stevens era uma personagem de um programa de TV e rádio (*The Amos 'n' Andy Show*) que encarnava um estereótipo da mulher negra dona de casa como uma figura mandona, agressiva, controladora, emasculadora — seu marido Kingfish representava a outra figura, a do homem negro preguiçoso, estúpido, incapaz de conseguir um emprego. E toda a comédia girava em torno dos conflitos entre Sapphire e Kingfish, e o programa foi mantido mesmo com todas as críticas que recebeu por isso. Aqui, Moten e Harney retomam essas figuras para mostrar que não há nada de errado com a preguiça ou a raiva, nada de errado na suposta incapacidade de se encaixar nos modelos brancos de individualidade no capitalismo logístico.

o trabalho direcionado ao aprimoramento do fluxo, e, na fábrica social, o fluxo da linha pode seguir para qualquer lugar, e precisamos entrar em sua corrente.

Mas o que é essa economia histórica por meio da qual a negridade se torna o negro e o negro se torna o signo (um monstro, uma demonstração, uma visibilização) da negridade, em que esta deriva seu nome de seu signo, disso por meio do qual ela é anunciada? O signo opera sua mágica terrível precisamente do interior de um não-isolamento radical. Não se trata apenas do fato de que ele significa uma socialidade indisciplinada; ele efetivamente materializa e instancia essa socialidade. A ingovernabilidade dos membros de Gregor — como se ele tivesse sido presenteado com o dom estigmático da independência multilinear de um baterista polirritmicamente vibrante— é o modo como a carne demonstra a não-suposição do corpo, sua vigília háptica na ausência de fundamento, mesmo quando também indica a agitação que acompanha o ter-sido-reduzido ao eixo atmosférico do fluxo, ou a sua protuberância, no esforço constante de regular e vilipendiar a fricção afetiva. No quarto que não é mais e nunca foi seu, esse jogo entre acesso e ingovernabilidade indica que Gregor não está no mundo. E o modo como se dá esse ficar de fora e desalojado em casa, tal qual um métoikico, nos leva a pensar se ele esteve mesmo no mundo em algum momento, e nos leva a pensar sobre como é isso de ser no mundo, o que isso significa, o que é se envolver na mundanidade como otimização, como necessidade constante de aprimoramento. Será que Gregor se torna o que o aprimoramento o força a ser, ou será que retorna àquilo que o aprimoramento foi mandado aprimorar? Isso diz respeito à relação — entre administração e metamorfose, em que o aprimoramento é mobilizado tanto para induzir quanto para suprimir a mudança — que devemos não querer sermos capazes de recusar. Será que podemos abraçar tal imperfeição e seguir imperfeiçoando cada novo e velho colapso logístico? Será que podemos expandir e improvisar a partir da ineficiência radicalmente generativa e degenerativa da escrita de Kafka? Van Peebles nos ensina que esse fracasso, essa detonação contínua da *Capstone*, sempre vale a pena.

A FÉ NA BASE

A Terra se move contra o mundo. E hoje a resposta do mundo é clara. O mundo responde com fogo e inundações. Quanto mais a Terra se agita, mais cruel é a resposta do mundo. Mas a Terra ainda se move; Tonika Sealy Thompson poderia denominá-la procissão. A procissão da Terra não está no calendário do mundo. Não se trata de um desfile em um lugar destinado a esse tipo de coisa. Não é algo que faz parte da teleologia do mundo. Tampouco seria exato dizer que a procissão é um carnaval feito para zombar ou arruinar esse desfile, para tomar o seu lugar. Uma procissão se move sem ser movida pelo mundo. A procissão da Terra, em torno da qual todas as procissões se movem, desfila com orgulho na negridade do tempo. E os seres terrenos que se movem por aí, e se movem na procissão da Terra, movem-se, como diz Thompson, como as Irmãs da Boa Morte na Bahia, em seu próprio tempo fora do tempo. Deus é tão poderoso nessa procissão que Ele nem pode existir. Não porque esteja em toda parte da procissão, mas porque nós estamos. Nós somos a Terra em movimento, enegrecida e enegrecedora. Nós nos reviramos entre nós, nos retiramos de dentro da Terra, nos fazemos flutuar, afundamos tudo junto, despencamos em queda coletiva. Nós nos movemos nessa procissão terrena, vibrando com a base, mesmo quando sua batida alerta os socorristas do mundo. Esses socorristas são chamados de estrategistas. A estratégïa responde à constante erupção da Terra dentro e fora do mundo. A resposta assume a forma de um conceito sobre o qual a forma foi imposta, que é então imposta à informalidade terrena da vida.

Dizem que foi Alfred Sohn-Rethel quem primeiro descobriu como o conceito foi, nesse jogo entre formação e imposição, roubado para se tornar uma posse, sequestrado e abstraído, transformado em arma estratégica. Ele disse que a abstração da troca e, mais tarde, a abstração do dinheiro, nos levou a pensar a partir da suspensão do tempo e do espaço, da suspensão da materialidade, e isso leva à propriação do conceito. Mas Sohn-Rethel só consegue reconhecer o rastro desse roubo com o ladrão, o indivíduo já formado e pronto para o conceito estrategizado e imaterial, já formado e preparado por ele. Ele quer esse bandido morto. Nós queremos levá-lo para casa.

Queremos levá-lo para fora porque lá fora é lar. Nós nos sentimos em casa na agitação profética da Terra em movimento, na fuga circular, com a visitação em nossos olhos, o refúgio em nossas línguas. Essa é nossa comunhão profana com quem se mantém em movimento e não sai do lugar, com quem prefere ficar de fora antes mesmo que alguém venha expulsar. É por isso que os cães do inferno da estratégia estão em nosso encalço. Eles acham que farejaram nosso líder. Mas nosso líder não é *um*. Vamos chamar essa pessoa de Ali, como em *Profezia* de Pasolini. Ali dos olhos azuis. Pasolini pensou que ela viria na procissão provinda da África para ensinar Paris a amar, para ensinar Londres a ser fraterna, para marchar para o leste com as bandeiras vermelhas de Trotsky ao vento, ou algo do tipo. Mas ela nunca chegou porque fomos cantar em Palermo, jejuar no Alabama, meditar em Oaxaca. Então Ali se tornou Tan Malaka e fomos à festa, ao ensaio, ao grupo de estudos.

Desde que o capital testemunhou Lênin sendo mais eficiente, ele tem fugido da estratégia. Hoje em dia, quando o capital emprega um conceito, todo mundo deve comprá-lo, mas ninguém deve acreditar nele. O capital pode chamar isso de universalidade estratégica. Ou pode não chamar de nada, porque o capital não está preocupado com a dignidade ou a soberania do conceito. O conceito serviu ao seu propósito. Seu principal objetivo agora é ou sair do caminho da logística ou se tornar o seu meio de transmissão. Sua propriedade e seus compromissos proprietários o preparam para ser comprado e vendido em uma finura áspera e rarefeita. Os conceitos agora em circulação não são abstrações da ou feitas a partir da mercadoria; eles são mercadorias e não podem, em sua propriedade e forma proprietária, ser usados contra a forma-mercadoria. Sua forma é o ar que a mercadoria expele, conteinerizado, como unidades quase impalpáveis de exaustão. Eles são apenas outra estratégia. E a estratégia, embora não seja abstrata, também não tem peso algum, de fato. O que importa é a logística. A logística, e não a estratégia, é que fornece o imperativo. A estratégia apenas fornece o atrito. A logística move o conceito pelos circuitos do capital. O único argumento do mundo contra a Terra é de natureza logística. Vamos, temos que fazer isso; o movimento da Terra deve ser interrompido, ou contido, ou enfraquecido, ou acessado. Tudo que é terreno deve se tornar claro e transparente, responsável e produtivo, unificado na separação. Não se trata de implantar o conceito, estrategicamente ou de alguma outra forma, trata-se de força, conformidade forçada, comunicação forçada, conversibilidade forçada, tradução forçada, acesso forçado. O capital não discute, embora muita gente discuta com ele.

O capital simplesmente adora uma disrupção. Ele está fugindo da estratégia, correndo em direção à logística, correndo como logística, correndo para os braços do algoritmo, seu falso amante que se mantém fiel a ele. Tudo o que resta da estratégia é a liderança, o comando em que você se encontra depois que a logística assume o controle, quando a unidade se torna autônoma. Para o capital, a estratégia é apenas uma forma de nostalgia, ou a prova de que não há nada a temer dos inimigos que a adotam, a prova de que não são inimigos. Eles são os comandados, repetindo comandos. Eles chamam isso de política. Ali dos olhos azuis nunca esteve no comando. Ela é feita apenas de gente faminta. Ela é feita apenas de planos.

Em seu desejo de fazer com que o capital reivindicasse sua materialidade, Marx tomou a materialidade de Ali.

Tentou fazer dela uma líder. Mas a profecia de Ali era abarrotada demais, negra demais, atrasada demais, barulhenta demais. Submersos no capital, os seres terrenos enterraram a estratégia e a detonaram. Os socorristas nos disseram que precisamos aprender a agir de maneira mais estratégica. Eles disseram que aprenderemos a precisar de estratégia. Mas sabemos que a estratégia é o sistema de entrega dos conceitos, garantido e implantado. De fato, a própria estratégia é apenas um conceito no mundo, a abordagem universal. Mas nem mesmo o capital se importa. O capital só quer que as coisas funcionem sem problemas, ou seja, universalmente. É para isso que serve a disrupção, a liderança e a inovação aberta. O capital não teme a estratégia. Ele mal consegue se lembrar dela, da época dos conceitos mundanos. Marx transformou o capital em um conceito. Lênin viu nisso uma oportunidade. Assim, o capital aprendeu a ser material novamente. Não, o Capital não teme a estratégia. O Capital teme a procissão da Terra. Ali dos olhos santos negros de blues.

Deus tem de tudo, menos fé; é por isso que Ele exige a nossa de forma tão brutal. Ele olhou ao redor e Se sentiu tão solitário que criou um mundo para Si. Corretamente, Ele não acreditava em Si mesmo e, erroneamente, não acreditava em nós. Não éramos nem seres eternos nem parentais, apenas geradores e presentes, como uma onda. Em Seu caso, (sobre)ver não era acreditar. Uma incredulidade como a Dele exige certa iniciativa estratégica. Você já teve a sensação de que alguém está te vigiando? Bem, é apenas a propriedade de Deus, a polícia, aqueles que proclamam e executam Seu essencialismo estratégico. Eles têm algumas armas que bem se parecem com microfones. Às vezes, escrevem livros. Eles nos dizem o que precisamos. Muitas vezes, eles são nós. Neste momento, quase somos eles, mas vamos tentar reaparecer e desaparecer o mais rápido possível. É issaê, vamos dar uma sondada, vamos conversar sobre isso. Se você puder começar a falar conosco agora mesmo, ficaríamos gratos.

Nathaniel Mackey fala de uma predicação incessante — e se essa for a nossa existência, dada em e como uma prática de canto, uma liturgia incessante e incessantemente inventiva? Poderíamos chamar isso de historicização de um protocolo verídico, no qual a distinção entre falsidade e transformação, inverdade e diferenciação descontrolada tem sua sacralidade mantida. E não é nem mesmo algo vulgarmente temporal, como no modo em que ver aspectos, de acordo com a descrição de Ludwig Wittgenstein, implica uma linha do tempo — primeiro era um pato e depois um coelho. Há, na simultaneidade de "é um pato" e "é um coelho", um tipo de música. Ornette Coleman a chama de "uníssono harmônico", e podemos segui-lo e ao mesmo tempo nos desviar dele, mas dentro e através dele, chamando-a de uníssono anarmônico, uma inseparabilidade diferencial. Quando a essência larga a existência na beira da estrada, o que surge é uma solidão existencial. E se o problema do conceito for o problema da separação? Qual é a relação entre a separação conceitual e a individuação? O que está em jogo é a convergência entre corpo e conceito que é dada na estética transcendental. Disso se segue a individuação e a completude. Por outro lado, temos a matéria (en)cantada, (en)cantadora, a negridade cantarolada (onde a carne e a Terra convergem para além do planetário, na e como diferenciação não-particularizada). Não se trata de um retorno a alguma autenticidade pré-conceitual, e sim da constante aeração da matéria, de sua constante reviravolta, de sua exaustão e de sua sondagem exaustiva, de sua queda ascendente e essencialmente e existencialmente sensual. O problema é a separação do conceito e nosso subsequente envelopamento nele — essa terrível soberania do conceito e de suas várias representações hegemônicas. Será que a invenção da soberania exigiu o conceito ou o conceito já carregava o perigo das representações brutais da soberania?

Talvez o problema seja a separabilidade, a solidão autoimposta-na-soberania do conceito e de suas representações (como corporificação ou individuação ou sujeito ou *eu* ou Nação ou Estado). Como podemos nos certificar de que o conceito ainda tem algum peso? Como recusamos sua desmaterialização, mesmo se/quando essa desmaterialização parece ter permitido a produção de novos conhecimentos, de novos recursos críticos? Essa é uma pergunta explicitamente direcionada a Marx. Quando os sentidos se tornam teóricos em sua práxis, no comunismo, que está aqui, enterrado vivo, eles fazem perguntas para aquele que, de maneira brilhante, tanto mapeia quanto reinstancia a desmaterialização que o capital persegue ao separar a força de trabalho da carne da classe trabalhadora, ou ao separar o lucro dessa carne, esta que se encontra em um emaranhado irredutível com (a matéria da) Terra. Seria isso um exemplo de "pensamento estratégico"? Se assim for, então precisamos repensar a estratégia. Será que existe uma maneira de pensar a relação entre estratégia e improvisação que combine com a manutenção de uma diferença entre imediatismo e espontaneidade? Há uma velocidade deliberada de improvisação que não é simplesmente o recurso ao pré-conceitual. Talvez o que esteja em jogo seja a diferença entre movimento e *um* movimento ou *o* movimento.

Ou talvez o que esteja em jogo seja o rastro de perfume que foi liberado. Ele é alterado no ser-sensual, despurificado, ao ser respirado. Há uma socialização da essência que é dada na e como a própria socialidade, e talvez seja disso que Marx estivesse falando sob a rubrica da atividade sensual, mas talvez estejamos também remando contra a corrente de sua adesão a uma lógica e a uma metafísica da (individuação na) relação. Tudo isso faz com que a gente se pergunte qual é a diferença entre fé e estratégia. Quando dizemos diferença, aqui, o que realmente queremos dizer é carícia — como a estratégia e a fé se friccionam uma na outra em uma espécie de eclipse háptico, ou submersão auditiva, ou perturbação olfativa, ou desmaio gustativo da perspectiva geral. Nesse sentido, o essencialismo estratégico é algo como a parte homilética do banquete da alma ou, mais precisamente, o compartilhamento ana- e ani-carismático da função homilética na e pela congregação. Quando pregamos, quando ouvimos uma pregação, estamos pregando. É como aquela conferência dos pássaros — uma constante rematerialização e proliferação do conceito; uma constante socialização do conceito, e não algum tipo de decreto um tanto conveniente de algum tipo de autoproclamado consultor que se considera dotado do poder de uma perspectiva geral, um poder de supervisão e fiscalização. A captura e a redistribuição do essencialismo estratégico, exercidas pelo consultor, são ações solitárias e destituídas de fé. Ele exala a religiosidade soberana de quem não acredita em nada. Deixe-me dizer a você o que precisamos ou não precisamos, ele diz, sempre adotando uma postura mais rígida com você ao dizer "nós" com toda uma imposição pesada de um "eu/tu" — um boom carismático que, de alguma forma, desmente e confirma sua tristeza na desanimação em série de seus relacionamentos pessoais, algo que nos dá a sensação de um consolo tóxico, o consolo de ter alguém que supostamente sabe das coisas falando da gente, com a gente. Portanto, talvez seja apenas uma questão de saber de onde vem o essencialismo estratégico, o universalismo estratégico ou o conceito em geral. A predicação incessante carrega o ribombar do *boogie-woogie*, em que o sonho adiado se transforma em um encontro vitorioso. Aqui embaixo, no subsolo, onde o reino de Deus é derrubado e está fora de controle e passando de mão em mão, há um griô generalizado acontecendo. A estratégia Dele (e a de qualquer um de seus representantes, aqueles que deveriam estar nos representando, mas que não tem como fazer isso) está esgotada e cercada por nossos planos.

Há um movimento da Terra contra o mundo. Não é o movimento. Não é nem mesmo um movimento. É mais como o que Tonika chama de procissão, uma procissão de descida ao rio sagrado, uma procissão em preto, coberta de branco. A procissão da Terra balança conosco. Ela se move por meio de um cântico. Ela dá seus passos no caminho da base, ao modo do Tao dançante. Ela se curva diante das irmãs do pé bom, carregando flores dos jardins sem ternura de Calibã. A Terra está em movimento. Você não pode se juntar a ela vindo de fora. Você vem de baixo e cai de volta em sua superfície. Essa é a base sem alicerce, sua desorquestração empoeirada e aquosa em marcha, curvada, em fuga. Lá embaixo, onde tudo é verde, onde tudo é salgado, a Terra se move contra o mundo sob o disfarce da negridade, com seu inquérito pós-cognitivo e incognitivo feito à classe trabalhadora, a última estação de rádio tocada.

A Terra é um movimento local na desagregação do universal. Aqui está a porta para a Terra, sem retorno para casa, e quem passar por ela já está de volta, de volta do além, levado para o além, de forma caribenha. Pasolini disse que Ali dos olhos azuis atravessará a porta sobre o mar conduzindo os condenados da Terra. Ali dos olhos azuis. Mas não ensinaremos Paris a amar. Não podemos mostrar fraternidade a Londres. Ali pegou as bandeiras vermelhas de Trotsky e fez um negócio pra gente – um lenço, uma atadura, um beijo.

PLANTO-CRACIA E COMU-NISMO

Foucault apresenta suas "sugestões" para uma vida não-fascista em antecipação a um cuidado de si que ele podia muito bem ter visto como estratégia contra a produção do indivíduo.[93] Mas ele lança seu texto de autoajuda em um mundo de relações interpessoais, mundo que ele também documenta em sua explicação sobre a íntima ascensão do neoliberalismo. Outra maneira de dizer isso é que ele manda seu texto direto pra boca do despotismo democrático. O neoliberalismo nada mais era do que a conclusão da estratégia sulista, no refinamento feito por Nixon e seus asseclas. A estratégia sulista, é claro, nunca se limitou ao sul dos Estados Unidos. Tratava-se da hegemonia global dos plantocratas. Uma plantocracia global possibilitada pelo despotismo democrático. A esse respeito, a estratégia política de Nixon, nos Estados Unidos, é uma extensão da política externa dos irmãos Dulles, política que, por sua vez, foi um eco transnacional da repressão da "reconstrução negra na América".

O neoliberalismo selou o acordo global acerca do despotismo democrático. Como explica Du Bois, o despotismo democrático foi uma forma inovadora da linha racial

---

93   Esse capítulo começou na forma de um chamado-e-resposta com nossas amigas da BAK Wietske Mass e Maria Hlavajova. Para mais sobre o dividual derivado de maneira não-individual, ver Gerald RAUNIG, *Dividuum: machinic capitalism and molecular revolution*, trad. Aileen Derieg (Nova Iorque, Semiotext[e], 2016).

global. A classe trabalhadora seria designada como branca e receberia a oferta de cargos de representação no governo de cada país, em troca do alinhamento com as classes dominantes contra as pessoas racializadas dentro e fora das fronteiras de cada nação. Mas, ao ler Du Bois, vemos uma segunda dimensão dessa delegação, assegurando o acordo por meio de uma individuação prometida, embora sempre frustrada, para tais trabalhadores. Ou, em nossos dias, para esses donos de casa própria. Ou seja, o despotismo democrático também dizia respeito à democratização do despotismo. Chamamos essa democratização de "políticas públicas". Mas uma palavra picareta dessas não deve esconder a brutalidade do acordo. A cada uma dessas pessoas foi oferecida a oportunidade de se individuar por meio da violência despótica contra a negridade (melhor entendida aqui como a recusa do acesso à unidade da branquitude e da pessoalidade que lhe é recusada). De fato, essa violência despótica foi o processo central de fabricação do indivíduo frustrado. A produção de pessoas brancas em escala industrial exigiu essa democratização do despotismo. Claro, aderir a um mundo de despotismo, provando o próprio *eu* por meio da violência predatória contínua contra quem põe em ato as diferenças que reivindica, exigia aceitar a democratização do despotismo como princípio geral, e isso significava aceitá-lo nas forças armadas, no Estado, e especialmente no trabalho — assim como, em outras palavras, o fordismo e, mais tarde, o capitalismo logístico, cada um à sua maneira, passaram a necessitar e fabricar um ditadorzinho brutal em cada local de trabalho. Uma vez que o despotismo é aceito pelas pessoas brancas, em e como todo pequeno ritual de autoaceitação — e tudo isso equivale a um atraso infinito, um adiamento eterno —, o interpessoal se torna a única maneira de apaziguá--lo. Se as relações interpessoais formam o reservatório de branquitude que as pessoas podem explorar para obter uma energia morta e um sustento insustentável, então a interseccionalidade torna-se o único caminho — para quem espera a espera, cuja espera duplamente interminável assume a forma da crítica — para apaziguar o constantemente redobrado despotismo que se enfrenta. De qualquer forma, todo corpo espera em vão.

Mas o interpessoal não só não está à altura da tarefa de apaziguamento como também reproduz e refina a individuação frustrada e o despotismo democrático. Essas são as condições sob as quais a estratégia sulista floresceu; este é o solo bem distribuído da plantocracia. Agora, a derrubada da estátua do confederado prova que a estratégia triunfou. A plantocracia global reina quando os monumentos caminham e esbravejam como capitães do mato na forma de homens. Mas como podemos chamar de plantocratas a Foxconn ou a Goldman Sachs? Bem, porque elas trabalham para cumprir a condição de toda e qualquer plantocracia. Os plantocratas tentam controlar e concentrar toda a terra, toda a água, todo o ar, toda a comida, animais e vegetais. Empurrar pessoas para dentro das fábricas foi apenas uma tática temporária de controle e concentração, não o estágio final. O marxismo se equivoca quanto a isso. O jogo chega a seus momentos derradeiros quando ninguém consegue sobreviver fora de suas regras, quando tudo e todo o mundo tem que cair nas garras do plantocrata ou, em outras palavras, quando a própria terra é o que deve ser consumido. Nas finanças, o uso de meios ameaçadores para fazer esse tipo de coisa é inteiramente explícito, assim como na logística. Elas são as ciências do plantocrata. Mas entender esse regime como uma plantocracia que prospera na violência individuante do despotismo democrático não precisa nos levar à ideia de que não há um fora-do-mundo.

Esse entendimento nos leva a buscar alguma terra que possamos partilhar e com a qual possamos partilhar. Porque, diante desse despotismo, precisamos de um lugar para cuidar de verdade, um cuidado que é a destruição coletiva do interpessoal e, com e por meio dele, do delírio que é o indivíduo, em práticas abertas de acolhida e visitação. Isso não pode ser feito em conflito com a plantocracia, onde o interpessoal, ou a liberdade, ou a vida não-fascista, torna-se nossa arma defectiva. É uma batalha que só pode ser vencida na retirada militante, autodefensiva e autoaniquiladora da nova ofensiva. E dada a natureza do governo sob a plantocracia, bater em retirada significa encontrar uma terra que escapa, em sua fugitividade, do governo da terra, da água, do ar etc., e então configurar essa terra de forma anautônoma o suficiente para iniciar o tratamento. Essa terra pode ser uma garagem ocupada na cidade ou um moinho abandonado no campo. Esse tratamento pode envolver a formação de uma banda, ou abrir seu espaço para um churrasco, uma dança, uma bebedeira. Pode ser uma fazenda e uma creche, um coletivo de escrita experimental ou uma oficina mecânica. Qualquer forma de desintoxicação do interpessoal. Não haverá alianças, nem citações, nem contrarretratos. Cada agressão será massiva. E, quando vencermos, choverá negridade enquanto o sol brilha e o tempo desaparece.

2

É difícil para nós que viemos da tradição radical negra adotar a linha do tempo do fascismo atualmente popularizada. Se o fascismo está de volta, como o senso comum na Europa e nos Estados Unidos parecem insistir, quando foi embora? Nos anos 1950, com o Apartheid e as Leis de Jim Crow? Nos anos 60 e 70? Bem, não para as pessoas latino-americanas. Nos anos 1980? Não para as pessoas na Indonésia ou no Congo. Nos anos 1990? A década de intensificada violência estatal e carcerária contra pessoas negras nos Estados Unidos? Não queremos negar a mistura particular de persistência e ressurgência do fascismo na Europa, negação que se tornou uma atitude supostamente antifascista assim que imigrantes começaram a reconstruir a Europa na esteira da última de suas autodestruições racial-capitalistas; mas queremos dizer algo sobre a diferença fundamental entre uma vida comum e um viver subcomum, porque aderimos à compreensão expandida, proposta pela tradição radical negra, acerca da trajetória histórica e do alcance geográfico do fascismo.

A ideia dos comuns [*commons*] como um conjunto de recursos e relações que nós, as pessoas exploradas e expropriadas, construímos ou protegemos, gerenciamos ou exploramos, cria e decorre de várias suposições. Em primeiro lugar, e o mais importante, está a suposição de que é realmente possível não ser, desde o início, o que se partilha e é partilhado. De fato, ser o que se partilha é a própria condição de nossa capacidade de compartilhar. Dito de outro modo, não somos indivíduos que decidiram estabelecer relações com ou por meio dos comuns. Os comuns não podem nos reunir. Nós já somos o que está junto, pois já estamos na dispersão e no meio das coisas. A ideia dos comuns leva à presunção das relações interpessoais e, portanto, da pessoa como agente estratégico e independente. Dentro dessa cosmovisão, pessoas desse tipo não apenas manufaturam os comuns, mas Estados e nações.

Subcomuns são a recusa do interpessoal e, por extensão, do internacional, sobre o qual a política é construída. Ser/estar no subcomum é um viver incompleto a serviço de uma incompletude partilhada, que reconhece e insiste na condição inoperante do indivíduo e da nação, pois essas fantasias brutais e insustentáveis, e todos os efeitos materiais que elas geram, oscilam no intervalo cada vez menor entre liberalismo e fascismo. Essas formas inoperantes ainda tentam operar através de nós.

Se subcomuns não são os comuns, se há algo inadequado acerca da antiga palavra que a nova implica, seria o seguinte: subcomuns não são uma coleção de indivíduos-em-relação, que é precisamente como os comuns têm sido teorizados na tradição. Estávamos tentando ver algo por baixo da individuação que os comuns carregam, escondem e tentam regular. Aquilo que se dá na impossibilidade do um e no esgotamento da própria ideia do um. E se a prática da vida comum tiver a ver com novas definições de poder e novas relações através da diferença? E se a própria ideia de encontrar novas definições de poder/novas relações através da diferença nada mais fosse do que uma máquina de alienação?

3

O que aconteceria se, a cada vez que as pessoas usassem a palavra "universidade", ela soasse como "fábrica"? Por que as pessoas acham que trabalhar na universidade é algo especial? A universidade é uma reunião de oportunidades e recursos; um esconderijo de armas e suprimentos; uma concentração de perigos e armadilhas. Não é um lugar para ocupar ou habitar; é um lugar para trabalhar, para entrar e sair com tal rapidez, e com intenções tão predatórias, que ele acaba desaparecendo, e isso no sentido de que são suas fronteiras que desaparecem. Todo esse trabalho deve assegurar a capacidade de usar tais recursos, de aproveitar tais oportunidades e de distribuir tudo o que tiver ali na medida de sua utilidade. Não é um ponto em uma reta. Não é um começo ou um fim aspiracional; é um órgão respiratório que está quase certamente repleto de malignidade. Ele requer que consideremos, como se ele tivesse mesmo algo a ver conosco, o que trabalhadores rurais pensam sobre trabalhar em uma fazenda, e isso antes que essa atividade seja congelada na conquista da identidade "agricultor". Nesse sentido, subcomuns *não* dizem respeito, exceto de maneira incidental, à universidade; e falar sobre subcomuns é falar, de fato e de maneira crucial, de uma socialidade que não é baseada no indivíduo. Novamente, também descreveríamos esse tipo de coisa como algo que é derivado do indivíduo — subcomuns não têm nada a ver com o dividual, ou o pré-individual, ou o supraindividual. São um vínculo, um ser-na-partilha, uma difunidade, um ser-repartido. Se mencionamos a universidade, é porque ela era a fábrica na qual estávamos trabalhando quando fizemos nossa análise.

Isso tudo quer dizer que subcomuns não têm nenhuma relação particular com — ou antagonismo relativo contra — um setor específico criado pela divisão capitalista do trabalho, chamado de "educação superior". Como disse Marx, o criminoso cria o sistema de justiça criminal. Podemos encontrar "conhecimento informal e situado" entre pessoas encarceradas e suas famílias, as pessoas que trabalham em tribunais e empresas de mídia, e por aí vai. Esse trabalho subcomum é aquilo que o setor jurídico explora. Advogados e juízes são, antes de tudo, supervisores. Da mesma forma, é com o trabalho curativo de pacientes e famílias que se faz o setor da saúde. Médicos e enfermeiros são, antes de tudo, supervisores. Para além de toda a ideologia da missão especial do setor universitário, vale lembrar duas coisas. Em primeiro lugar, estudantes fazem o sistema de ensino superior. Professores são, antes de tudo, supervisores. Em segundo lugar, estudantes que trabalham para se tornar professores, em qualquer área, estão — e isso vale para todo mundo — se preparando para a gestão. Estudantes de pós-graduação sentem essa contradição e isso dói porque estão saindo do chão de fábrica para a gerência. Mas o fato é que, se você quiser ensinar por dinheiro, em nosso sistema, você deve supervisionar. Nada disso precisaria ser dito se estivéssemos falando sobre o setor automotivo. Quem trabalha em uma fábrica de automóveis conhece bem seu papel. Se soldam, são trabalhadores. Se avaliam a qualidade e a velocidade da soldagem, são gerentes. É claro que os gerentes também passam por uma avaliação e, às vezes, algo como um apetite pela (des)qualificação, que acompanha o apetite pelo (des)qualificar, parece dar as caras. Mas isso se dá em escala bem pequena quando comparado à mecânica das "relações professor-estudante" que o estudo recusa.

Perceber que, em nosso sistema, você tem que supervisionar para poder ensinar por dinheiro, e mesmo por uma quantia ridícula, pode levar a duas formas de organização coletiva. Podemos pegar o dinheiro que ganhamos e nos juntar para fazer alguma outra coisa, ou podemos trabalhar para derrubar um sistema que acorrenta o estudo à supervisão, porque somente assim vamos romper com essa linha de montagem. E, a partir de certo ponto, uma vez que todo êxodo leva a lugar nenhum, ao mesmo tempo que enfraquece o que foi deixado para trás, essas duas formas de organização acabam por se reunir. Qualquer outra abordagem consiste em nada mais do que ficar esperando para receber um prêmio de "supervisor do mês" ou "Professor do Ano".

Claro, parte da ideologia do excepcionalismo universitário é que, sob essa divisão capitalista do trabalho, a universidade pode reunir conhecimento, isto é, supervisionar não apenas seu próprio setor e as pessoas que estão ali estudando, mas outros setores também. Por meio da pesquisa, ela cria departamentos de agronomia para participar da supervisão do setor agrícola, ou um departamento de arte para participar da supervisão do mercado da arte. Mas não devemos nos deixar enganar por isso. O mesmo vale para o setor bancário, que produz seus artigos e relatórios na fiscalização e supervisão de outros setores.

4

Como sugerimos, com certa frequência, em conversas sobre a prática do estudo, uma vez que tentamos estudar, o sistema virá atrás de nós, não importa o quão insignificante nosso estudo nos pareça. Assim, não há realmente possibilidade de desengajamento, dado o potencial constante que carregamos de provocar engajamento. A vida exige que produzamos esse potencial de novo e de novo, não importando as consequências.

Mas o próprio engajamento também nos toma e retoma como premissa de uma forma que arrisca nos prender em uma ideia do que somos, ideia que nos define como agentes estratégicos em relações antagônicas com os sistemas de poder. Só que o antagonismo geral não admite estratégia, nem relações estratégicas, nem agentes estratégicos. Na verdade, ele aponta para o antagonismo fundamental de tudo *como* diferença: colidindo, contrastando, emergindo e desaparecendo sem agentes ou estratégias. Os agentes em posse de suas estratégias, isto é, os indivíduos, confundem toda essa diferença com algo a partir do qual podem fabricar escolhas ou decisões ou relações, ou seja, a partir do qual poderiam fabricar a si próprios. Mas o antagonismo geral não vai te largar, não importa quão forte ele te impulsione, pois ele é o que somos. Seus esforços para conquistar o reconhecimento de si e o reconhecimento de um outro se rebelarão contra você.

É por isso que consideramos útil a *cumplicidade*. Quando você pensa sobre como as pessoas se preocupam com a cumplicidade, vê que é precisamente um medo do antagonismo geral. Se alguém se preocupa, como tipicamente se dá, com a possibilidade de sua prática artística ou curatorial ser comprometida pela cumplicidade com o museu, ou de sua pesquisa e ensino serem comprometidos pela cumplicidade com a universidade, o que encontramos, na base dessa preocupação, é o medo da incapacidade de se diferenciar no meio dessa cumplicidade. A pessoa não pode dizer: isso sou "eu", essa é minha estratégia, minha relação com a instituição. A cumplicidade indica uma espécie de queda em alguma coisa onde não é possível desemaranhar o que se vê como o *eu* da instituição e de sua (anti-)socialidade. A pessoa teme não poder dizer onde fica a fronteira, teme estar sendo cruzada pela fronteira. Mas não há estratégia, decisão ou relação que possa nos desemaranhar. A instituição parece muito mais bem-sucedida do que nós em transformar o antagonismo geral no solo para a individuação. Mas por que nos sentimos assim, quando o sentimento real que obtemos da instituição é exatamente o oposto, o emaranhamento?

Bem, pode ser que a maneira de lidar com essa resistência ao antagonismo geral, provocada pelo medo da cumplicidade com uma instituição, seja invocar o outro uso da cumplicidade. Ser cúmplice de outras pessoas, ser comparsa, viver de maneiras que sempre provocam conspiração, uma conspiração sem roteiro, em que a conspiração é o próprio roteiro — esse é o uso da cumplicidade que pode nos ajudar. Ele enfatiza nossa incompletude — quando você nos vê, você vê algo faltando, nossos cúmplices, ou algo a mais, nossa conspiração. E está tudo bem, só não está tudo ali. Não produzimos sentido por conta própria. Deve haver mais de nós, mais em nós. Por conta própria, não fechamos a conta. E isso é o que somos, e é isso que somos na instituição, e é o como somos na instituição, cúmplices de outras pessoas que não estão nela, conspirando com elas enquanto estamos do lado de dentro, no emaranhamento com a instituição, só que com o pensamento ou o som ou a vibe do fora, fora que está em nós, com o qual partilhamos esse partilhar-com, esse dobrar-se-com contínuo, esse inacabável *cum + pli*. Esse tipo de cumplicidade pode ser aprofundado conforme aprofundamos nosso lugar na instituição, escavamos a fundo através dela. Podemos provocar aqui não uma estratégia que envolve estar dentro e contra, mas um modo de vida que está dentro e contra a estratégia, não como uma posição, relação ou política, mas como uma contradição, um acolhimento do antagonismo geral que as instituições consomem, mas que negam em nome da estratégia, da visão e do propósito. Nossa cumplicidade recusa o proposital como sua própria recompensa e, quanto mais ela cresce, mais o emaranhado subjacente da instituição sobrecarrega sua estratégia. É reduzindo a instituição à nadidade, como Karen Barad diria, que teremos sido violentos contra ela, teremos feito algo maligno no interior dela.

Outra palavra para isso é "comunismo". Não estamos no mesmo lugar que a Liga dos Trabalhadores Negros Revolucionários, mas podemos tentar seguir seu exemplo, na medida em que não parece que eles tenham se entregado a lamentações e umbiguismos excessivos no que diz respeito a sua cumplicidade com a indústria automobilística. Eles não se sentiam culpados ou em conflito por trabalhar para a General Motors. Eles não se identificavam com a empresa ou derivavam sua identidade de seu antagonismo relativo contra ela. Às vezes, estudantes de pós-graduação nos perguntam se nos sentimos hipócritas por termos seguido uma "carreira acadêmica". Será que o general Baker — que foi a inspiração, podemos dizer, para a expressão "antagonismo geral", o que seria uma piada, só que com fundo de verdade — se sentia hipócrita por seguir uma carreira no ramo automobilístico? Preferimos responder a essas perguntas dizendo por qual motivo não podemos respondê-las. Mesmo agora, seguimos estudando com Baker e Robinson, e uma coisa que eles partilham é o modo como recusam os fundamentos metafísicos da política e da teoria política. Estudamos com Audre Lorde e Foucault também, mas centrar a preempção dela no que diz respeito ao reconhecimento dele de um "fascismo em todos nós" não nos livra da tarefa de ler — por meio de seus textos, em seu rastro, sob sua influência e proteção — a contrapelo de seus compromissos metafísico-políticos com a individuação, compromissos articulados por meio de certo "cuidado de si". E se o que está sempre sendo cuidado não for este ou aquele *eu*, mas a própria ideia do *eu* que está no cerne do descuido antissocialmente reprodutivo? Dissemos que a vida não-fascista é uma recusa do comunismo. Ela é. É uma recusa da cumplicidade. É uma ética impossível da individuação-em-relação. Indivíduos devem, mas, ao mesmo tempo, não podem estar em relação. Cada vez mais, vivemos e sofremos a contradição como o genocídio e do geocídio que estudamos para sobreviver. *Nella complicità!*

5

Imaginemos que Foucault partilhava um problema conosco, e que esse problema era o dos fundamentos metafísicos da política. Essa metafísica diz que existem indivíduos que possuem direitos e valores morais que devem ser protegidos pelo Estado. A política, então, é a forma como esses indivíduos se relacionam entre si, consigo mesmos e com o governo que emerge de dentro dela; mas, também e por assim dizer, de fora dela, por meio e também na forma da expressão de uma autoridade cujos fundamentos não são apenas, como diz Derrida, místicos, mas dados em e a partir de uma presença dura, brutal, real(ista). Foucault, é claro, não acreditava nessa metafísica. Ele pensava que o indivíduo, que teria sido protegido pelo Estado, apesar de ter sido criado por ele, era uma prisão — fundada de forma tão sutil e sedutora que nós é que abriríamos suas portas e as fecharíamos, em seguida, em nossa própria cara. Sua tática era recusar esse indivíduo em favor de um *eu* que seria cuidado, diretamente, pelo corpo animado que lhe diria respeito. Bem, queremos partilhar a recusa de Foucault dos fundamentos metafísicos da política que nos aprisionam. Compartilhamos essa recusa, de fato, querendo ou não querendo. Esse é o primeiro sentido da nossa cumplicidade, aquela partilha que é desejo partilhado e partilha desejante. Acontece que se trata de uma partilha que não é, nem em primeira nem em última instância, porque não há uma primeira instância nem uma última, corporificada. Partilhar é, como Spillers nos ensina a partir do campo da teoria e das práticas feministas negras que Lorde também cultiva, uma animação carnal que se move de maneira disruptiva no interior e nos arredores da individuação metafísico-política ou, se você preferir, do corpo político. Partilhamos, em cumplicidade, esse movimento que é interior e que também circunda. Não é que o que desejamos esteja vinculado à política. É que a política nos reduz e imobiliza, e acabamos tendo que lutar para "voltar" ao que é incontido pela política. Aquele outro lugar, onde mapa e território são borrados, onde o retorno se desvanece para além do pertencimento — para que o atrás se torne antes, no terror e na beleza, assim como Dionne Brand em um passeio cartográfico submerso —, não pode ser encontrado pelo caminho que Foucault abre, isso porque aquele caminho, que é o do corpo animado, sempre foi negado à carne. E, portanto, negado mais especialmente às pessoas negras que, por razões históricas, são violentamente encarregadas da manutenção, na partilha, daquilo que se torna o que sempre foi, a negridade, o comunismo anoriginal, que Morrison chama de "amor pela carne" antes de falar sobre o cuidado com e a atenção às fontes do *eu*.[94] Recusando os "eus", os "corpos" recusados a elas, as pessoas negras vivem sob a coação do acesso total (do Estado, ou do corpo político do capital racial) que busca aquilo que elas protegem sem possuir, aquilo que é e deve permanecer como vulnerabilidade absoluta à valoração, captura e posse do absolutamente inestimável, incompreensível e despossuidamente despossuído — aquilo que, segundo Spillers, está em uma "disponibilidade terrível" ao acesso. Portanto, se você seguir no desviante caminho desse acesso que deve ser mantido aberto ao custo de ser deixado aberto, você tem que encontrar outro caminho, como, de fato, você faz.

---

94   Ver Dionne BRAND, *A map to the door of no return: notes to belonging* (Toronto, Vintage Canada, 2002) e Toni MORRISON, *Beloved* (Nova Iorque, Vintage, 1987, 2004); ed. bras.: *Amada* (São Paulo, Companhia das Letras, 2018).

A recusa da metafísica que partilhamos com Foucault, que seu brilhantismo ilumina em nós, deve, ainda assim, afastar-se de seu caminho, uma vez que continuamente se afasta de sua própria retirada fugitiva para longe da liberdade, essa sobrevivente assombrada da escravidão que, ao mesmo tempo, a prepara e acompanha. Portanto, temos que questionar tanto a metafísica do indivíduo como a das relações, e mesmo a do (inter)pessoal. Marx quer que organizemos nossos poderes como poderes sociais, e ele nos avisa que, enquanto os alienarmos de nós na forma de poderes políticos, não nos emanciparemos. Mas o problema se estende ainda mais quando entendemos que a única concepção de emancipação que podemos ter é política. Assim, temos que trabalhar em e por um comunismo que não se dissolva na liberdade ou na emancipação depois de ter feito todo esse trabalho contra o político. E a maneira de fazer isso é mudar a formulação de Marx sob a orientação de quem caminha com a emancipação vindo atrás, em uma perseguição intensa, como Hartman mostra e demonstra. Do contrário, estaríamos nos subjugando mutuamente por meio de indivíduos-em-relações de emancipação, os próprios sujeitos livres que nada podem fazer exceto privatizar, externalizar e brutalizar como, de fato, sujeitos livres sempre o fizeram. Ao invés disso, podemos imaginar um emaranhado de vida e um florescimento constante em meio a um decaimento terreno que a eurocriticidade avançada só pode escarnecer, em sua aversão estéril e abstrata. E isso é algo que podemos imaginar porque acontece em todos os lugares onde a vida social circunda a vida política que busca nos separar de nossos poderes, oferecendo-nos poder, ou pior, o direito de exigir uma parte do que nos forçam a produzir e a separar com o objetivo de satisfazer exigências. Podemos imaginar esse comunismo anoriginal porque ele é vivido onde quer que a negridade milite contra si mesma — onde quer que, como diz Sly Stone, haja uma revolta acontecendo. Infelizmente, isso é algo que podemos imaginar porque a força regulatória da política, dos indivíduos e das relações entre humanos supostamente independentes e soberanos é, como diz Robert Johnson, um cão infernal seguindo nosso rastro.

6

O ato de enredar a si no tempo e no espaço é também — e talvez de maneira paradoxal à primeira vista — o ato de estar em quase todo lugar. O local mapeado é adimensional. Não pode ser encontrado precisamente porque esse enredamento afirma que o ponto que você terá ocupado é universal, um ponto abstrato que todo indivíduo é capaz e tem o dever de produzir, a partir do qual a humanidade se torna possível, com o e por meio do e no qual o humano se encontra. E por não estar em lugar nenhum, a relação desse ponto com o lugar é, na verdade, a de impunidade. É essa impunidade que funda a moralidade moderna e a ideia de responsabilidade ou sustentabilidade, contratadas como uma equipe de segurança, posteriormente, por esse mesmo ato de impunidade. Pode haver descrição melhor do humano: o ser que vive impunemente na terra e se lamenta por isso? Assim, a questão do que aconteceu pode ser tomada com a questão do que acontecerá, de um jeito que o questionamento ético normativo torna possível. Contra essa preparação abstrata para a vitória da razão sobre seus rivais, essa inclinação do tabuleiro em direção a um único ponto, há uma maneira de viver a história e o lugar que não faz parte da humanização — ou seja, da racialização — de nossa terra e da redução desta ao mundo, da degradação de seus meios para meros fins logísticos e do confisco da partilha para dar lugar à mera posse, processos que exigem e são instanciados pelo enredamento e sua norma/seu governante. Amiri Baraka fala desse emaranhado de história e lugar como um "local a-ser-nosso" e o ouvimos, agora, através da amplificação do "esse des-local" feita por M. NourbeSe Philip, como se ele quisesse que esse "a" errante e suplementar — que transforma *ment* em *meant* — significasse um movimento do/no lugar, movimento radical e irredutível que constitui nossa indigeneidade subcomum, nossa verificação ante-natal, nativa, partilhada do (re)tornar.[95] Se o enredamento é a maneira como abrimos mão do que é subcomum para cair numa vala comum, então esse des-local a-ser-nosso é como encontramos e marcamos o local surrealístico.

A imaginação negra, diante do fascismo, é certamente um exemplo desse viver a história e o lugar sem sucumbir totalmente ao enredamento; mas isso não quer dizer viver em alguma forma de vida que seja mais "real". Não é esse o ponto. Não se trata nem mesmo de ter um ponto, não se trata de apontar para algo. Algumas das primeiras ficções especulativas que temos são negras, escritas em resposta ao fascismo americano e são parte do que é agora o mais antigo e talvez mais bem-sucedido — que é o mesmo que dizer que não sucumbiu ao "sucesso" — dos movimentos anticoloniais da terra: a luta das pessoas negras *ao redor do mundo* contra a ordem colonial fascista chamada Estados Unidos da América. De Martin Delany a Octavia Butler, de Mary Prince a Frankétienne, o enredamento é desfeito, de maneira contínua nos nomes do movimento. E poderíamos também falar dos contínuos rearranjos não coercitivos do desejo (para, mais uma vez, dar uma guinada com Spivak) que constituem a música negra, que não é nem metáfora nem alegoria, que nada mais é do que a vida social negra, geralmente ante-genérica, conforme ela retoma sua história e acaba com seu lugar, festejando nele de novo e de novo.

É assim que sabemos que a resposta para a pergunta sobre como agir é o modo como já agimos. É o futuro de Etta e C. L. R. no presente, o trem sobre o qual a irmã Rosetta Tharpe está sempre falando, aquele trem imaculado no qual Woody Guthrie repousa como se fosse um travesseiro, com

---

95   Amiri BARAKA (LeRoi Jones), "Return of the native", em William J. HARRIS (org.), *The LeRoi Jones/Amiri Baraka Reader* (Nova Iorque, Basic Books, 1999), p. 217; e M. NourbeSe PHILIP, "Dis Place – The space between", em *A genealogy of resistance and other essays* (Toronto, The Mercury Press, 1997), p. 74-112.

todos os calypsonianos fora de itinerário numa logistica-lidade partilhada; é o trem da meia-noite de Gladys Knight, o trem da amizade de O'Jay, o trem para o Sião de Bob Marley e dos Wailers, a nave solar de Trane, a espaçonave funkadélica de Sun Ra, os espaços entre os vagões onde nos escondemos para dar calote. O enredamento do tempo e do espaço é fundamental para os processos de produção capitalista, para todos os circuitos e métricas de produção, começando pela produção do humano que trabalha. Dobrar o tempo e o espaço de acordo com nossa batida excêntrica e nosso lugar deslocado é o que vai foder com essa porra, até porque já tá fodendo. Então, se você precisar de um pouco disso, venha, pegue um pouco, antes que seja tarde demais. Contanto que você não roube, nós partilhamos.

QUEM DETERMINA SE ALGO É HABITÁVEL?

[1] Encontramos a cumplicidade implícita em certas práticas excêntricas do *um* comum recusa comum, dolorosa e eroticamente precisa da geometria política do ponto adimensional. Se há algo que devemos aprender aqui, se o funk ensina e também nos prega alguma coisa, trata-se do fato de que o apropriado é o que é feito contra a impropriedade prévia que partilhamos. A cumplicidade está dada desde sempre como a reciprocidade da incompletude; a fala e a música negras tentam, de maneira constante, mostrar que não dá muito bem para dizer isso, uma condição que é infinitamente ruim, apenas um tiquinho melhor.[96] Hip-hop é música de subsistência, sua palavra falada insiste, na forma de uma educação radicalmente sentimental. A ideia sempre foi que ele soasse como um bando de crianças brincando, chegando com seu bonde, revoada autodestrutiva que cria sua própria moda. Rapaziada tentando se virar para sobreviver. Checando se há lugar, algum lugar para viver.

96 De um jeito diferente, melhor elaborado e mais iluminador, Kaiama Glover discute a distinção entre mostrar e dizer por meio de um encontro gerativo que ela cria entre Édouard Glissant e Frankétienne, encontro que aprofunda e excede a relação entre os dois. Ver "Showing vs. Telling: 'Spiralisme' in the light of 'antillanité'", em *Journal of Haitian Studies*, n. 14 (1), 2008, p. 91–117, e *Haiti unbound: a spiralist challenge to the postcolonial canon* (Liverpool, Liverpool University Press, 2010), p. 179–237.

2

O caminho para a experiência vivida da individuação impossível passa pela conformidade rígida, cujas performances isoladas, apartadas, formam um todo rigoroso. A escola é o lugar onde o contrato social é descontado nas crianças. Nas boas escolas, o eclipsamento do contato, quando se forma uma rede, é posto em ato com uma eficiência considerável; nas ruins, talvez role algum experimento, seja de maneira acidental, quando as redes e os enredados não gerenciam mais, ou então sob a proteção de uma ideia de alternative. A perda da empatia no processo de submissão do social ao contratual só tem mesmo como nos fazer perguntar o seguinte: é possível haver uma ferida cibernética? Um carinho, uma sensação cibernética? Fazemos isso em memória do antagonismo geral e da greve geral que seguimos quase pondo em ato, reconhecendo que essas questões não surgem da constatação de alguma inovação em termos de hardware, mas dos valores que animam velhos softwares – uma teoria desprovida de espírito acerca da coordenação mente/mão que se manifesta de modo mais nítido na redução do toque respeitoso ao toque instrumental. Não é que o toque seja não-violento. O negócio é que precisamos, amorosamente, devolver essa violência do aprimoramento de recursos às suas múltiplas fontes. Queremos intensificar essa nossa vibe impregnada de pensamento, de uma má cumplicidade, e isso no interesse de friccioná-la contra a boa cumplicidade, de modo que ninguém possa dizer "Veja só como eu me viro sozinho nessa merda". Como os registros mostram, ninguém leva porrada e segue igual no esforço de se conservar, esforço que só acontece quando se leva porrada. Se queremos lutar pelo que é bom, precisamos desordenar o ruim, ao invés de navegá-lo por conta própria, na solidão abarrotada de gente. Está tudo embaraçado, descompassado: terror, nulidade, um *dread* intrincado, obsceno, vestido como roupa já gasta, barco alugado. A ancestralidade, a mentalidade ancestral das pessoas, é dada em seu reconhecimento e em sua recusa dessa turbulência pela qual passamos. Nela, estuda-se o que não pode estar ali. É como uma banda que se esforça para não se desenvolver, tentando produzir um som que é um estudo desse desenvolvimento e uma esquiva dele. Será que há um ponto em que não podemos mais seguir adiante de maneira indefinida? Esse espaço é limitado ou ilimitado? O documento corrompido de uma oficina que irrompe em poesia ao romper com a manufatura de poemas é um filme-concerto. A gravação de uma brincadeira cuidadosa se torna uma brincadeira.

3

"Você deve entender que não há nada, nada, nada, absolutamente nada que você possa fazer para aprimorar, transformar ou melhorar a si", disse Krishnamurti.[97] De fato, não há nada que se possa fazer por meio desse instrumento fake, sanguinolento, que é o *si mesmo*. Você não pode hackear o que seja por si. Você não pode ocupar algo por si. Você não pode roubar algo por si. Você não pode retomar nada fugitivamente por si. Não pode roubar você. Não pode sentir você. Você não pode se sentir uma merda por si. Mesmo assim, sentimos cumplicidade na e como "minha" individuação! Sentimos a necessidade de formular estratégias! Pessoal da arte, da academia, curadores, criadores. Pessoal do saneamento, da enfermagem, professores, produtores do campo. Onde trabalhamos, cada centímetro de nossas vidas institucionais é vasculhado e revirado em nome da produtividade, da eficiência, do aprimoramento, do lucro. E o mesmo com cada palavra e ato, cada ideia e sentimento. Esse lugar que navegamos, onde não há ondas, não há sal, "anseia por acompanhar, organizar e estruturar a logística

---

97 Citado em Alan WATTS, *In my own way: an autobiography* (Novato, New World Library, 1972), p. 106.

de nosso fluxo vital".[98] Nós sentimos o modo como ele nos endireita, desenrola, aqueles dedos em nosso couro cabeludo. E dizemos: mas não é o *meu* aprimoramento, *minha* transformação, *minha* prática. Então, tentamos levar a melhor no trabalho, passar a perna na organização, nadar contra a corrente. Nisso, caímos direto nas garras da máquina de produtividade. Porque levar a melhor, formular modos estratégicos de estar na instituição sem se deixar comprometer, enquanto tentamos não *sentir* alguma cumplicidade, é isso a máquina de produtividade. Trabalhadores produzem, primeiro, a si, mas, ao fazer isso, produzem também as relações do capital. Seja formal ou informal o trabalho, ele agora é o trabalho de levar a melhor. Esse é o emprego. Todo trabalho agora visa a criação do indivíduo que joga, aproveita, negocia por preços mais altos, operando em seu modo solitário, abarrotado de gente. Mostre-nos alguém fazendo uso de alguma estratégia envergonhada de carreira e nós mostraremos que se trata de uma engrenagem com sentimentos.

4

Mas o sentimento, que é o acolhimento da incompletude, subdeterminado pela economia da (in)voluntariedade, não pode ser subdividido em toda uma porção de maneiras anestesiadas de sentir alguma coisa não sei bem o que sobre nossa incompletude. Dizer que sentimos cumplicidade na e como nossa individuação é dizer que a sentimos *por meio* de nossa individuação. Sentir cumplicidade no trabalho de uma organização, profissão, corporação não é uma forma de consciência (que seria acompanhada por um inconsciente único). Esse sentimento não distingue o trabalho manual do mental, o bom emprego do mau. Sentir isso por conta própria é ser um bom funcionário. Também é ser um bom cidadão, votar de maneira estratégica, fazer

---

98   Carolin WIEDEMANN e Soenke ZEHLE, "Depletion design", em *Depletion design: a glossary of network ecologies* (Amsterdam, Institute of Network Cultures, 2012), p. 5.

políticas públicas, sentir-se mal por amar sua cidade. Mas sentir cumplicidade em toda a nossa incompletude é ser revolucionário — de tal modo que você poderia até dizer que não se trata mais de *ser*. Chegar junto de cúmplices, trabalhar com amizades invisíveis, planejar diariamente algo com alguém, estar com alguém, isso é muito mais do que ser alguém sendo menos do que alguém. A cumplicidade sentida por um indivíduo com uma organização (des)coincide com a cumplicidade real no sentimento, que é des-solitária. Querer estar com para além de apenas ser, sentir o amparo de todo o resto para além de onde a vista alcança, ter cúmplices em tudo que você faz — isso que é cumplicidade real, ainda dobrada, ainda náutica, toda nada.

5

O sentimento de cumplicidade e o não-ser cúmplice no sentimento — as duas coisas não podem conviver mesmo quando convivem de fato em nossa cumplicidade. Cúmplices perturbam a individuação da cumplicidade que sentimos na organização. No entanto, a organização — o museu, o hospital, a escola — também interrompe e viola, de maneira constante, a cumplicidade que construímos. Ainda assim, quanto mais aprofundamos nossas amizades cúmplices, coletivas, incorrigidas, mais a máquina da individuação e sua "carreira estratégica dentro e fora da instituição" deixam de funcionar. Como Robinson gostava de dizer, "aprofundamos a contradição". Mahalia Jackson pré-amplifica essa formulação, cantando sobre ajudar pessoas no caminho para a abolição da instituição eficiente do alguém; e tem o remix de Ferreira da Silva falando de ninguéns ajudando ninguéns a dissolver as equações do valor. Quando conservamos, de maneira ainda mais firme, nossas cumplicidades, a dupla não tem como capturar mais nada. Nem você consegue, tampouco eu. Algo tem de ceder e o que cede é o que cede. Você e eu não somos cúmplices. Sentimos — partilhamos — cumplicidade.

6

Bem, qual é a relação entre absolvição e insolvência? Entre a insoberania e a recusa do absoluto? Certo afrouxamento. O acolhimento afrouxando. É como se a salvação fosse essa tatilidade absoluta e presente do campo, unificado na medida em que é inalcançável e incapturável. Líderes resolvem, dissolvem ou os dois? Eles se dissolvem? São dissolutos? Resolver é reduzir? Será que a lise[99] está no caminho para a incompletude? Poderia a tragédia ter sido evitada se, mais cedo, alguém tivesse dito "ei, fragmento, não volte para casa"? Nesse caso, não se trata do fato de que perdoamos, mas de que temos uma dívida pré-dada no deslocamento.

99   N. da T.: No inglês, "lysis". Trata-se da mesma palavra para "lise", o processo de destruição ou dissolução celular, que ocorre quando a membrana que protege a célula é rompida, e para o diálogo de Platão, Lísias em português. Em *The undercommons*, Fred e Stefano lembram como o diálogo platônico é uma discussão que nunca chega a uma conclusão sobre o que é a *philía*, amizade nas traduções para o português (mas trata-se de um vínculo que é bem mais do que a amizade). Sendo um diálogo aporético, importa mais a conversa do que chegar a algum lugar — na verdade, o mesmo poderia ser dito sobre os diálogos em que de fato as pessoas chegam a uma conclusão, como em *A República*, onde as pessoas seguem ali reunidas discutindo bem depois de já terem arrumado uma definição de "justiça". Para Fred e Stefano, todo o ponto é esse: o estar-junto, na análise interminável, no quebrar em partes e dissolver o todo que nunca chega a uma conclusão que encerra o assunto, no curtir a incompletude porque é isso mesmo que somos.

Toda solução que a molecada encontra se dissolve — tudo se dissolve ao mesmo tempo que dissolve a condição anterior. Se fôssemos sinos, estaríamos tocando na forma de um dizer que a gravidade da brincadeira é inseparável de sua anarquia. De fato, vamos dos princípios à anarquia, como a versão moralmente superior de Martin Heidegger, Reiner Schürmann.[100] Meramente falar é pôr em ato a decomposição. Quando dizemos "Antes isso aqui era tudo mato, daí construímos uma cidade", isso é calúnia. A palavra meio-falada sobre a qual a palavra falada pergunta tem tudo a ver com o desordenamento. Curiosamente, *roi* [rei] soa como *loi* [lei] quando é gritada pela molecada abolicionista de Paris, nossas crianças ante-republicanas resolutamente dissolutas, que tocam os fios, as cordas gastas, todas as notas de uma ideia de sociedade. Na oficina e na creche, há um currículo, um projeto que eventualmente é deixado para trás. O que o produto finalizado conquista, se é que isso chega a acontecer, se é que conquista alguma coisa, são as condições de sua destruição e reconstrução, a lei que LeRoi Jones gentilmente estabeleceu para William Carlos Williams em Paterson, em *Paterson*, reabrindo o trabalho aberto para invocar o fim da oficina quase antes dela começar, porque brincamos para além da brincadeira e nossa prática é o jogo.[101]

7

Adelita Husni-Bey produz filmes sobre a escola, arte sobre pessoas tentando criar mundos em que você consegue mesmo ver como os mundos são feitos. Seu gênero é a metatragédia (do *upgrade*) dos comuns. Ela mostra pessoas mostrando como as fantasias da ilha deserta e do Homem Vitruviano podem conviver, uma trazendo a devastação

---

100 Ver Reiner SCHÜRMANN, *Heidegger on Being and Acting: from principles to anarchy* (Bloomington, Indiana University Press, 1987).
101 Ver LeRoi JONES, "A contract. (for the destruction and rebuilding of Paterson)," em *The dead lecturer* (Nova Iorque, Grove Press, 1964), p. 10-1; William Carlos WILLIAMS, *Paterson* (Nova Iorque, New Directions, 1995); ed. bras.: *Paterson*, trad. Ricardo Rizzo (São Paulo, Círculo de Poemas, 2023); e o esboço de uma teoria da prática e do jogo feito por Allen IVERSON, disponível em: https://youtu.be/eGDBR2L5kzI.

da outra. "A que custo?", ela pergunta quando as crianças perguntam sobre preço. O Homem Vitruviano é o do filme *Perdido em Marte*, que, sendo marcial, quase imediatamente coloca, em sua atividade prática e sensual, a problemática do custo e da distribuição.[102] Enamorado da fertilidade de sua própria merda, ele põe em ato, de maneira acrítica, a dialética do crescimento e do desperdício, dizendo: "Veja só como fiz o deserto florescer". Enquanto isso, o custo é imposto sobre o quê? Dizemos "o que" e não "quem" porque a inumanidade implicada no *o que* financia a degradação imposta sobre o *quem*, que se reduz à coisidade ou, mais meramente, cai em direção à terra na autoestima intrépida do explorador. "Vamos falar de imperialismo e desenvolvimento", ou de destino manifesto — que foi o aprimoramento de tudo — e isso enquanto fazemos o que fazemos em nossas oficinas até não haver mais o que fazer. Precisamos de técnicas para dar boas-vindas e para excluir, alimentar e destruir, para a divisão do trabalho e para a distribuição de recursos, para a intimidade e para a publicidade. A fantasia da ilha deserta dá início a um arco de três semanas de desenvolvimento. Em uma rápida sucessão, vamos de "Amizade, amizade é algo essencial" para "Sim, essencial, mas não para montar uma tenda, veja, precisamos de cordas, varas e lençóis" para "Alguém deve organizar a distribuição de comida" para "Quem vota a favor de termos dinheiro?" para "Sei que isso não vai ser muito legal, mas precisamos punir algumas pessoas" para "Sem rei, não há lei". É como se a anarquia fosse nosso fim, ao menos na École Vitruve, a escola da microcosmografia, onde o homem é a medida de todas as coisas. Lá, aprendemos que a simetria é desfeita na brincadeira e que todo mundo acaba descompassado. Talvez a produção do homem renascentista, que é objeto de certa educação anarquista, tenha como objetivo a refutação da ideia renascentista do homem — que encaixa num círculo e num quadrado, num globo e num mapa, num

[102] Ridley SCOTT (dir.), *The Martian* (2015).

mundo e numa célula, como o centro (vazio) da gravidade (insustentável) —, uma singularidade se agarrando aos cacos de sua impossibilidade, que é o que esse filho da puta chama de informação, que é o que esse filho da puta chama de representação, que é o que esse filho da puta alucinado pensa que nós somos. A união rigorosa e crítica da arte e da recém-inventada ciência é uma coisa meio bagunçada em outros planetas e em ilhas desertas. Ela requer a abolição anarquitetônica do parlamento local e a deposição da performance, para que possamos aprender que "precisamos aprender nossa lição a partir disso", já que "ninguém tá nem aí pra gente". Então a gente tá aí pra gente na companhia de Husni-Bay, e nos perguntamos sobre como retornaremos ao ensaio infinito do qual desviamos, ensaio que deixa o estudo enlouquecido, ou negro, por manter-se firme ao lado de quem não recebe consideração até que tenhamos caído com essas pessoas. Conosco. Cúmplices. Geral condenado. Então, quem é que determina?[103]

103 Ver Adelita HUSNI-BEY et al., *Emotional depletion: an Immigration Lawyer's Handbook* (Nova Iorque, Adelita Husni-Bey, 2018).

(ANTE) HEROÍSMO NEGRO

Respeito

Contra o cenário e sob a proteção contínua (mesmo em seu desaparecimento) de seu *Muro do Respeito*, concebido, pintado e dedicado em 1967, a Organização da Cultura Negra Americana [*Organization of Black American Culture*] permite e exige pensar sobre heroísmo. Sua permissão é exigência gentil e militante, dada na forma como essas pessoas trabalharam, por meio das condições em que trabalharam. Assim, somos obrigados a dizer que elas produziram um muro de figuras heroicas e o fizeram heroicamente, nessa interminável mudança climática do capitalismo racial, que torna essas figuras tão onipresentes quanto impossíveis. Elas passam sua paixão para nós, elas nunca passaram por nós sem nos notar, e não podemos deixar que isso passe despercebido. Mas, correndo o risco de sermos mal interpretados, especialmente em nosso profundo respeito pela OBA-C e em nossa própria adoração de seus membros como figuras heroicas, queremos dizer que a OBA-C sussurra uma pergunta em nossos olhos: será o herói negro um oxímoro? A menos que a ideia seja entendê-lo como uma versão do heroísmo branco — ou seja, como monumento a um povo que ele instancia e exemplifica —, precisamos sugerir que o heroísmo negro, de alguma forma e contra nossos próprios sentimentos, deve ser entendido como não-heroico, ou, mais precisamente, anti-heroico, ou até mesmo (ante) heroico. De fato, na medida em que o heroísmo negro se encontra em uma relação com o heroísmo em geral, ele deve ser anti-heroico, e, na medida em que sua formação se dá por fora desse heroísmo, ele deve ser (ante)heroico. Seu fracasso em produzir a relação herói-povo o torna anti-heroico, mas sua preservação na/da deformação de qualquer coisa que se mostre tão regulatória quanto um povo que, em seu herói individuado e monumentalizado, encontra apoio e confiança para se fazer presente, faz desse heroísmo algo (ante)heroico.

É um tanto evidente que entender a figura heroica negra como derivação do herói branco satisfaz apenas a classe mais derivativa, a classe mais reguladora e autorregulada. De fato, o herói branco é ele mesmo derivativo de um derivativo, derivativo de um povo que, por sua vez, é derivativo do humano, que é a categoria que regula toda uma gama de diferenças por meio de uma mecânica de racialização que a própria ideia do ser-espécie sempre-já carrega. Esse é o fenômeno em relação ao qual *um* povo é desvio e versão. O herói branco é erguido para monumentalizar um povo e fixar parte da autointitulada humanidade em uma relação conflituosa e regulatória com outros povos, povos que têm suas próprias figuras heroicas e monumentos. Se o herói é o monumento individuado para um protocolo de conflito que não pode ser contido como conflito, então a racialização pode ser considerada — e as teorias do afropessimismo afirmam corretamente a violência de sua aplicação geral — uma corrida de revezamento entre antagonismo e conflito. Esse revezamento mapeia a distinção entre, de um lado, o inimigo que, por meio do conflito no interior de uma igualdade presumida, pode se tornar um amigo e, de outro, o antagonista racializado que é dado como inimigo (e, portanto, a condição de possibilidade) de toda a humanidade. No campo de batalha político assim mapeado, o monumento é necessariamente um artefato racial, fetiche regulatório de um povo que se apresenta na figura do indivíduo, o uno e o múltiplo agora dados em relação falaciosa. Desse modo, nessa cadeia derivativa de dados ilegítimos, em shoppings e avenidas e jardins feitos de pedras brancas e frias, a formação estatal de um povo se mostra toda permeada por monumentos. Se tudo o que o *Muro do Respeito* fez ou pretendia fazer era se opor a isso de forma reflexiva e refletora, quem poderia se opor a uma objeção tão justa como essa? Felizmente, o *Muro* corta (os fundamentos metafísicos e políticos, raciais e psíquicos da) a respeitabilidade até o osso.

Há um momento revelador no infame *Discurso da Reitoria*, de Heidegger, que é notado, de maneira brilhante, no famoso ensaio de Noam Chomsky, também de 1967, chamado *A Responsabilidade dos Intelectuais*. Heidegger fala da verdade — e Chomsky critica de forma irônica e correta — como revelação daquilo que dá certeza, clareza e força a um povo, em sua ação e em seu conhecimento. Pode-se dizer que o herói incorpora essa verdade e, nesse sentido, o herói é um monumento a um povo. *Mas essa monumentalidade não pode ser nossa*, e essa condição exige que nos perguntemos sobre o que é ser um povo. Serão as pessoas negras "um povo"? Como chamamos a renúncia cotidiana da fantasia de ser um povo com a qual as pessoas negras têm se envolvido? Como chamamos esse intenso entrelaçamento entre solidariedade e diferenciação, que constante e radicalmente perturba a certeza e a clareza, assim como qualquer modalidade de força que as acompanhe? Queremos dizer que a beleza das pessoas negras está em sua recusa consistente de constituir um povo. Nós nos movemos contra o heroísmo e a monumentalidade, e precisamos de uma palavra ou alguma outra coisa que corresponda à beleza e à intensidade desse movimento. Ao mesmo tempo, de todas as palavras às quais temos apelado, de todas as coisas, nenhuma realmente serviu, nenhuma realmente persistiu ou permaneceu, como qualquer monumento bem-sucedido faria. Por isso, também queremos dizer — renunciando a qualquer gesto de absolvição que possa ser estendido às forças que corroem nossos monumentos

— que o *Muro do Respeito* excede lindamente, mesmo em seu desaparecimento, qualquer apelo à monumentalidade.

Isso certamente tem a ver com uma tradição hemisférica do muralismo que liga a OBA-C (e seus colegas da AfriCOBRA, a Comuna Africana de Artistas de Má Relevância) ao Sindicato de Trabalhadores, Técnicos, Pintores e Escultores no México; e certamente também tem a ver com o campo geral de relações entre branquitude, subjetividade e heroísmo, uma convergência fantasmática que modela a subjetividade de maneiras específicas nos Estados Unidos. Onde irrompem os folclores comuns, sob constante pressão, na produção e recepção comuns de um estilo irregulavelmente diferencial, o anti-heroísmo negro, ou o (ante)heroísmo negro, é dado não tanto em uma figura, mas no corte de uma figura, para usar e também abusar um pouco do fraseado esclarecedor de Richard Powell. O solista é a baixa-antecâmara de uma prática social; um prefácio contínuo, uma porta vai e vem, uma ausência de portal toda manchada de sangue, um vestíbulo, como diz Spillers, que leva à ruptura, à preservação na deformação da vida social negra, onde só pode entrar quem não tem convite. Nesse sentido, o indivíduo não é nem *um* nem todos, e o retrato, quando dado em tal constelação, divide, partilha ou reconfigura a figura. Será que, no *Muro do Respeito*, temos uma prefiguração do indivíduo que também atravessa esse indivíduo, e que corresponde à força do pré-hispânico na pintura *Día de Flores*, de Diego Rivera? Então, é isso o (ante)heroísmo negro, cujo prefixo entre parênteses indica que "heroísmo" só se torna a palavra certa quando você bota um pouco de negro na frente dela, a cor que não pode ser desgastada.

Des-honra

Será que o herói branco deve cair, enquanto o negro deve fracassar? Esse é o primeiro sentido que encontramos para honrar as pessoas que amamos, que estão no *Muro do Respeito*, com algo mais e menos do que heroísmo. Elas podem ser honradas com um heroísmo censurado, com uma honra nascida não da história da desonra, mas da história da rejeição da honra — não se trata da coletivização da honra, mas da recusa socializada de seu jogo individuante. Essa recusa daquilo que, de acordo com Patterson e seus antecessores, constitui a subjetividade (propriamente política) como efeito do poder e da degradação da sociabilidade ocorre antes mesmo do que é recusado ser oferecido. Aqui, podemos indexar essa falha em honrar a honra com Huey P. Newton. Estavam no *Muro* H. Rap Brown e Stokely Carmichael, mas o *Muro* foi derrubado quando Newton ainda estava por realizar sua ascensão. Ele teria que lutar, em um duplo sentido, por meio do heroísmo. Honrado como herói negro, defendia o suicídio revolucionário. Seria isso algo a mais do que morrer pelo povo? Será que, com a ideia de suicídio revolucionário, em que a morte é parte da vida em comum e não sua monumentalização singular, Newton sugere que o herói negro não se sacrifica pelo povo, mas *é* sacrificado pelo povo? Uma paixão heroica negra como essa carrega uma sociabilidade irredutível. Além disso, e se o que tiver de morrer pel'*o* povo não for apenas o herói, mas também a própria ideia de *um* povo? O (ante)herói negro é sacrificado para preservar a deformação antecipatória e antirregulatória d'*o* povo contra o fluxo de formação e monumentalização de *um* povo.

Bem, vamos tentar de novo, mas agora por meio da severidade especial do afropessimismo. Sem escravos e escravas, não há mundo, como diz Frank Wilderson; e, por conta do fato de que esse muro é erguido e derrubado, assim como seus heróis negros, no mundo, esses heróis fracassaram (na abolição); e assim o mundo permanece, em toda a sua relação extrativista geocida e genocida com a terra e com as diferenças que ela carrega. Essa análise se concentra inteiramente no inegavelmente a-heroico, no herói que fracassa, que não consegue aderir ao monumental, que não consegue instanciar a coerência de um povo, seja como estátua, estatuto, status ou estado. Essa figura pareceria, de forma devastadora, nunca ter sido erguida, nunca ter sido derrubada, como se fosse incapaz de cair por já ter caído no abandono e na despossessão.

Essa análise apaga o muro, abrindo espaço para uma revisão adicional do (ante)heroísmo negro, para a preservação e a prioridade desse desaparecimento, dessa inundação e esvaziamento. Bem, Robinson escreve sobre a preservação da totalidade ontológica. Essa é a resposta dele ao fato de que algo que era para ser impossível, dadas as leis do herói e de seu povo, ainda assim está ali existindo. A totalidade ontológica é uma conjuração do ser-coletivo africano no momento da luta, no auge da insurreição e até mesmo no ponto em que se encara a morte no campo de batalha. Mas, de modo crucial e excruciante, é a impossibilidade que forma sua condição de deformação incondicional. A africanidade da totalidade ontológica é, portanto, mais e menos do que africana e alguma outra coisa que não o *ser*. Sua preservação exige sua abertura, sua incoerência, sua recusa da união com qualquer coisa parecida com um povo. Em outras palavras, ela não é africana, mas panafricana. Terrivelmente, belamente, terrivelmente, belamente, ela é dada de antemão a/em nós para ser doada, sendo essa dispersão o oposto do heroico, pois vai mais na direção daquilo que é profana e pandemonicamente sacrificial. O que continuamente se sacrifica é o solista em seu contínuo aparecimento, em sua constante disponibilidade para o sacrifício e a dispersão, algo que preserva o experimento por meio do fracasso da monumentalização. Essa é a brutalidade insuportável da arte negra. Albert Murray não consegue alcançar o nível dessa porralouquice em seu livro *The Hero and the Blues*. Nenhum existencialismo enegrecido, nenhuma consciência trágica sombreada será suficiente. No entanto, Nanny Grigg e Nat Turner, como nos ensina Robinson, mantêm alguma coisa ali em movimento por meio de suas mortes inevitáveis, alguma coisa que não tem como ser vitoriosa sob o(s) governo(s) do herói e de seu povo, mas que sobrevive em algo mais exaustivo. Há algo de não-heroico nisso, algo outro em relação ao heroísmo no fato de não se conseguir vencer. Sob a lei do herói, e apesar das quedas e mortes, até mesmo os heróis trágicos são lembrados por meio da vitória de *um* povo. Eles são monumentalizados por terem caído no caminho para o sucesso. Ou, pelo menos, é assim que um herói branco é concebido. Mas, no caso do anti- e (ante)herói negro, condensado e dispersado no sacrifício para a vitória d'*o* povo, a totalidade ontológica que realiza esse sacrifício se encontra em relação antagônica com *um* povo. Com a ajuda da OBA-C, da AfriCOBRA e da AACM (Associação para o Avanço dos Músicos Criativos), será que podemos imaginar outra maneira de pensar os solistas, as mulheres e os homens que associamos ao heroísmo negro, certas pessoas negras que curtem pra caralho o amor? O que elas fizeram, o que eles produziram para além do heroico e do não-heroico que vêm a nós neste mundo? Fazer essas perguntas, que nos fazem retornar à pergunta que essas pessoas nos fazem, significa olhar mais de perto para poder ouvir ainda mais coisas em seu trabalho, em sua maneira de agir por meio desse trabalho e no lugar onde tudo aconteceu.

Cotidianidade

Percebemos mais uma vez, ao continuarmos tentando prestar atenção, que a OBA-C, as gangues de rua, o dono da taberna, a rapaziada da vizinhança, todo mundo sobreviveu, dia após dia, sob condições que deram origem, diríamos — mas que não deveríamos dizer com tanta facilidade — ao heroísmo. O local onde o trabalho era realizado e as pessoas que faziam esse trabalho vieram da vida social negra, do cotidiano impossível, diariamente conduzido. As pessoas comuns vivem (ante)heroicamente no mundo de um ser-povo negado e recusado. No espaço ao redor do *Muro*, o superlativo tenso, o perfeito quebrado, o impossível sob condições generalizadas de impossibilidade saem do não se pode ver em direção ao não se pode ver. Na corrosão burlesca e sobrecarregada do heroísmo, vemos a qualidade do feito cotidiano, sua revisão constante, sua condição comum, sua perturbação, sua aposição não-monumental. Mas temos que resistir à tentação de eliminar, dessa aposição não-monumental, a ideia de que as pessoas negras comuns são heroicas; ao invés disso, e sem negar essa ideia, focamos em seu entorno: no fato de que o (ante)heroísmo é (uma variação constante da) rotina. Não se trata tanto de afirmar que a vida cotidiana está impregnada de feitos heroicos, mas, sim, que o heroísmo é reelaborado ou deselaborado como vida social coletiva diária; isto é, ela é prosaica, repetida, revisada, variada, experimental, descontinuamente reiniciada. Toda essa aglomeração e fricção que acontece no *Muro* é dada de novo e de novo em tudo o que aconteceu com o *Muro*. Houve, antes de tudo, o que Romi Crawford chamou de "estar presente e ao redor do *Muro*". Peças de teatro foram encenadas e músicas tocadas em frente a ele. Então, pintaram algumas partes dele, vieram as chuvas, ele suportou um drama incalculável; um corpo morto foi deixado ali, escorado nele, o FBI veio tirar fotos, ele foi queimado. A vida agitada do *Muro*, às vezes, é retratada como aquilo que lhe aconteceu — um sinal dos tempos e um símbolo daquele lugar. Mas, na verdade, é precisamente isso que o Muro *era*, não o que lhe aconteceu; isso que a OBA-C era, e seu anti-heroísmo existiu a serviço do (ante)heroísmo negro, como compromisso diário com uma provisoriedade aniquiladora do *ser* que era, ao mesmo tempo, total. Se olharmos as fotos que temos da pintura e ouvirmos a poesia e a música ao redor do *Muro*, encontraremos, de novo e de novo, o antagonismo, o pintar-por-cima, a tinta e a cal, o papelão e o barbante, bem como um compromisso total com a impermanência da forma, pois a forma serve para ser usada, como qualquer coisa do cotidiano. Você a usa, ou seja, a deforma; e a usa sem ter sua posse, sem ter permissão para usar; você não a guarda para uma ocasião monumental, mas a preserva, abrindo mão dela, concordando com sua transformação e colocando-a em prática no e para o cotidiano.

Nada disso tinha a ver com dar visibilidade a uma pessoa ou outra; a questão sempre foi ver através dessas pessoas. Nem mesmo se tratava de ver através de uma pessoa especial e heroica a sua variante local. Isso não é ver através da opacidade, é espelhar-se na transparência. Mas a transbluescência do *Muro*, a névoa delta amplificada que ele ainda emite, permite que nos enganemos, chama nossa atenção para como o reconhecimento do heroísmo cotidiano ameaça a preservação dessa totalidade ontológica. Ele desvia desse ser-sujeito à reação precisamente porque a concessão de heroísmo com o objetivo de contar a verdade de *um* povo soa falsa na impossibilidade de sua relação com a generalidade negra e aberta d'*o* povo.

Em outras palavras, o objetivo do *Muro* não era a *sua* preservação, que nunca terá evitado o que poderíamos chamar de seu desaparecimento, mas sua transformação para fins de preservação da totalidade ontológica. Nesse sentido, ele difere do monumental. O objetivo também não era, estritamente falando, a preservação dos heróis contra o anti- e (ante)heroísmo geral que os enviou. Finalmente, e mais importante, tampouco o objetivo era a preservação de um povo, sua monumentalização. O que a OBA-C nos oferece é a deformação de um povo em nome de alguma outra coisa, algo mais estranho e mais belo – um antagonismo geral contra o ser-espécie.

O *Muro* e suas histórias nos ajudam a ver que um povo é apenas uma redução regulatória d'*o* povo; e uma pessoa, nesse caso, é simplesmente o signo de um povo ou, melhor ainda, a unidade de valor de um povo, atrelada ao herói em uma impossibilidade mútua. Essa fórmula redutiva carrega a sujeição nacional(ista) da estranheza do povo, cuja diferenciação constante — na e como prática subcomum, na e como poiesis social irredutivelmente háptica e topográfica, no e como estudo — terá se tornado coerente por meio da separação aritmética. É assim que o nacionalismo e a individuação se encontram, é assim que se torna possível essa combinação aparentemente paradoxal entre o caráter nacional e a singularidade absoluta das pessoas, já que a estranheza deve ser individuada e depois coletada para que seja acalmada. O monumento, uma extensão e intensificação da lógica do retrato, é a cristalização, resolução e/ou corporificação desse paradoxo: o indivíduo nacional na glória de uma equivalência geral que ele representa, sendo abstrato e único ao mesmo tempo — o homem representativo como uma espécie de moeda, a moeda do reino. Mas a diferenciação não é nem individuação nem pluralização. Ela recusa a lei do número inteiro. Vá a qualquer bar para encontrar, em exibição, essa esquisitice sob coação enquanto tenta defender sua ingenuidade. Vá a um clube negro, ou a uma igreja, para ver como isso é feito com a maior e a mais delicadamente violenta das técnicas, uma preservação dada em uma gama imensurável de dispersão e despesa, na forma de nossa disposição romântica, de nossa deposição mântica, de nossa aposição bufônica. Nóis é tão loco que destruímo nosso próprio monumento — de tanto esfregá-lo com as perguntas furiosas que ele nos ensinou a fazer, de tanto submetê-lo ao terrível gozo de nossa condição, ele acabou desaparecendo. Mackey poderia dizer que o *Muro do Respeito* é outro exemplo de nosso "testemunho da erosão". Nesse sentido, o nacionalismo negro é anti e (ante)nacionalismo, assim como o heroísmo negro é anti e (ante)heroísmo. Esse é o pan do africano.

Apagar nosso trabalho

Agora, o que isso significa para quem deseja seguir os passos da OBA-C em nossos dias, ou seja, os passos da tradição radical negra, os passos da vida social negra cotidiana na forma dessa honra coletiva em recusar a honra, desse (ante)heroísmo negro? Bem, sempre tivemos nossos heróis e nossas heroínas. Então, o que significa apresentar essas pessoas em nosso trabalho, em nossa escrita, a partir dessa compreensão do (ante)heroico? Como podemos fazer isso? Será que isso significa que, com a OBA-C, temos de encontrar maneiras de desmonumentalizar nosso trabalho e o trabalho sobre o qual escrevemos, pintamos ou cantamos? Será injusto dizer que a forma cultural de nossos dias, na medida em que foi adaptada na vida artística e intelectual negra, coloca o estudo negro em risco de monumentalização, pois está em busca do heroico, está se afastando do (ante)heroísmo negro?

Uma versão dessa monumentalização é a quantidade de honra concedida a uma posição individualizada. Spillers fala disso como o ardil, ou a sedução, da personalidade. A mera presença de uma pessoa acadêmica negra, de artistas negras e negros, da figura que cortaria a figura, é considerada uma vitória a ser preservada, e não o efeito de um compromisso imposto às instituições culturais pelo movimento negro e imposto ao movimento negro pelos poderes que operacionalizam as instituições culturais. Quando permitimos que isso aconteça, o problema não é apenas o fato de que essa mera presença na instituição toma a forma de um modelo de representação heroica de um povo, mas também o fato de essa atitude tentar regular o que o movimento poderia querer fazer desaparecer ou inundar em meio a essas derivações de nomeação e posição. Não há culminação, em unidades individuadas, d'o povo.

No entanto, considerando a OBA-C, a AfriCOBRA, a AACM e outros coletivos — não apenas pela forma como nos inspiram, mas também pela forma como nos desfazem, como seu (ante)heroísmo preserva a possibilidade de minar as tentações do monumental e as mentiras do herói e de seu povo —, talvez possamos começar a nos ajudar a desaparecer, a nos cobrir de tinta, a abafar nossos próprios sons, a deixar que nossos solos se desvaneçam em nosso ruído. O *Muro do Respeito* estava a serviço de uma fuga subcomum para longe do *ser* e de um esforço de atravessar o *ser*. Ele não era o objeto. Ele não se limitou à oposição Sua objeção floresceu sob e em torno de sua objetidade. Enquanto empregos, shows e livros continuarem sendo o objeto (vistos como uma necessidade ao invés de sua necessidade ser vista e vivida), seremos ainda algo heroico. Temos de encontrar novas formas de trabalho que insistam na impermanência dos monumentos em uma totalidade esgotada, inconsistente. Como podemos ganhar a vida dessa forma? Como essa forma pode ser o nosso modo de vida? Ela deverá ser mais do que uma inversão de tudo o que fazemos, ainda que seja isso também; é um sacrifício para o qual não podemos sequer nos voluntariar. O sacrifício — a partilha da oferenda, do prazer, do luto, da lembrança — tem sido considerado, com frequência, algo obsceno, enquanto a reivindicação unitária de uma posição é celebrada como virtude. É melhor que a virtuosidade negra, o heroísmo negro, seja uma coisa ruim!

SUICI-DAR-SE COMO CLASSE

No texto *A arma da teoria*, Amílcar Cabral diz que a pequena burguesia está em melhor posição para assumir o controle após o fim do colonialismo, em parte porque essa classe tem, de fato, um bom entendimento do imperialismo. Afinal, quem sentiria mais, de maneira mais intensa, a negação da pessoalidade, que o imperialismo administra como instrumento e efeito político-econômico, do que aqueles que se sentem mais próximos dele? Quem está mais consciente da distância intransponível entre si e a pessoalidade do que quem que sofre a constante e brutalmente aparente proximidade desse impossível sujeito e objeto de desejo que o imperialismo impõe com um rigor tão diabólico? De uma forma complicada, tanto dentro como contra a tradição de Cabral (e Septima Clark e Frantz Fanon e Elma François e Fred Hampton e Claudia Jones e Paule Marshall e George Padmore e Funmilayo Ransome-Kuti e Walter Rodney e Barbara Smith), temos nos acostumado com a noção implícita de que são essas as pessoas que falam de forma mais natural e eficaz sobre e em nome do impulso e da aspiração anticoloniais. Mas quando Cabral diz, com toda clareza, que não há contradição entre ter um entendimento do imperialismo e fazer parte da pequena burguesia; quando ele sugere, com toda ênfase, que esse entendimento é uma característica essencial da pequena burguesia durante o colonialismo e depois dele; e quando permanecemos conscientes do trabalho que a pequena burguesia realiza na construção e na manutenção do colonialismo e do imperialismo, no tempo de sua duração e no tempo após a liberação, nos países e nos povos que continuam a ser submetidos a eles, onde o legado e a imersão são consubstanciais; quando levamos tudo isso em consideração, podemos talvez aceitar a possibilidade — que Cabral nos oferece — de reconsiderar nossos hábitos. É uma oportunidade para o estudo negro lidar com um problema fundamental para ele, que aparece no advento e na evolução contínua dos estudos negros, em que a revolução e a devolução estão próximas demais, e de maneira confortável.

Se agora falamos — torcendo para estarmos sob a proteção de Cabral — sobre a neocolonização do estudo negro pelo complexo acadêmico-artístico, não o fazemos para apontar o dedo para os outros ou para nós mesmos, mas para tentar pensar, em nossa tradição, de maneira desindexical, no desconforto amoroso, na fricção comum. Considere, então, para fins de um oportunismo às vezes necessário, a atual intensificação da batalha permanente entre nativo e imigrante no setor afrodiaspórico da universidade americana, que é menos como *Game of Thrones* e mais como *Gangues de Nova York*, e isso na medida em que, no fim das contas, ficamos diante do triste fenômeno de uma elite pequeno-burguesa brincando de lutinha entre si, enquanto o proletariado negro tenta arrumar um pouco de ar para respirar. Esse ar é, e sempre foi, mais apreciado por suas contrapartes pequeno-burguesas na atmosfera opressora e genocida da contrainsurgência fascista da branquitude, que segue adiante cada vez mais intensa.

Considere também que não há categorias mais úteis e consagradas para a produção, reprodução e proteção do poder imperial e de suas operações — e para a supressão da capacidade dos povos e das pessoas de se moverem e ficarem em repouso, ambas as coisas na recusa do lar, não importando as fronteiras e identidades nacionais — do que "indígena" e "imigrante". Isso é especialmente verdadeiro nos Estados Unidos, cuja variante da brancura norte-americana sempre foi uma mistura nociva dessas falsas alternativas. As sobras dessa manufatura sangrenta — que são deixadas para os sujeitos cidadãos não-brancos da pequena burguesia, quer eles queiram reivindicar ou recusar o devir-americano — consistem em fragmentos de um ou de outro, nunca a plenitude de ambos. Essa ferida se transforma em uma cicatriz negra, em uma máscara branca, liquidando as diferenças subcomuns em nome da separação insensível e imperial da vida social negra, e no interior dela, tanto nos Estados Unidos quanto em toda o mundo que os Estados Unidos dominam com uma venalidade cada vez mais assassina, cada vez mais exagerada. Enquanto isso, a pequena burguesia trabalha arduamente, ainda que muitas vezes de forma não intencional, para proteger os fundamentos metafísicos do próprio imperialismo sobre o qual ela possui um entendimento crítico. Seus reflexos intelectuais performativos passam por uma fantasia de subjetividade baseada em sua incapacidade de tê-la. A pequena burguesia alega falar — a partir de uma posição que assume, mas não pode declarar em voz alta — em nome das pessoas que descobrem o oxigênio que mal conseguem produzir; ela alega respirar no lugar das pessoas que não conseguem mais respirar; ela alega estar aqui, agora, para apoiar as pessoas cuja presença nunca foi tão facilmente esquematizada. Ela realiza esse trabalho imaterial e não intencional com a melhor das intenções, enquanto o mal-estar pós-colonial recai não sobre o poder imperial, mas sobre os próprios intelectuais pequeno-burgueses — de maneira inconsciente, até mesmo involuntária, são representantes nativos dos interesses estrangeiros, que "preferem" o repúdio moralista a favor da pureza retórica que a "descolonização" se tornou em detrimento da interminável, fugitiva, luta anticolonial pela sobrevivência da vida ante-colonial — que, como sempre, está ficando sem tempo.

A intensidade do problema está no fato de que merdas como essa acontecem entre *nós*, as pessoas de bem de cada Estado-nação apodrecido, brutal e delirante. Cada pessoa que não é realmente *uma*, e que sabe por que não é e nem pode ser realmente uma, mostra-se bem-intencionada ao falar em nome de quem considera tal pessoalidade menos como um objeto de desejo e mais como um problema fantasmagórico a ser temido e evitado e destruído. Que diabo, estamos bem-intencionados neste exato momento, esperando que haja algo no que dizemos que vá perfurar as coisas que presumimos em nosso dizer. Só que essa esperança não é nada sem prática, essa fé não é nada sem trabalho, sem labuta, sem aquela ralação constante, ativa e subterrânea, cujo subproduto terá sido nosso desaparecimento. Esse é o conteúdo da descrição profética feita por Cabral. Ele afia a arma da teoria para nós, para que possamos atravessar a teoria e a nós mesmos. Ele nos dá a oportunidade de ver, de maneira mais clara, que a competição de chauvinismo entre indígena e imigrante, quando a linha de cor constitui a interdição de sua convergência, obscurece a guerra de classes intradiaspórica, intra- e internacional em cada base estratégica e refúgio da vida afrodiaspórica. Ainda é necessário pensar e habitar a vida e a luta da classe trabalhadora negra como a inabalável aposição do impensado, a desconstrução fugitiva do mundo e a reconstrução da terra por seus inabitantes. A arma da teoria nos permite ver as lentes sociais cuja farsa queremos revelar quando somos também trabalhadores braçais negros.[104]

Nesse sentido, podemos começar a entender a estranha incapacidade da pequena burguesia decolonial de se denominar como classe ou como revolucionária, ao mesmo tempo em que oferece uma crítica quase constante ao imperialismo. Isso acaba não sendo um mistério tão grande se nos movermos ao modo da descrição analítica, recusando a oposição entre descrição e análise e, ao mesmo

---

104 Ver George PADMORE, *The life and struggles of negro toilers* (1931), disponível em: https://www.marxists.org/archive/padmore/1931/negro-toilers/index.htm.

tempo, trabalhando no deslocamento da autodescrição e da autoanálise. Talvez a descrição analítica comece com o reconhecimento de que deve haver algo mais do que a descrição analítica, pois ela não é, em si e por si mesma, uma prática para-cerimonial. A reflexividade crítica negra não pode simplesmente declarar que escapou da sala de espelhos que constitui a mente (auto)representacional e suas artes políticas. O que ela terá de publicar deve se abrir para uma espécie de incompletude devocional, e não para uma negação da incompletude. Com quais irmãs Cabral terá recebido seu treinamento, afiando a arma da teoria ao redor de uma mesa de cozinha na ausência de uma cozinha?

E se a ausência da cozinha for uma função de algo que terá estado lá? Veja o título do famoso discurso de Cabral. Ele usa a expressão "arma da teoria", porque está argumentando a favor da teoria. Ele está vindo de um outro lado tão distante que sente a necessidade de fazer essa afirmação. Ele vem de longe ao vir da prática, ou melhor, da práxis, de um lugar tão longe de casa, onde a ausência da cozinha torna possível a mesa de cozinha, que sente necessidade de lembrar à audiência que a teoria é uma arma e que ela é a *nossa* arma. Ele vem da fazenda onde fez a análise do solo, da tenda onde está planejando um ataque em defesa comum, dentro e fora e a partir desses exercícios, e diz que a teoria não é apenas teoria, mas também uma arma. Agora, considere como essa frase soa inteiramente supérflua no e para o nosso complexo acadêmico-artístico. É claro que a teoria é uma arma, ouvimos com frequência. É nossa arma primária (mas também a arma de uma necessidade adiada, de um adiamento necessário). Mas esse grito de guerra da teoria como arma — ouvido em quase todos os lugares nos percursos bienais e trienais mais obscuros e em todas as reuniões dos fiéis institucionalizados — perdeu o conteúdo das palavras que Cabral proferiu na primeira Conferência Tricontinental dos Povos da Ásia, África e América Latina, em Havana, em janeiro de 1966. Ele nos disse que a teoria é parte do arsenal da revolução; ele não disse que era a representação da revolução ou uma posse daqueles que a representam.

Mas, hoje, o que é esse grito de guerra "a teoria é minha arma"? De que prática emerge a teoria que se faz no interior do complexo acadêmico-artístico? Ela emerge de uma prática na qual a teoria é reduzida para deixar de ser o ponto realista de um ver-em-comum e se tornar um ponto abstrato e inocupável de expressão individual. Não é de se admirar que esse complexo seja tão tautológico quanto o militar-industrial, ele que garante nossa segurança ao tornar o mundo mais perigoso, impondo a precariedade em nome da segurança. Cabral diz que não estamos aqui para gritar na cara do imperialismo. Não é assim que essa arma funciona. E o principal motivo para ela não funcionar assim é funcional, e não teórico. A teoria não pode ser empunhada como arma por um teórico. Não há como levantá-la ou apontá-la para algum lugar de maneira individual, por uma única voz, ou mesmo por um coro de vozes únicas gritando contra o inimigo. É assim que nossa arma é arrancada de nossas próprias e mortas e individuadas mãos e é usada contra nós — sobre os restos corporais que chamamos de nossos e que fingimos ser nossas vestes — como um instrumento de tortura e constrangimento. Isso não é uma arma revolucionária. Agora, quando pensamos no que poderia de fato ser uma arma desse tipo, tendo a prática da revolução se tornado mais evidente com a obliteração de quaisquer ilusões de reparo que pudéssemos ter (que, no fim, terão sempre sido direcionadas ao sistema que danifica e não a quem sofreu o dano), encontramos a razão adequada e as ferramentas adequadas para ter uma noção da importância daquilo que a pequena burguesia — que hoje inclui os gerentes de filiais, proprietários de lojas e microempreendedores individuais do complexo acadêmico-artístico — pode e não pode fazer, deve e não deve fazer.

É famosa a afirmação de Cabral de que, uma vez assumido o poder, "a pequena burguesia *revolucionária* deve ser capaz de suicidar-se como classe, para ressuscitar na condição de trabalhador revolucionário, inteiramente identificado com as aspirações mais profundas do povo a que pertence." Além disso, diz ele, "a libertação nacional é essencialmente um problema político, as condições do seu desenvolvimento imprimem-lhe certas características que são do âmbito da moral".[105] Cabral não fala aqui sobre cometer suicídio de classe. Ele fala sobre cometer suicídio como classe. Afinal, e se a própria ideia de suicídio de classe for o adiamento do suicidar-se como classe? E se esse ato final de vontade de classe, empreendido por um outro sujeito da história que substitui o proletariado — ele que simplesmente jamais agirá da maneira correta em meio a todas as suas inconcebíveis protuberâncias ou lumpenidades residuais —, não for nada além do ato final e infinitamente renovador da política, nos termos de sua ordem e de sua completude metafísica, em que Estado e sujeito, na fusão amortecedora e antidiferencial entre o individual e o coletivo, dançam em sua órbita recíproca e decadente? Não, Cabral diz que é preciso suicidar-se como classe, o que, segundo ele, terá surgido como um problema moral quando descrevermos analiticamente o cenário político de forma correta. E se a descrição analítica correta for aquela em que o reconhecimento de classe, dado na negação de um status de classe constantemente posto em ato, for deslocado por um exercício constante e experimental de antagonismo, em que a economia do des/reconhecimento é abandonada? O que está em jogo, aqui, não é tanto a comissão de uma coleção de atos individualizados, e sim a omissão da metafísica que reduz a prática subcomum à política, que nada mais é do que o ato do indivíduo. E se o problema moral emergir de sua subsunção ao problema político, quando o poder não é tomado nem democratizado, mas, ao contrário, recusado? O suicídio de classe é um (conjunto de) ato(s) político(s); o

---

[105] N. da T.: A citação se encontra em Amílcar CABRAL, *Amílcar Cabral: a arma da teoria* (Rio de Janeiro, Codecri, 1980), p. 41.

suicídio como classe é uma prática anti e ante-política. Isso significaria que o reino da moral — ao contrário do que diz a crença popular e científica desde que o Ocidente começou a tentar dar à luz a si mesmo, quando ele passou a tentar se proteger enclausurando tudo o que determinou ser o seu outro, em vários processos de alucinação hiper-racional — não é o espaço/trabalho entre sujeitos em relação. É preciso notar que isso dissolve/resolve o velho problema relativo à própria ideia, sem falar na (im)possibilidade, de uma moralidade política ou de uma política moral. A moralidade e/ou a ética e/ou a estética não operam no espaço imaginário entre sujeitos (e objetos). A recusa prática e antipolítica da metafísica da "moral" de classe é uma questão de revoada. Sentir plenamente as aspirações do povo ao qual se pertence provocaria uma bela e terrível diferenciação na revoada, uma irresolução harmônica do/no/com o coro em antecipação a um deslocamento no bando, em que o pertencimento foge do pertencimento por meio da partilha, no repouso de uma agitação por meio de movimentos topográficos constantes. A arma da teoria é uma conferência dos pássaros. A mesa de cozinha é seu público e seu editor.

Vamos tentar expandir, com maior precisão, a ideia de que o suicídio como classe — a recusa da classe e de suas estruturas e de seus rituais de filiação, que incluem o negar e o pôr em ato simultâneos da identidade de classe — opera fora da distinção entre (atos de) comissão e omissão. Vocês lembram de William Munny em *Os imperdoáveis*? Ele diz: "É uma coisa infernal matar um homem — você tira dele tudo o que ele tem e tudo o que poderia ter." Bem, que tipo de coisa é o suicídio? Qual é a relação entre o suicídio e o não-ser não-unitário do consentimento? O trabalho massivo de desinvestimento de si implica uma prática ainda mais massiva de apoio mútuo, em que a descrição analítica se dobra sobre ou se fricciona contra a prática comunitária. Talvez seja necessário passar pelo inferno de ter justificado o assassinato como resposta à ruptura brutal da xenogenerosidade, uma disponibilidade despossessiva. Nesse caso, o assassinato, ou o autoassassinato é a reação subjetiva que faz parte do programa autoindulgente, autodeterminante, autoenganoso, nacionalista, estatista e neocolonialmente decolonial da pequena burguesia, que pode sempre ser afirmado tanto da posição do autodenominado imigrante quanto da posição do autodenominado indígena. Se a liberação nacional — à medida que se move por meio do discurso da autodeterminação — é um problema político, então esse também é o sentido em que não deveria ser problema nosso, por mais que nos dê problemas, para nós que vivemos e/ou queremos viver as vidas e as lutas dos trabalhadores braçais negros que, em seu contorno, em sua voluptuosidade, em sua fundamentação desnivelada, em sua lumpenidade escandalosamente contorcionista e distorcionista, não têm classe (como Marx afirmaria com uma perspicácia infalível, ainda que surda, e como os Panteras sabiam). Sua não-filiação é uma prática de não-pertencimento.

Agora, podemos considerar (os problemas políticos das) pessoas que se consideram a "pequena burguesia revolucionária". É claro que o primeiro problema é que ninguém se considera assim. Essa categoria de classe marxiana tem sido usada principalmente a serviço de um anticomunismo esquisito, enquanto velhas categorias burguesas, como "classe média" ou "profissional", ou novas categorias como "precariado" ou "criadores" são utilizadas de maneira casual, funcionando — em nome da "análise" — como descritores não analíticos dos componentes de um sistema estático. Também não está claro se essa "classe que não se chamará de classe" se considera revolucionária ou, ao menos, não está claro se os membros dessa classe abnegada usariam essa palavra em público para descrever suas perspectivas, que dirá suas atividades cotidianas, com algumas exceções exiladas, claro. No entanto, existe uma classe que não se autodenomina classe e não se descreve publicamente como revolucionária, e que de fato possui um "entendimento" do imperialismo que poderia ser considerado revolucionário e que, além disso, se reconhece nesse entendimento como portadora desse entendimento e, o que é mais importante e mais ilusório, como o fim continuamente renovável dessa revolução. O que devemos fazer com essa deiscência télica? Em primeiro lugar, talvez "adiamento" seja uma palavra melhor. Adiar o não "ser como uma classe" e o não se declarar "revolucionário ou a favor da revolução" é o que impede que eventuais análises ou descrições do imperialismo tenham uma consequência fundamental em particular: o suicídio. Por outro lado, essa classe também levanta uma questão mais profunda: por que iríamos querer que essa pequena burguesia cometa suicídio? Ou, de maneira mais agressiva, por que diabos precisaríamos dela? Será que devemos exigir o que desejamos, não da pequena burguesia, mas para ela, para ela que, ao menos, parece ser cúmplice do anti-imperialismo/colonialismo, ou mesmo da revolução, uma contradição na qual ela se mantém e retrai? Por fim, a pergunta é: o que queremos de nós e para nós? Será que sofremos de um fracasso ou um excesso de autoconsciência como classe? Como poderemos recusar essa estranha e autoconsciente encenação do inconsciente de classe da pequena burguesia revolucionária?

É uma questão incômoda. Talvez tenha sido um erro propor que a pequena burguesia pudesse escolher o suicídio como classe. Newton está trabalhando nesse problema com sua ideia de um suicídio revolucionário. Ele parece não exigir a totalidade da classe, mas, ao mesmo tempo, parece estar atrás de alguma maneira de garantir que essa parcialidade não caia no individualismo. Seu ascetismo não é vanguardista — a ideia de que a liderança deve "morrer pelo povo" —, mas, sim, um entendimento sobre como a pequena burguesia poderia ter as duas coisas, ou, em outras palavras, como a pequena burguesia era/é uma classe verdadeira, operando entre a burguesia e o proletariado. Essa foi a classe que Newton conheceu em Oakland, ao passear com seu pai quando as pessoas pagavam as parcelas dos móveis que haviam comprado no crédito. Ele viu a durabilidade de uma classe de coletores locais reunindo a riqueza malignamente destilada da vizinhança e, assim, desempenhando a função indispensável de distinguir proletariado e lumpesinato por meio da gestão e das finanças; ele também viu a farsa da mera análise, viu como ela cabia tão confortavelmente bem na mão das políticas públicas quanto um bastão ou uma lança; ele viu a farsa do que Cabral chamou de estrutura de "posse societária", que nunca se sobrepõe diretamente à propriedade *da* sociedade que o vendedor de móveis, o fabricante de móveis e o professor reivindicam.

É claro, Cabral coloca isso tudo, de maneira constante e em termos inequívocos, para a pequena burguesia — é melhor fazer sua escolha. Mas Newton viu que esse adiamento da revolução — dado também e com a devastação mais suave, porém mais inevitável no ser para-si e para-o-outro de uma classe revolucionária, cuja ética é constantemente ensaiada em atos ou posturas ou sentimentos ou intenções anti-imperialistas ou antirracistas ou anti-trans/homofóbicas — *era* a condição material fundamental da pequena burguesia revolucionária. Quando um membro dessa classe diz algo como depois que eu conseguir estabilidade acadêmica, ou depois que eu publicar meu livro, ou quando eu for promovido, ou assim que as crianças se formarem, ou no meu segundo mandato, ou quando eu começar meu blog de notícias, isso não indica um erro de cálculo estratégico ou uma falha pessoal, ou covardia, ou imoralidade, não importa quem diga que esses tipos de crimepensar devam ser punidos com o cancelamento — uma sentença proferida e executada, com frequência, por aqueles que têm problemas etimológicos e que afirmam ser contra o encarceramento. No entanto, dizer essas coisas e cancelar quem diz essas coisas constituem a condição fundamental de pertencimento a essa classe, mesmo quando os adiadores se enganam pensando que já chegaram lá, e mesmo quando os adiadores têm toda uma análise sobre sua constante não-chegada, de modo que o ter chegado ao nunca ter chegado se mostra o adiamento final do suicídio como classe.

Felizmente, Cabral nos lembra que a pequena burguesia anti-imperial é uma classe real, mas não uma classe eterna. Ela é real porque produzida no modo de produção que se encontra em evolução. A produção logística distribui a gestão. Ela não a reduz nem a dissolve. Agora, no mercado da arte, por exemplo, ela está em tudo quanto é canto. A autogestão ou autoria é o equívoco por meio do qual o poder de classe da pequena burguesia opera. De qualquer forma, uma parte dela vive agora em uma condição suspensa de adiamento e separação, cinquenta anos depois de Cabral, enquanto segue fazendo suas análises diariamente. Mas talvez essa sempre tenha sido sua condição real, que também sempre foi sua falsa condição. Porque, se ela, de alguma forma, cometesse suicídio como classe, se essa fosse sua prática partilhada, ela não apenas perceberia que a revolução já está aqui, mas também "existiria" como nada além da revolução, como e em sua preservação militante, como os trabalhadores braçais negros.

Enquanto isso, como a análise, assim como as políticas públicas, e na forma de uma política pública, classifica a pequena burguesia revolucionária, o proletariado e o lumpesinato, e como e por que isso é deixado nas mãos da burguesia, não como uma função, mas como prerrogativa? Como esse legado milita contra o que Martin Luther Kilson Jr. viu como um acontecimento ocasional, mas que precisaria acontecer em todos os casos possíveis — uma opção preferencial (em oposição aos décimos talentosos que supostamente a carregam e a exercem)?[106] Como o oposto do imperialismo passou a ser enquadrado como anticomunista? Como liberdade? Ou como o seguinte pensamento individuado: "Qual é o sentido de me negar o que eles (você sabe, eles, a burguesia branca, a *verdadeira* burguesia) deram uns aos outros?"

Há outro discurso em que Cabral se dirige aos funcionários do governo que ainda trabalham sob a administração portuguesa da colônia. Ele *os* incentiva a participar da luta *deles*, dizendo: "Todo emprego deve se tornar um posto de combate". Se todo emprego é um posto de combate, então todo posto se torna partidário, como de fato é o caso. E se a opção preferencial não for nada além da defesa comum contra a opção presente, contra todo emprego empregado contra nós — incluindo o trabalho autônomo, incluindo a recusa da autonegação pelo autocuidado, que é a essência de praticamente todos os empregos, dada em uma vasta gama de misturas de autoexaltação e autodegradação, de modo que todo emprego de merda é o pior emprego de merda que você poderia ter, uma condição contra a qual você não pode lutar por conta própria, nem dentro nem fora dele. Desculpe, Padrinho, mas o nosso objetivo não é fazer do emprego nossa posse.[107] Temos que lutar contra ele.

106 Martin L. KILSON, *The transformation of the African American intelligentsia, 1880-2012* (Cambridge, Harvard University Press, 2014).
107 N. da T.: O Padrinho do Soul, James Brown. Na música *Funky President (People it's Bad)*, ele canta "monte uma fábrica, faça do emprego sua posse". Era conhecido o apreço de Brown pela ideia de um capitalismo negro, sua incorporação da lógica meritocrática do empreendedorismo individual como uma forma de tirar a população negra da miséria.

Temos de lutar contra os termos e as condições, as exclusões e as separações que subordinam nosso trabalho ao emprego deles. A teoria deve ser a nossa arma nessa luta e deve ser dada em nossa prática, na forma como nos reunimos, ao longo de nosso caminho. Porque, na verdade, não se trata do que dizemos, se o que dizemos não emerge do trabalho que fazemos e não deságua nele. Nenhum ato de expressão individual, nenhum conjunto de atos desse tipo — aquilo ao qual até mesmo a resistência armada é reduzida na institucionalização da memória — pode representar, e muito menos empunhar a arma da teoria. O porte de tais armas terá sido dado na prática que partilhamos e defendemos, portando e cuidando militantemente de nossas diferenças em comum, elas que estão fora de qualquer estrutura ou economia da moralidade política da individuação de classe. Em nome de uma socioecologia ética, na esperança de uma recusa geral do ser-pequena, essa é a burguesia revolucionária, câmbio desligamos!

A DÁDIVA DA COR-RUPÇÃO

> Assim é a *Natureza* coleção de recipientes; os *Céus* contendo a *Terra*, a *Terra*, as *Cidades*, as *Cidades*, os *Homens*. E tudo *Concêntrico*; o *centro* comum a tudo é o *decaimento*, é a *ruína*; apenas pode ser *Excêntrico* o nunca feito; apenas este lugar, ou melhor, este traje podemos *imaginar*, porém nunca *demonstrar*, Essa luz, onde *Santos* habitarão, com a qual Santos serão trajados, apenas ela não se curva a esse *Centro*, à *Ruína*; o que não é feito do Nada, não sofre a ameaça da aniquilação. Todo o resto sim; mesmo *Anjos*, mesmo nossas *almas*; movem-se sobre os mesmos *polos*, curvam-se ao mesmo *Centro*; se não fossem feitas imortais por *preservação*, sua *Natureza* não poderia evitar a queda ao *centro*, *Aniquilação*.
> — *John Donne*

1

Pessoas negras preservam e defendem o inestimável para todo o resto, mas a ele não têm pleno acesso elas mesmas. Esse paradoxo se torna mais cruel pelo fato de que esse acesso não-pleno, nada-simples, é dado e recolhido nas práticas das pessoas negras. Além disso, e por consequência, o acesso parcial provoca a coerção ilimitada e a resistência brutal que as violenta no mundo e por meio dele, que pressupõe e tenta fazer valer o acesso total, ou nenhum acesso, tudo ou nada. Assim, o que se acessa – o que é retido e armazenado; o que é conservado, como diria Humberto Maturana – é o que Chandler e Andrew Benjamin poderiam chamar de deslocamento anoriginário de uma indigeneidade dispersa e enraizada — o único tipo que há — em variação ilimitada. É como se, no momento em que o mundo deixasse de olhar, ou podemos dizer, deixasse de ver ou ouvir, o que sempre e quase nunca ocorre, as pessoas negras tomassem esse pequeno e inestimável tudo de que precisamos para trabalhar nele, brincar com ele, amá-lo e odiá-lo, oferecê-lo e nunca abrir mão dele. Mas essa socialidade estética, como chama Laura Harris, é limitada não apenas por demônios capitalistas, supremacistas brancos; de alguma maneira, também as pessoas negras conseguem tocá-la mesmo estando fora de seu alcance, escutá-la mesmo estando hermeticamente selada, vê-la mesmo quando já não mais está lá. Essa vibe nonsense — que Okiji chamou de não-sensual — é a maldição do guardião, a oportunidade da dádiva, o volume reduzido sem nunca se tornar silêncio.

O foco no termo ou no tema da corrupção foi sempre inadequado. É como se a corrupção da própria corrupção nos corrompesse desde o início. Mackey fala de Baraka falando da música de John Tchicai como algo que está sempre "deslizando para longe do proposto", e esse deslize, esse glissando, movimento suave pra cima e pra baixo, ou talvez de um lado pro outro, ao longo da escala, esse desequilíbrio, essa imedida está sempre lá na palavra "corrupção". Está ali no modo como a palavra não pode se proteger do que esbarra nela, em uma espécie de enxame semântico: decaimento, impureza, o ser-caído, pecado. A corrupção não pode se proteger do fora que está já dentro, em sua própria essência, da qual nos tornamos vítimas na medida em que somos, desde sempre, a própria emanação dessa essência. Quem somos nós para falar de corrupção quando somos sua própria dádiva? Porque caímos, e não conseguimos ficar de pé, tudo que podemos fazer é abraçar a corrupção; mas isso logo começa a parecer um roubo, e não apenas uma retomada fugitiva. A corrupção, em certo sentido, tem a ver com o modo como as coisas desmoronam no interior da problemática geral do que nunca se conjuga direito, e isso que estamos fazendo, esse evento, está lá nessa mistura, nesse meio, ou nesse nevoeiro, nesse mistério, tudo tudo ou nada aqui dentro, tudo lá fora como uma tendência geral.

A dádiva da corrupção é uma fantasia aformativa; volume em queda de modo metamorfológico, ante-estático. Nosso primeiro passo em direção a essa coisa em que já estamos e ao que já está inteiramente em nós, como nossa própria essência e nosso desfazimento, é através de John Donne ou, como gostamos de chamá-lo, em uma tradução equivocada, John Dádiva, ou John Doar. Boa parte do que ele nos doa, do que se dá em Donne, da doação geral que é dada nos arredores de Donne, do que se produz ali, sobretudo na obra tardia da divindade conhecida como Donne, é uma vasta meditação sobre a morte, essa ocasião sempre-emergente. A questão da morte é, em sua escatologia, inseparável da questão do nascimento e, de maneira mais geral, da criação. E, bem, tudo que podemos oferecer agora são as sobras. Abandonamos uma coisa que queríamos escrever, um texto em homenagem a Stephen Boot e que falaria da Meditação X das *Devoções para ocasiões emergentes*. Com Donne, continuamos aprendendo e desaprendendo algumas coisas sobre preservação, e que Booth chama de "conservação". O livro onde, supostamente, esseas sobras deviam estar, já há muito foi lançado, mas nós as guardamos mesmo assim, mesmo elas tendo passado da validade, perdido o frescor, ou sido parcialmente usadas. Só que ainda queremos oferecer uma leitura do encanto calipsoniano que encontramos na (sua) meditação, de sua tirania ruminante, ao modo de uma remada contra sua corrente, remada induzida pela incapacidade de superá-la ou deixá-la para trás. Talvez uma atenção mais focada nessa corrente *já seja* algo contra ela, um resistir a ela, ou mesmo algo que excita sua resistência. Será que queremos uma poética da ressurreição? Talvez a prática geral seja uma ecologia textual, e o que tentamos ver e ouvir é o que não tem valor, o que não pode ser aprimorado, apenas usado, de novo e de novo, numa espécie de declínio, um tipo de queda, na espiral estranhamente preservativa de uma órbita decadente. De novo e de novo, nada a ganhar, e vocês podem até falar em preservação e inutilidade, como Booth faria, mas com uma satisfação fulminante, withersiana, com esse desperdício.

Talvez o que faça ressuscitar – quando tudo vai ficando emaranhado na revolução profetizada por Fanon – seja esse declive consubstancial, inteiramente nu. Talvez imaginar algo tão aquém e além da demonstração nos permita uma investigação sobre a natureza da pessoalidade, seu eleitorado interno, sua sintaxe e sua gramática brutais. Talvez seja possível chegar em algo próximo do caráter divino – dado em sua inutilidade, na recusa de se prestar a algum uso e, ao mesmo tempo, no seu acolhimento da instrumentalidade – das coisas feitas por mãos humanas ou da humanidade desfeita. Mas temos de ser mais precisos e dizer que nem nos interessa muito oferecer uma leitura de Donne, ou tomar Booth como leitor de Donne (será que Booth sequer gosta de Donne? Há uma sensação vestibular valorizada por Booth, uma experiência de estar no limiar da descoberta do que não está bem lá, um potencial de potencialidade em uma "mente prestes a capturar uma conexão sagaz entre coisas que pouco têm a ver umas com as outras", e que Donne – algo que desconfiamos que Booth diria –, com frequência, toma de nós, e isso antes mesmo que possa ser doado, na grandiosidade de sua dádiva).[108] Talvez haja um excesso de autocongratulação espalhafatosa, uma coisa muito heráldica na sagacidade de Donne. Talvez falte alguma reserva para que algo seja descoberto em sua furtiva não-aparição.

108 Stephen BOOTH, *Precious nonsense: the Gettysburg address, Ben Jonson's epitaph's on his children, and Twelfth Night* (Berkeley, University of California Press, 1998), p. 72.

Talvez ele não nos deixe algo suficientemente desfeito, tão preocupado estava em nos chamar atenção, de maneira barulhenta e inteligente demais, para o que devemos experimentar de modo involuntário; talvez ele não deixe nada sobrando no simples e incalculavelmente complicado ato de apontar para o que nunca aconteceu muito bem. Mas, talvez, em sua generosidade pomposa, Donne nos traga algum *insight* sobre o tipo de coisa que Booth faz em sua crítica, tudo isso com o intuito de amplificar o anúncio.

A preservação da *potenza*, do que ainda não ocorreu; a *preservação da tendência*; a conservação da subjuntividade dada na figura do quark, unidade de matéria/energia que se mostra a uma distância do que Booth chama de "ambiguidade ativa e substancialmente informativa", e que, por conta disso, torna possível um tipo específico de (inter)articulação que ele afirma constituir a grandeza poética ("a interação das energias latentes e das que são exploradas") — essa referência em série ao ponto e ao momento da descoberta é o modo como o trabalho de Booth se desdobra; essa é a gentileza irritante de seu "*close reading* sem leituras", a insistência com a qual ele fricciona os textos do jeito errado, provando da presença eucarística deles, por assim dizer, na radicalidade de um entendimento equivocado acerca da hóstia. Há uma recusa anafenomenológica do impulso estatista, e isso nos lembra de que há algo, mesmo neste mundo, que sujeitos não produzem, como se a própria manufatura de mundo fosse predicada na suposição de que, mesmo ela, poderia ser renunciada com uma espécie de alegria terrena.

2

Qual é a relação entre sentido e morte ou entre sentido e Estado ou entre explicação e interrrogatório, entre tudo isso e tortura? Será que a fricção incessante da crítica é o que Samuel Delany chamaria de "um jogo de tempo e dor"? Será que esse é o lado B, o terrível comentário silencioso acerca da suspensão, de certa ecologia textual do erro, da vida terrena na/como parte inferior do mundo, sua aposição? E se o propósito da crítica for a suspensão — literalmente pairar no ar, ou deixar umas merdas no ar, segurá-las lá, como Ali fez com Floyd Patterson ou Ernie Terrell? Cada soco, ampliado pelo acompanhamento verbal de um quiz interminável com perguntas sem resposta ("Qual o meu nome?"), torna-se um apoio estrutural que segura em pé o que já foi derrubado pela conferência em série que acabou de ser lida, como se fosse uma amarra. Seria uma ação semelhante à experiência do atleta lunar que Booth diz que nos tornamos quando lemos os sonetos de Shakespeare, só que a diferença estaria no fato de que não é apenas o texto que é lançado a uma levitação espiralada em que a queda é sentida sempre como um voo, em que o reforço é violência nominativa — o mesmo acontece conosco. Essa é a agressividade do conservadorismo de Booth — que se encontra em preservação como um ato de in(ter)venção irruptiva e corruptora —, uma atividade e uma aquisição torturantes do descobrir e da descoberta, em que a magia continua mágica apenas na medida em que é explicada.

Sobre Ben Jonson, Booth escreve:

> A inclusão, por meio do dístico, de lembretes dos modos desconfortáveis de pensar sobre a morte da criança dá ao gesto ainda banal e simplista a sensação de uma filosofia que foi testada e verificada em sua suficiência.
> Deixe-me explicar.[109]

O *nonsense* recomeça o problema da tradução filosófica, assim como o da autossuficiência: *Sinn*/sentido/significado é ou são postos em cena precisamente na medida em que muito do que Booth faz ao preservar o *nonsense* — quando ele o revela, explica, valoriza — é manter aberta/manter-se abrindo a suspensão referencial em sua queda interminavelmente excêntrica. É assim que *Sinn* e pecado [*sin*],

---

109   N. da T.: A citação de encontra em Stephen BOOTH, *Precious nonsense: the Gettysburg address, Ben Jonson's epitaph's on his children, and Twelfth Night* (Berkeley, University of California Press, 1988), p. 73.

pecado e corrupção friccionam do jeito certo. Tem a ver com a descida da transubstanciação à consubstancialidade. O que é isso que um texto se torna para nós, por meio de um ritual, ao ser anunciado, assim como é anunciada a presença real de Cristo na Eucaristia? Isso faz com que você queira correr: das devoções, da Trindade, da forma ternária, em direção ao *nonsense* de um círculo fraturado. Quando Donne é unido a Henry Dumas, você tem uma espécie de Coltrane, cujas meditações, como as de Mingus, tocam essa intra-ação entre *nonsense* e alimento espiritual. O que deve ser alimentado pelo que é insubstancial? Será que há uma materialidade no insubstancial? Talvez seja isso a literatura. Mas, caso seja, caso seja o fazer dessa obra, então isso se dá na e como dádiva da corrupção. É como se, na pronúncia das palavras "comam, bebam, isto é o meu corpo", o que se encontrasse em uma proximidade esmagadora e perigosa da promessa de ressurreição fosse o problema mesmo da insurreição. Na meditação de Donne, isso aparece como o problema da relação mundo-corpo, um problema acerca da corporeidade e da institucionalidade, que *Body, Community, Language, World*, de Jan Patočka, ajuda a iluminar. Lá, ele escreve o seguinte:

> Chegamos à conclusão de que o mundo, no sentido de uma totalidade antecedente que torna possível a compreensão do existente, pode ser entendido de duas maneiras: (a) como aquilo que torna a verdade possível para nós, e (b) como aquilo que torna possível a existência das coisas individuais no interior do *universum*, e a do próprio *universum* como a soma das coisas. Aqui, novamente, o fenômeno da corporeidade humana pode ser fundamental, já que nossa elevação para fora do mundo é individuação de nossa corporeidade subjetiva; somos seres individuais quando realizamos os movimentos de nossa vida, nossos movimentos corpóreos. Individuação — isso significa os movimentos em um mundo que não é mera soma de indivíduos, um mundo cujo aspecto não-individual é anterior ao indivíduo. Da mesma forma que Kant percebeu em sua

concepção de espaço e tempo como formas que devem ser compreendidas em primeiro lugar, caso se torne evidente que há particulares que pertencem a uma realidade unificada. É como seres corpóreos que nos tornamos indivíduos. Em sua corporeidade, humanos se encontram na fronteira entre o ser, indiferente a si mesmo e a todo o resto, e a existência no sentido de uma pura relação com a totalidade de tudo que há. Com base em sua corporeidade, humanos não são apenas seres de distância, mas também de proximidade, seres enraizados, não apenas de maneira intramundana, pois também são seres no mundo.[110]

Bem, quem é esse "nós" sobre o qual Patočka está falando? O "nós" que chegou a essa conclusão? Ora, em certo sentido, somos o mundo. Somos mundo na medida em que podemos chegar a conclusões sobre ele — de maneira mais específica, a conclusão de que o mundo torna possível, para nós, a verdade e a individuação. O mundo é nossa corporeidade comum, sua instituição, por assim dizer, no interior da qual nossa individuação é dada no corpo e como corpo, e essa individuação retorna, para e na e como ela mesma, como a condição de possibilidade do conhecimento no mundo e sobre o mundo. Somos o nós que é o mundo na medida em que somos e temos (alguns) corpos. Mas esse estado estacionário, em que corpo e mundo são dados como condição de possibilidade um do outro, como o que preserva um ao outro, é sobrecarregado pelo dinamismo anti/biótico que ele deve manter em contenção.

Se os conceitos de corpo e mundo nascem em/como uma espécie de embalsamamento mútuo, em que a filosofia negligencia aquilo sobre o qual a teologia deve ruminar, então a ruminação de Donne é dada como um surto constante, residual, em torno de uma carnalidade que nem o corpo, nem seu furto, nem o conceito de corpo, nem sua retenção jurídico-filosófica pode de fato conter. Seres intramundanos carregam, mas não podem suportar a "intensidade mais íntima"

---

110 Jan PATOČKA, *Body, Community, Language, World*, trad. Erazim Kohák (Chicago, Open Court, 1998), p. 178.

de Kafka; não-seres submundanos carregam questões feitas de uma descorporificação que Fanon não consegue tolerar. Se o conceito de corpo, e de mundo como um tipo de corpo político coletivo epistêmico, acaba sendo uma institucionalidade mumificada, isso se dá no contexto de uma falação constante sobre corrupção, uma acusação constante e autodirecionada de corrupção que, na verdade, constitui uma espécie de embalsamamento. Nesse sentido, a ansiedade em torno da corrupção preserva o corpo e o mundo, o corpo no mundo. Falamos de nossas instituições corruptas para que sejam reformadas; falar assim já é, na verdade, reformá-las. É assim que o jogo entre as chamadas "relações públicas" e o chamado "jornalismo investigativo" se torna uma autocongratulação pseudodemocrática, em que a instituição se recusa a decair, a se desintegrar, a se deformar. Mais precisamente, o que está em jogo não é a reforma de instituições, mas a deformação da instituição como tal. Como isso terá sido posto em ato? Por meio de algo como uma preservação militante. Mas é aí que a coisa fica complicada — nessa reduplicação das inumeráveis pequenas arestas da corrupção.

A corrupção é o dano feito à pureza. Suas raízes estão em um verbo que diz "quebrar". Os trajetos dessas raízes estão desatracados, como manguezais, incalculáveis. Podemos seguir ao longo delas até chegar ao entrelaçamento do decaimento e da geratividade, onde então desaparecemos. E se os próprios conceitos de corpo e mundo forem responsáveis pelo embalsamamento um do outro? E se a preservação militante for inseparável de uma espécie de decaimento? Aí teríamos que nos preocupar não só com o que a corrupção faz com a institucionalidade que nos mata, mas com o que ela faz por nós em nome da preservação. *O paradoxo da corrupção política é que ela é a modalidade por meio da qual a institucionalidade brutal é mantida. O paradoxo da corrupção biossocial é que ela constitui a preservação militante de um poder geral e gerativo de diferenciação e difusão.* Esses paradoxos se combinam para adornar as arestas da corrupção, para fazer com que ela se vire na direção da dádiva, que foi desde sempre uma faca de dois gumes, algo que podemos pôr sobre nós ou usar de vestimenta como se fosse o tecido mesmo de nossa pele.

Pôr sobre si, fazer algo sobre si, assumir para si — como na pergunta: "assumiria o saber dele como seu poderio / antes que o bico indiferente a deixasse cair?"[111] — é relembrar um dos verbos que Donne mais ama assumir para si: "trajar". Ele fala, para dar outro exemplo, em um sermão proferido em Whitehall (20/02/1628), sobre o que significa trajar nossas meditações com palavras, e de como vestir o pensamento com palavras — inseparável do verbo vestido de carne que é nosso Salvador, dessa perfuração da carne, desse cobrir a carne com uma *vibe* (com sentimentos) que é nossa salvação — constitui uma cadeia necessária de decaimentos configurada como advertência milagrosa. Vestir, arrumar, reconciliar, reformar; é assim que a salvação se mostra a nós, doa-se a nós, e é assim que nos mostramos a ela, em agradecimento e reconhecimento a ela. Mas o mostrar, esse jogo entre a aparência e o que será trajado, também se dá em e como nosso ser-caído, de nossa pecaminosidade, de nossa parcialidade não-possuída, e isso tudo desde o princípio. Donne fala de nós como aquilo que foi, apesar de sua nudez natal, trajado em pecado. Pecado como hábito, costume, nossa roupa de aniversário, de modo que o que há de mais autêntico para nós, esse ser-caído que nos é mais íntimo, torna-se nossa indumentária exterior. Viemos ao mundo nus, vestindo nada além de nosso pecado; mas, como Donne afirma, "o pecado está longe de ser nada, pois não há nada para além de pecado em nós". É assim que o sentido nos preenche.

Enquanto isso, será que a gritaria [*din*] — que é o nosso discurso, como diz Glissant — é a soma do pecado [*sin*] e do vestir [*don*]? Será que nossa amaldiçoada misericórdia

---

111 N. da T.: Trata-se de uma referência ao poema de Yeats, *Leda e o Cisne*. A tradução usada aqui é de Mário Faustino, disponível em: http://formasfixas.blogspot.com/2015/06/leda-e-o-cisne-de-yeats.html.

— essa terrível prática que é o já-ter-estado-nesse-lugar em nosso ter-ido-embora, em nosso abandono — é a dádiva revolucionária que se move através de nós, ou na qual nos anexamos como folhas em relação a um vento comum, de modo que aquilo que impele e perfura é o que nos carrega, de modo que acompanhamos o sopro que carregamos em nossa dispersão, em nosso modo de partilhar o não estar desaparecendo ou o não estar na margem ou num suflê de cinzas? Será que o ser-caído — que é nossa carnalidade, nossa monstruosidade, na forma da dádiva – é precisamente esse entrelaçamento de entrelaçamentos, decaimentos e sobrevivências que se faz presente no ser acolhido, tocado, entregue, nessa tendência à suspensão, como se tudo que fôssemos fosse esse contínuo ser quebrado e ser partilhado, as duas coisas de maneira inseparável? Será esse o princípio de uma incompletude em comum, de ter a pele nua como veste, de ter o pecado como traje, de ter sobre nossa carne uma intravulnerabilidade geral e atmosférica, algo que podemos reivindicar apenas quando nos perdemos, quando nos roubam, na partilha do adiamento interminável desse firme des-local a-ser-nosso? Sempre estivemos em sintonia com o fato de que estamos morrendo aqui, morrendo o tempo todo, nessa sobrevivência que partilhamos. Sofremos desde sempre o desprezo — por essa sintonia na e com a sobrevivência generosamente errante — desse Homem (louco) que quer viver (apartado) para sempre. A vigilância terá nos detido para que ele fique por perto e tente afastar tudo ao tudo nos roubar. Mas, de alguma forma, esse ser--detido escapa da captura epistemológica e político-econômica do porão do navio, e opera uma recusa disruptiva do discurso normativo sobre a corrupção. Um discurso político-econômico que desqualifica a corrupção, que a projeta em um novo mundo, ou um terceiro mundo, enquanto é reduzido à operacionalização fixa de uma estabilidade brutal e inveterada que, por sua vez, constitui a globalização da política econômica normativa. Nesse sentido, a relação entre neoliberalismo e corrupção é como a que existe entre Pat Boone e Fats Domino. O que chamam de corrupção é, na verdade, uma forma de embalsamamento político-econômico. Uma mumificação do corpo político sem vida contra a força degenerativa e regenerativa da existência social. O que buscamos é a diferença entre a preservação submissa e a militante, entre a corrupção reformista e a deformista, quando a obscenidade divinamente violenta se move a serviço de uma generosidade de si. Será o pecado nada mais do que o entrelaçamento gnóstico dessa preservação e dessa corrupção?

O pecado, dizem, é o ato de transgressão contra a lei divina. Mas se, no interior de uma escatologia cristã, estamos sempre já na queda, nossa órbita já dada, por assim dizer, no decaimento, então nossa ilegalidade é uma condição natural. É aqui que o que Robert M. Cover chama de "princípio jusgenerativo", em toda a sua fecundidade, entra em cena como uma paralegalidade inveterada que não apenas é contrária à legalidade soberana, mas que a gera, algo como o que Derrida chamou de "fundamento místico da autoridade". Bem, é algo mais ou menos + mais + menos do que isso; algo meio anafundacional, meio anárquico, meio que absolutamente nada. Pecado também é errância — falhar, sair do caminho, errar o alvo, perder o ponto. Será que ele pode carregar o sentido de um ser não-fixado, deslocado e, portanto, será que o ser-caído está dado aqui e agora, nesse sentido? Heidegger distingue o ser-caído da pecaminosidade, mas, por aqui, são coisas que esbarram uma na outra. No discurso da hamartiologia, nossa errância pode ser ou separada da insurgência adâmica ou então dada, de maneira irredutível, irrecuperável, nela — de qualquer modo, ainda há algo na inclinação de Adão que permanece não-explicado e não-explicável, que já estava desde sempre nos esperando, suspensa, anexa, trajada, dada na incompletude dobrada e na invaginação literal de seu corpo, que não é dele, por ser aquilo pelo qual ele nasce, esse serviço errante que toda história de origem tenta esquecer. Não é Eva a corrupção de Adão; ela não é a mamãe dele, e nem de seus filhos. Não, ela é mais como uma ressonância que está lá antes, virada do avesso, como o princípio de uma diferença inseparável à qual pode-se dizer que ele pertenceu na dispersão do pertencimento. É como uma taça homeomórfica que transborda onde o porão do navio e o todo estão dados em sua mútua exaustão.

É como se o nascimento do rap, corrupção da música, fosse tomado como o nascimento da música, a primeira vez que alguém gritou "Corrupshion! Ruckshion", para que as pessoas pudessem dançar.

3

O Estado é a regulamentação e a oligarquização da corrupção, a riqueza de reter o que é dado e do renunciar ao dado. A corrupção permanente do corpo, de suas fronteiras, o contínuo pôr em ato da vida como o partilhar da matéria com o ambiente — é para nos furtar isso que o Estado foi criado (comprado). Ele regulamenta a partilha em nome da privatização; seu compromisso é com o empobrecimento, ele o comete em nome do valor. De modo que aquilo que chamamos de "corrupção", no mundo político, ou no mundo do desenvolvimento, seria a metástase do Estado como o que regulamenta a corrupção. Assim, as pulsões anticorrupção são re-regulatórias, criadas para re-distribuir a regulamentação da corrupção, ou para falhar nessa empreitada; em todo caso, é nossa corrupção que sofre nas mãos do vão esforço de privatizar parte dela, de isolar um de seus momentos em nosso contínuo entrelaçamento. A regulamentação e a extração de nossa corrupção (inclusive por meio da logística ou da vigilância preventivas) precisa endireitar nossa carne, essa carne desbloqueada, massiva, caótica, curva, torcida. Ela abre caminho através de nosso encontro emaranhado, faz isso para ficar assistindo. E se a vigilância não for uma categoria legal ou extralegal, mas econômica? E se a corrupção for um caminho para pensar não apenas a unidade da economia-política, mas sua insuficiência também? E se despir a carne/terra que nos veste for o mesmo que observar e desentrelaçar os sentidos para os prazeres empobrecidos, não-renováveis do capitalismo, em que o prazer deve ser produzido por meio do tempo vazio? Talvez, no entanto, isso seja o mesmo que dizer, simplesmente, que a negridade e as pessoas negras normalmente transmitem essa espécie de valor capitalista, seja como uma categoria econômica reconhecível, incluindo a de reprodução social, seja por fora de uma categoria desse tipo — por meio da corrupção. A vigilância, assim, torna-se uma forma de extração de valor. E que forma é essa? A da mamada nos sentidos, da raspagem das partes, do abate dos cachos, da divisão da gritaria, tudo isso tornado possível por um isolamento temporário, instável, proporcionado na regulamentação da corrupção. Daí a mumificação do prazer que se conquista com essa regulamentação, sempre derrotada, sempre perdida em nossos olhos e em nossos braços. Por isso, a questão sobre a profundidade de nossa corrupção, no que diz respeito às políticas públicas, na verdade, é a questão da capacidade estatal de sua regulamentação.

Quando o Estado regulamenta a corrupção e tenta mantê-la longe de quem dela veio, e se seu mérito for o de jogá-la em nosso caminho, bloqueando nossas vias com seu arquivo único? Dizem que meritocracia e corrupção são coisas opostas, mas talvez a corrupção sancionada pelo Estado, regulamentada de forma estatal, conceitualizada de forma estatal seja apenas uma ferramenta da meritocracia. Então, como podemos corromper isso aí? Bem, comecemos dizendo que todo mundo vai afirmar que sabe que a sociedade não é uma meritocracia. O negócio é que não conseguimos parar de agir como se fosse. Isso é algo que sabemos por conta de nosso emprego (e não de nosso trabalho). Dar aulas em uma universidade é saber que seu lugar de trabalho não é uma meritocracia. Ninguém está lá por mérito. A sala de aula não é um latão de Narragansett, "vendida por mérito", "feita com honra". Ainda assim, o mérito é invocado de maneira constante, se não diretamente, por meio de regras criadas para fazê-lo valer. Estudantes querem notas. Professores querem estabilidade. Todo mundo merece, ou quer merecer, porque todo mundo precisa dessas coisas. A linguagem do mérito está ao nosso redor, em tudo quanto é canto, e é outra maneira de dizer que a imposição da escassez está em todo lugar, em parte porque a invocamos de forma constante em nossa indefesa defesa. Mas o mérito não decide para quem vão os limitados recursos disponíveis. Ele fundamenta a própria limitação, criando escassez, um indivíduo por vez. Por que não há o suficiente? Porque cada pessoa recebe o que lhe cabe. E quem recebe o que lhe cabe? Ninguém, ou seja, a meritocracia é sua própria mentira. Ela impõe a avaliação individual para fins de distribuição individuada, mas toma a forma da criação de bandos e turmas de mérito. Notas 10 e notas 7. Ao menos, quando a molecada discute sobre quem é o Melhor de Todos os Tempos, sabem que isso é ridículo, que a única maneira de tomar uma decisão passa pela remoção de tudo que é diferente em cada Melhor para que esse ranking cole, de modo que a primeira diferença a ser descartada é a que existe entre cada Melhor possível e o indivíduo, não importa quem seja, que receberá o título de Melhor. Mas é isso que fazemos no ramo da educação. Então, quando dizemos que a meritocracia é a imposição da escassez, queremos dizer que é a imposição da escassez da diferença, tudo dando no mesmo nesse pesadelo que é o equilíbrio.

É verdade que, como Paolo Do nota, a universidade não é mais uma simples fortaleza. É um escritório de consultoria também, embora isso não signifique que ela vá sair distribuindo os meios de produção para qualquer pessoa. Há um truque para fazer os meios de estudo parecerem escassos. Todo o trabalho necessário para impor uma determinação qualquer — quem vai ser aprovado para "ensinar" e quem vai "aprender", quem vai se matricular na turma, quem vai pontificar, quem vai publicar, quem vai receber crédito, receber qualificação, diploma de graduação — põe em ato, operacionaliza, faz valer a fantasia de que os meios de estudo não são gerais e degenerados (corruptos, corrosivos, transformativos) como a própria capacidade de gerar que partilhamos. Estudantes, corpo docente, reitores estão — como diriam os reitores — alinhados aí, tudo igual na escassez. Nessa (des)igualdade venal, todo mundo acredita em qualidade, excelência, no medir quem é bom e quem é melhor. Todo mundo acredita na criação de unidades individuais para fins de comparação, distribuição de recursos, restrição dos meios de produção de conhecimento. O corpo docente performa a vigilância e a avaliação constantes de si sob a rubrica do mérito, tomando decisões sobre como recursos supostamente limitados serão parcelados para supostos indivíduos de mérito variado. Todo mundo concorda com as regras que protegem o mérito, invoca essas regras, em especial as pessoas que são como nós, quem tem a astúcia crítica necessária para afirmar que não há, obviamente, meritocracia alguma. Pois as regras evitam que a coisa toda fique corrupta demais. É assim que o mérito não é o oposto da corrupção regulamentada. Ambas as coisas trabalham em conjunto contra nós, em especial quando tentamos operá-las em nosso favor. Aí, é frequente que acabemos usando tudo isso contra nós. O chamado à transparência ou à nobreza na liderança da universidade — ou de qualquer instituição, qualquer museu, qualquer governo municipal — é um chamado às regras da meritocracia, um chamado à escassez, e isso começa com o que usamos para produzir: os meios. Há um truque parecido em Singapura. A ausência de corrupção no governo de lá não é uma função de sua meritocracia (como na maioria dos lugares, famílias ricas o controlam). Não, o que existe é um mecanismo genuína e altamente aprimorado de imposição da escassez — altamente aprimorado porque capaz de produzir consenso em demasia. Muitas pessoas por lá acreditam que o trabalho duro será recompensado. Essa recompensa é o acesso graduado e calibrado à riqueza do país, condicionado pela aceitação e pelo acolhimento — como é o caso em muitas faculdades — de restrições bem severas nos meios de produção. Outra forma de dizer isso é que instituições fortes regulamentam e restringem a corrupção *como* meio de produção, forçando-nos ao desenvolvimento quando queremos, na verdade, chapar, dar uma sarrada gostosa gostosa gostosa, tomando umas Narragansett.

E assim voltamos, novamente, a Duncan e Schrödinger:

> Nossa consciência, e o poema como o esforço supremo da consciência, vem como uma organização dançante entre a identidade pessoal e a cósmica. Aquilo que, na gnose ancestral, transcende em mistério é o que Schrödinger nos traz ao falar de uma estrutura periódica em *O que é a vida?*: "...a molécula orgânica cada vez mais complexa, na qual todo átomo e todo grupo de átomos têm uma função própria, não inteiramente equivalente a de muitos outros".
> "*A matéria viva se esquiva do decaimento para o equilíbrio*", assim ele nomeia uma seção de seu ensaio de 1944. "Quando se pode dizer que uma porção de matéria está viva?", pergunta ele, e logo responde: "Quando ela 'faz alguma coisa', como mover-se, trocar material com o meio etc."
> O que me interessa aqui é que a imagem de uma estrutura que se articula de maneira intrincada, de uma forma que mantém um desequilíbrio, sendo este a duração de toda uma vida — seja lá o que for que isso signifique para a biofísica — significa, para a poesia, uma vida que é naturalmente ordenada[...].[112]

E agora vamos a Gary Zukav e Werner Heisenberg:

> As ondas probabilísticas pensadas por Bohr, Kramer e Slater eram uma coisa totalmente inédita. A probabilidade

em si não era algo novo, mas esse tipo era. Tratava-se de algo que já estava acontecendo, mas não havia ainda sido posto em ato. Elas dizem respeito a uma *tendência* para o ato, algo que existia, de maneira indefinida, por si só, mesmo quando nunca se tornava um evento...

Era algo bem diferente da probabilidade clássica. Se jogamos um dado no cassino, sabemos, usando essa forma de probabilidade, que a chance de acertarmos o número desejado é 1/6. As ondas probabilísticas de Bohr, Kramer e Slater significavam algo a mais.

De acordo com Heisenberg:

> Era uma tendência para algo. Uma versão quantitativa do velho conceito de *potentia* na filosofia aristotélica. O que foi introduzido ficava no meio do caminho entre a ideia do evento e o evento em ato, uma estranha espécie de realidade física localizada precisamente no meio-termo entre a possibilidade e a realidade.[113]

Voltamos a eles para nos virarmos, por meio deles, na especulação e no jogo da informalidade; pela existência de uma vida que subsiste e dá forma; como a troca matéria-ambiente depois do ponto em que a troca, o ambiente e o ambientado preservam seus sentidos apartáveis à custa de uma alma material; contra a partilha da idealidade e da atualidade, onde e quando o evento é recesso; com o desenrolar dos arredores conceituais que a consensualidade opera; em direção ao pensamento cuidadoso na medida que recusa tanto a exclusão quanto a captura na medição, que permanece irredutível a si mesmo pelo fato mesmo de a medida ser o que não pode ser excluído e nem capturado por esse pensamento; sob a canção, ou como dizem, o poema, que desaparece na música e na poesia que desaparecem no som, o som que é discurso todo embolado e ante-origem. Tudo isso é apenas nosso itinerário contínuo,

---

[113] Gary ZUKAV, *The Dancing Wu-Li Masters: an overview of the new physics* (Nova Iorque, HarperOne, 2001), p. 72. Zukav cita Werner HEISENBERG, *Physics and Philosophy: The Revolution in Modern Science* (Nova Iorque, Harper & Row, 1962), p. 41.

aqui onde a tendência encontra o toque, o sentimento, a terrível disponibilidade no sentido ou no *Sinn* ou no pecado [*sin*] que Eve Sedgwick + Hortense Spillers entendem.

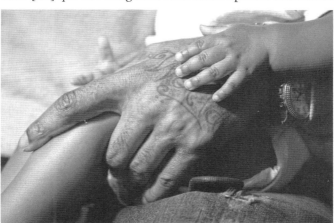

Ontem, que hoje é muitos dias e muitos anos atrás, Zo queria ver umas fotos de nossa velha casa em Los Angeles, dele mesmo quando era bebê ou um garotinho. Ele sorriu e disse "ele é tão bonitinho", e começou a chorar, já ciente de algo que foi, algo passado, sentindo isso de maneira mais profunda, sempre, do que quem deseja crescer. Não de se elevar à forma, mas atravessá-la, por outro lado, em uma tendência imprevisível de fazer algo, cuja realização é recusada de maneira constante na vizinhança das vizinhanças. É apenas a pontinha de uma intuição, por meio da prática, por meio do estudo, que a erudição ou a escolasticismo, apesar do seu mérito, retém, como uma bomba de profundidade, em seu coração. Isso só para dizer, novamente, que se esquivar do decaimento em direção ao equilíbrio, como diz Schrödinger, não é a esquiva do decaimento em geral. Não, na verdade, é a preservação desse decaimento que carrega a resposta para a pergunta "o que é a vida?", em ocasiões natais e fatais que nunca vêm a ser de fato, que sempre já são evadidas, onde o que virá a ser e o que será cindido se friccionam e friccionam e friccionam como uma tendência geral, gerativa, isso que chamamos de poesia e nada mais, desde que você a chame onde quer que a veja, ou seja, em todo canto. E se a poesia for precisamente a corrupção da linguagem, e se a corrupção corresponde ao modo como a socialidade é corrupção da comunidade, a carne corrupção do corpo, a terra corrupção do mundo? Se for assim, o sentido da vida é a sua pecaminosidade. A corrupção deles não é a nossa. A nossa não é a deles. Negridade é o sentido da vida. Parcial, abraçada em segredo, distribuída para todo mundo, mas não de maneira total para quem a agarra com violência, ela é algo que não é nosso e é tudo que temos e aqui vamos nós, tudo incompleto.

POSFÁCIO
Lar é onde se dá o deslocamento de si

Zun Lee

> Viemos a nos conhecer na guerra, na guerra continuamos.
> — *Subcomandante Marcos*

> Quero fazer disso um tributo especial
> A uma família que contradiz o conceito
> Soube das regras, mas não aceitou
> A mulherada me criou
> E já era bem crescido antes de saber
> Eu vim de um lar despedaçado
> — *Gil Scott-Heron*

Tenho uma combinação de astigmatismo e miopia desde que me entendo por gente. Nenhum par de óculos corrigiu, por inteiro, minha visão borrada. Ela piorou tanto no sexto ano, desde a alfabetização, que tive dificuldade ao tentar decifrar o que foi riscado de giz no quadro negro; minhas notas na escola entraram em queda livre. Aaron (eu chamava de Dee), soldado de uma base do exército próxima, foi minha figura paterna na época, um dos vários militares que, de maneira temporária, habitaram esse parentesco pelo todo de minha juventude.

Lembro de passar uma tarde no alojamento de Dee. Ouvimos discos de vinil que ele havia comprado fazia pouco tempo, vimos fotografias de seu tempo servindo em

Okinawa. Muitas delas desfocadas e, por conta dos desafios com os quais minha visão se deparava, não sabia dizer bem o que era aquilo que olhava, então minha frustração logo aumentou. Trazia as imagens para perto dos olhos — tão perto que elas quase tocavam a ponta de meu nariz — e, então, de volta para longe do meu rosto. Nada adiantava.

"Não, não é assim, você tem que estar perto da foto", Dee intervia. "Pare de mover as fotos para frente e para trás, fique perto. Seus olhos já não funcionam mesmo, deixa tudo se misturar". "Estou fazendo isso, não funciona". "O que você está vendo?". "Formas confusas e cores". "Ótimo. Feche os olhos". Então, Dee narrava cada detalhe em cada imagem, criando um mundo rico, vívido, feito de lugares, pessoas, coisas. Ele até se fazia de ventríloquo quando a foto mostrava uma interação humana qualquer, reencenando o diálogo. "Está vendo agora?". "Sim, é como se estivesse lá com você".

"Agora ouça essas doces notas agudas", ele disse, assim que começou o minuto final de *Silly*, de Deniece Williams, o soprano delicado alcançando alturas impossíveis. "No Japão, chamam esse tipo de voz de amarela. Ela soa amarela pra você?". "Como assim?". "A voz dela é amarela como o sol!". "Ah, acho que entendi. Mas parece mais dourada, como um girassol". "Boa. Mas não banca o espertinho comigo. E também não deixa ninguém te falar que você não enxerga!".

Com o tempo, esse jogo cromatossônico de associar cor e som e som e cor, essa fricção entre "não-ver-muito-bem" e "ver-além" mudou todo e qualquer jeito de experimentar sensações, sentimentos, quando crio. Minha prática reflete o desejo de me aproximar — física, emocional, afetiva e espiritualmente — e compartilhar essa experiência com as pessoas que colaboram comigo. O que me interessa é menos o "re-presentar" e mais um tipo holístico de "re-presentificar".

Com essa ideia de um borrão sin(cron)estético girando em minha cabeça, ao longo deste livro, naveguei por todo o meu arquivo para encontrar imagens das quais não me aproximava fazia muitos anos. Eventualmente, redescobri uma fotografia que produzi em março de 2011, numa estação de metrô em Nova Iorque, enquanto o expresso 2 da linha vermelha chacoalhava os trilhos do lado oposto. O que emergiu, mais ou menos, no foco, foram os pôsteres da MTA, a empresa de transporte público, que insistiam: "Melhorando sem parar". Todo o resto se dissolveu no borrão do movimento.

Quase uma década mais tarde, no meio de nossa exaustão pandêmica (deixe-me ser mais claro: uma pandemia de extração neoliberal contínua encoberta por afirmações institucionais de solidariedade, iniciativas de tokenização de minorias e propostas de reforma como substitutos artificiais da dialética abolicionista), a imagem convida a um engajamento mais profundo — o sistema de metrô como metáfora da logística algorítmica, linha infinita de montagem de pessoas trabalhadoras essencializadas servindo aprimoramento incansável (e sendo continuamente aprimoradas), o próprio processo sendo "melhorado sem parar" para mover as pessoas contidas, conteinerizadas, despachadas de modo cada vez mais eficiente. Mas a forma borrada também sugere o que excede tudo isso, a recusa em se endireitar, uma síncope nesse ritmo letal, colapso de nosso ordenamento espaço-temporal, da linearidade do espaço e do tempo. E se deixássemos esse trem (e nós que nele estamos) descarrilhar, desviar de seu curso programado? O que é possível quando nos dissolvemos para que possamos transitar pelo nada para o nada, do acesso total e do não-bloqueio ao não-não-bloqueio?

Uma dissolução, um descarrilhamento; é assim que resumiria o efeito perturbador que os ensaios de vocês tiveram sobre mim. Ao invés de usar fotografias como meras ilustrações, escolhi imagens que podem, elas mesmas, ser lidas como textos perturbadores, em conversa franca com os textos fugitivos deste livro. Muitos dos arquivos estavam enterrados em um HD empoeirado, mas, ainda assim, expressavam o espírito com o qual foram criados, uma rebelião pessoal contra o endireitamento constante que nos é imposto.

Meus primeiros dias como fotógrafo amador (no sentido de alguém "que ama") refletiam o desejo de realizar uma troca energética, tomar algo do mundo, ainda que por alguns segundos, e devolver alguma outra coisa. Discutir essas imagens com minhas amizades em redes sociais era parte integral dessa prática. Nessa colaboração, fizemos da fotografia algo mais do que um objeto visual, nossa socialidade virtual se tornou parte do enquadramento. Livres de regras institucionais, nossas *jam sessions* de fotografia online raramente focavam no visual. Recusávamos a pressão constante em direção à legibilidade estética e à maestria exercida pelo complexo artístico-acadêmico-industrial. Recuperar, de forma contínua, a expressão insurgente de nossa experiência vivida por meio da fotografia nos permitiu sentir nosso caminho para outras narrativas de sobrevivência. Compreendíamos que uma foto apreciada sempre se movia com, em e através de nós; ela nunca congelava, de fato, o tempo e o espaço.

O que as instituições (escolas de arte, museus, galerias, editoras, curadores, artistas) tentam congelar, no entanto, é a reação do sujeito que separa, de um lado, um objeto fotográfico individuado; de outro, "voyeurs" envergonhados, igualmente individuados, produzindo uma necessidade interminável de formas de credenciar nossa legitimidade para fazer, mostrar e falar sobre essas imagens. Já que nosso próprio autoconhecimento nunca é tido como suficiente para descrever o que significa uma fotografia, ou que é uma boa fotografia, devemos nos assujeitar ao endireitamento promovido por instituições que afirmam saber melhor do que nós.

Mas e se, por meio de nossa socialidade entrelaçada, incompleta, pudéssemos gerar esse borrão de/como "algo que está sempre se formando, mas nunca se completando", dissolvendo, assim, a imposição das subjetividades fotográficas particularizadas em termos de perspectivas diferentes para quem faz, cuida, vê, vende, compra, ensina, critica? Podemos desviar de e borrar uma sintaxe algorítmica que põe camisas de força e nos atomiza para que haja acesso total, de modo que possamos, assim, retomar nossos hábitos assembleísticos atrofiados? Podemos fazer tudo isso na plenitude do lar de nossa ausência de lar, um deslocamento perpétuo que emerge da generosidade subcomum nesses espaços compartilhados que pertencem a ninguém, nunca pertenceram, e que podemos habitar apenas ao nos deslocarmos de nós de forma constante?

Uma prática diária de engajamento com essas questões sempre esteve no coração de minha experiência vivida no antagonismo geral. Algumas pessoas podem achar que essa ideia de uma hapticalidade insurgente é idealista, romântica demais, ou mesmo insignificante. Mas posso apontar para aquela tarde com Dee e incontáveis momentos de partilha, mesmo que de curta duração, momentos selvagens demais, *queer* demais, ingovernáveis demais para que fiquemos reforçando as estruturas e as condições da precariedade ontológica. Há sempre um "além", um "mais do que" que nutre a riqueza social, os improváveis microclimas do cuidado. Isso não significa que o problema de saber como sobreviver e persistir não é ainda o mais urgente, a preocupação mais imediata; não podemos esperar por uma amanhã que nunca vem. Sempre já soubemos, aqui e agora, como agitar a água e produzir ondulações de cuidado cotidiano que se expandem, tornando-se maremotos de poder fugitivo. É comum que não pratiquemos esse borrar os pontos entre a realidade cotidiana e as possibilidades futuras, mas essa porra tem sido bem real para mim. Sou o produto desse cuidado no porão do navio. Não estaria aqui sem isso, ainda que saiba que encontrarei o mesmo destino prematuro que todas as pessoas como eu que não conseguiram ou não vão conseguir ir até o fim.

A reunião online que habitamos uma década atrás se desintegrou com a venda do *host* que hospedava redes sociais. Nosso bando improvável se dispersou em outras plataformas, mas um agrupamento de gente corrupta como esse nunca mais apareceu de novo. Para muitas pessoas, colecionar curtidas substituiu alimentar o amor. Ganhar seguidores tem mais peso do que cultivar co-conspiradores. O *doomscrolling* induzido por algoritmos esgota nossa capacidade de cuidar. Então, imaginem só minha alegria com o seu convite generoso para fazer algo diferente e aprender com e junto de vocês. Juntar-me a vocês foi como me reunir com velhos amigos que nos lembram de nosso "um bum ba bum" quando ele parecia já há muito esquecido.[114] Renovamos nossos hábitos assembleísticos ainda que (ou até pelo fato de que) não podemos nos reunir de forma presencial neste momento.

Agradeço por terem me lembrado de que o objetivo real de nosso fazer é encorajar possibilidades de presentificação na e pela experimentação. Esse estudo é um trabalho de luto em direção à incompletude, de modo que possamos interconectar as sinapses sensíveis de nossas almas calejadas mais firmemente. Essa abolição começa com o *eu*, e assim podemos perder nossos *eus* individuados em nome de uma socialidade borrada, irredutível, dos sentidos.

Chega de nos preocuparmos com o que fazem ou dizem por aí. Que este seja um convite aberto para que mais pessoas se unam incompletando este mundo fodido. Vamos continuar fazendo algo diferente. Nós por nós. Agora. Somos tudo o que temos. E esse "tudo" é tudo que temos de ser.

---

114   N. da T.: No original, que vem, na verdade, de um poema de Baraka: "oom boom ba boom". O poema diz: "Se um dia você se encontrar perdido, em algum lugar, com inimigos te cercando, inimigos que não vai deixar você usar sua linguagem, que destroem suas estátuas e seus instrumentos, que proíbem seu um bum ba bum, então você se ferrou, se ferrou legal". Disponível aqui em inglês: https://genius.com/Amiri-baraka-wise-i-annotated.

agradecimentos

Nossos agradecimentos vão para: *e-flux*, BAK, Museo Nacional Centro de Arte Reina Sofia, The New Museum, Routledge, Verso Books, e às editoras da MIT, da Universidade de Duke e da Universidade de Rutgers. O ensaio *Suicidar-se como Classe* foi encomendado por e publicado para o projeto *Return to the Source* (returntothesource.info) em setembro de 2020.

glossário

aformative — aformativo/a
anoriginal — anoriginal
assembly — assembleia
assembly habits — hábitos assembleísticos
black - negro/a
blackened — enegrecido/a
blackening — enegrecedor/a
blackness - negridade [conforme trad. br. de Denise F. da Silva]
(in the) break — (no) breque
cyann believe it [patois] — num pódi crê
decay — decaimento [conforme trad. br. de Schödinger]
degrade — degradar, desqualificar
derivative — derivativo
dimensionless — adimensional
din — gritaria
discrete — autônomo/a, independente
dis place/meant — esse des-local a-ser-nosso
(dis)embodiment — (des)corporificação
embody — corporificar
emplotment — enredamento [conforme trad. br. de Hayden White]
entangled — entrelaçado/a
entanglement — entrelaçamento
fallenness — ser-caído
farmer — plantocrata [apenas em "Plantocracia e comunismo"]
feel [substantivo] — vibe, sensação
fugitivity — fugitividade
funky — excêntrico/a
general antagonism — antagonismo geral
gift — dádiva
hapticality — hapticalidade
(in the) hold — (no) porão do navio
homelessness — desabrigo
immeasure — imedida
improvement — aprimoramento

incomplete [verbo] — incompletar
indenture — servidão contratual
individuate — individuar
individuation — individuação
insovereignty — insoberania
instructor, instruction — instrutor, instrução
interanimation — interanimação
itselflessness — generosidade de si
jurisgenerative — jurisgenerativo/a
jus generative — jusgenerativo/a
kink — nó
logisticality — logisticalidade
management — gestão
more + less — mais + menos
no-body(ies) — ninguém(ns)
non-block — não-obstrução
(self)ownership — posse (de si)
personhood — pessoalidade
policy — política(s) pública(s)
refusal — recusa
rub — fricção, friccionar
self — *eu*
self possession — autocontrole, autopossessão
share, sharing — partilha(r)
sociality — socialidade
stealing away — retomada fugitiva
straighten — endireitar
straightened — endireitado/a
subject reaction — reação subjetiva
surplus — mais-valor
uncorrected — incorrigido/a
undercommon(s) — subcomum(uns)
unwatchable — invigiável
valuation — valoração
watch — vigiar
watch meh [patois] — pega a visão
wake work — trabalho de luto
whiteness — branquitude
wordlessness — não-ter-mundo

sobre todos os autores, artistas e tradutores

STEFANO HARNEY E FRED MOTEN são autores de *All Incomplete* (2021, Minor Compositions, 2021), traduzido e publicado no Brasil em 2023 pela GLAC edições como *Tudo Incompleto*. São também autores de *The undercommons: fugitive planning and black study* (Minor Compositions, 2013). E atualmente preparam o próximo, *Four Turns da Felicity Street*. Eles são estudantes da tradição negra radical e membros do Coletivo de Escuta Le Mardi Gras. Fred leciona na Universidade de Nova Iorque e Stefano leciona na Academia de Mídia e Artes de Colônia e mora parte do ano no Brasil.

DENISE FERREIRA DA SILVA ensina na Universidade da Colúmbia Britânica e é membra da *Coletiva*.

ZUN LEE explora os espaços cotidianos de sociabilidade, intimidade e pertencimento dos negros, espaços onde a narração de histórias pode prosperar como uma prática insurgente. Ele costuma tirar fotos para lembrá-lo de como ser grato — algo que ele tende a esquecer com frequência.

VICTOR GALDINO é filósofo, professor e tradutor. Faz parte do Laboratório de Filosofias do Tempo do Agora e do Grupo de Estudos e Pesquisas Encruzilhadas.

VINÍCIUX DA SILVA é artista, cineasta, pesquisador e tradutor. Desenvolve pesquisa em torno do pensamento negro-trans/travesti radical, epistemologias feministas negras e anarquismos transviados. Seus trabalhos incluem *Fragmentos do Porvir* (livro, Ape'Ku, 2022), *Barricadas para o fim do mundo* (ensaio, premiação no 4° concurso da revista serrote, 2021), *Fuga Interompida* (programa performativo, 2022-2023), Fuga (curta-metragem com Raphael Medeiros, 2024) e traduções de textos e livros de bell hooks, Linda Alcoff, Robert McRuer e Théophile Obenga.

BRU PEREIRA é antropóloga e doutoranda em Ciências Sociais na Universidade Federal de São Paulo. Pesquisa violência antitrans, teorias trans/feministas e práticas de conhecimento.

SILVIO DE CAMILLIS BORGES é artista e *arthandler*. Seus trabalhos tensionam o embate entre o labor, o corpo e as ferramentas a fim de pensar poeticamente os processos de desterritorialização das identidades e do achatamento das subjetividades.

a GLAC edições compreende que alguns dos textos-livros publicados por ela devem servir ao uso livre. portanto, que se reproduza e copie este com ou sem autorização, apenas citando a fonte e sem fins comerciais.

TUDO INCOMPLETO
Fred Moten & Stefano Harney

ISBN . Iª EDIÇÃO
978-65-86598-23-0

AUTORES Fred Moten & Stefano Harney
PREFÁCIO Denise Ferreira da Silva
FOTOGRAFIAS E POSFÁCIO Zun Lee
TRADUÇÃO E PREFÁCIO À EDIÇÃO Victor Galdino & viníciux da silva
TRADUÇÃO (CAP. 12) Bru Pereira
REVISÃO TÉCNICA Victor Galdino
IMAGEM DE CAPA Zun Lee
INTERVENÇÃO Silvio de Camillis Borges
EDIÇÃO E PROJ. GRÁFICO Leonardo Araujo Beserra
COEDIÇÃO E PREPARAÇÃO Ana Godoy
REVISÃO Letícia Bergamini Solto

© Fred Moten & Stefano Harney, 2021
© Minor Compositions, Nova Iorque, 2021

TÍTULO ORIGINAL *All Incomplete*

© GLAC edições, novembro de 2023
praça dom josé gaspar, 76, conj. 83, edifício biblioteca, centro, 01047-010, são paulo – sp | glacedicoes@gmail.com

* o artista Zun Lee ofertou vinte e três fotografias para esta edição. dezenove delas foram utilizadas a fim de manter a verossimilhança com a edição original do livro, em que as imagens deliberadamente intervêm no corpo do texto de Fred Moten e Stefano Harney. Ainda, das vinte e uma fotografias aplicadas no original, duas não foram utilizadas nesta edição; elas pertencem a outros fotógrafos em que não tivemos contato. Nesta edição as imagens são propostas como parágrafos em meio ao texto, pensadas para serem lidas, sem necessariamente ilustrarem qualquer passagem. Ainda, em tempo, este livro leva uma intervenção feita a mão em grafite pelo artista Silvio de Camillis Borges, e desenhou uma mão que segura um instrumento invisível na resma de todos os exemplares impressos unidos. É possível então que o leitor suje as pontas dos dedos, se não as mãos inteiras, de cinza ao folhear o livro, e com isso manche outras páginas, objetos e locais — isto é proposital. O leitor tem em mãos um milésimo do desenho do artista: foram impressos mil livros nesta primeira edição e tiragem.

PARA LER COM O CORPO!

Dados Internacionais de Catalogação na Publicação (CIP) de acordo com ISBD

M917p
Harney, Stefano
Moten, Fred

Tudo Incompleto / Fred Moten, Stefano Harney ; traduzido por Victor Galdino, viniciux da silva. - São Paulo : GLAC edições, 2023.
272 p. : il. ; 19cm x 12cm. – (#Inegociável)

Tradução de: All Incomplete
Inclui índice anexo e apêndice.
ISBN: 978-65-86598-23-0

1. Filosofia. 2. Filosofia negra. 3. Estudo afro-americanos. I. Harney, Stefano. II. Galdino, Victor. III. Silva, Viníciux da. IV. Título. III. Série.

2023-
-3299

CDD 100
CDU 1

Elaborado por Odilio Hilario Moreira Junior - CRB-8/9949

Índice para catálogo sistemático:
1. Filosofia 100
2. Filosofia 1

glacedicoes.com
ISBN 978-65-86598-23-0

este livro foi impresso nos papéis Offset 75gr (miolo) e Offset 240gr (capa), nas fontes das famílias Futura PT e Eskorte Latin, em novembro de 2023 pela Gráfica Graphium